高等院校"十三五"规划教材·经济管理类

物业企业财务管理

主　编　苏雪峰　李佳明
副主编　姚树莲　纪莉莉

哈尔滨工业大学出版社

内 容 简 介

本书以现代企业财务管理理论与《物业管理企业财务管理规定》为依据,结合最新的物业管理政策法规,系统地介绍了物业企业财务管理的相关理论和实践操作方法。主要内容包括物业企业财务管理概论;货币时间价值与风险分析;物业企业筹资管理;资金成本与资本结构;物业企业投资管理;物业企业营运资金管理;物业企业财务预算;物业企业利润管理;物业企业财务分析。

本书可以作为物业管理专业本科生教材,也可以作为其他专业财务管理方面的参考教材,还可以作为物业管理行业从业人员的学习参考读物。此外,还可以供关心物业服务公司经营的广大业主等社会公众阅读。

图书在版编目(CIP)数据

物业企业财务管理/苏雪峰,李佳明主编. —哈尔滨:哈尔滨工业大学出版社,2016.6(2022.8 重印)
ISBN 978-7-5603-6083-6

Ⅰ.①物… Ⅱ.①苏…②李… Ⅲ.①物业管理企业-财务管理-教材 Ⅳ.①F293.33

中国版本图书馆 CIP 数据核字(2016)第 135222 号

策划编辑	杨秀华
责任编辑	苗金英
封面设计	刘长友
出版发行	哈尔滨工业大学出版社
社　　址	哈尔滨市南岗区复华四道街 10 号　邮编 150006
传　　真	0451-86414749
网　　址	http://hitpress.hit.edu.cn
印　　刷	黑龙江艺德印刷有限责任公司
开　　本	787mm×1092mm　1/16　印张 13　字数 315 千字
版　　次	2016 年 6 月第 1 版　2022 年 8 月第 6 次印刷
书　　号	ISBN 978-7-5603-6083-6
定　　价	32.00 元

(如因印装质量问题影响阅读,我社负责调换)

前　言

我国"十三五"规划纲要草案提出："要加快推动服务业优质高效发展。开展加快发展现代服务业行动，扩大服务业对外开放，优化服务业发展环境，推动生产性服务业向专业化和价值链高端延伸，生活性服务业向精细和高品质转变。"物业管理作为我国改革开放之后的一个新兴服务行业，是近20年来随着我国市场经济的发展迅速成长起来的，是与民众接触最多的服务行业，其行业和企业的发展关乎老百姓的日常基本生活。我国绝大多数物业服务企业规模偏小，但却"五脏俱全"，其内部职能部门缺一不可。财务管理作为企业的经济命脉，在物业企业的管理中也占有极其重要的地位。现在，越来越多的像物业服务企业这样的小型企业已经意识到"小公司理财"的迫切性。为适应不断发展的物业管理行业的需要，业界不断地引用国内外现代企业财务管理技术，用它来评价企业的经营风险与财务风险以及相关收益，同时，他们应用财务管理理念指导企业管理，使企业在保证生存的前提下求发展，在发展的过程中求获利。

财务管理课程是管理类学科课程体系的一个重要组成部分。以往的大专院校教材中存在着重理论、轻实践等不足之处，尤其对于像物业管理这样的非财务类专业学生学习起来会觉得实用性不够。为此，编者根据我国大专院校物业管理本科专业的培养方案、教学目标及物业企业财务管理课程的基本要求编写了本书。本书坚持理论"够用"、实践"适用"的原则，力求突出物业管理专业教育的特点，注重职业技能和能力的培养，具有较强的针对性。

本书可以作为物业管理专业本科生教材，也可以作为其他专业财务管理方面的参考教材，还可以作为物业管理行业从业人员的学习参考读物。此外，还可以供关心物业服务公司经营的广大业主等社会公众阅读。

本书由苏雪峰拟定大纲，并完成最后的统稿与定稿工作。各章具体的编写分工为：第1章、第2章、第5章由苏雪峰编写；第3章由李俊编写；第4章、第7章由李佳明编写；第6章由纪莉莉编写；第8章由杨欣艳编写；第9章由姚树莲编写。

本书在编写过程中参考了相关的书籍和资料，借此向所有参考文献的作者表示感谢。由于编者水平有限，书中难免有疏漏和不足之处，恳请广大读者批评指正！

编　者
2016年3月

目　　录

第 1 章　物业企业财务管理概论 ... 1
1.1　物业企业财务管理概述 ... 1
1.2　物业企业财务管理环境 ... 4
1.3　物业企业财务管理目标 ... 11
本章小结 ... 14
课后习题 ... 14

第 2 章　货币时间价值与风险分析 ... 16
2.1　货币时间价值 ... 16
2.2　价值风险分析 ... 27
本章小结 ... 33
课后习题 ... 33

第 3 章　物业企业筹资管理 ... 36
3.1　物业企业筹资概述 ... 36
3.2　资金筹集渠道 ... 42
本章小结 ... 50
课后习题 ... 50

第 4 章　资金成本与资本结构 ... 51
4.1　资金成本 ... 51
4.2　杠杆分析 ... 58
4.3　资本结构 ... 64
本章小结 ... 71
课后习题 ... 71

第 5 章　物业企业投资管理 ... 74
5.1　物业企业投资种类 ... 74
5.2　物业企业项目投资 ... 77
5.3　物业企业其他投资 ... 97
本章小结 ... 99
课后习题 ... 99

第 6 章　物业企业营运资金管理 ... 102
6.1　营运资金概述 ... 102
6.2　现金管理 ... 103
6.3　应收账款管理 ... 110

6.4	存货管理	115
6.5	维修资金管理	120
	本章小结	121
	课后习题	121

第 7 章　物业企业财务预算 ··· 123

7.1	财务预算的含义与体系	123
7.2	财务预算的编制	130
	本章小结	149
	课后习题	149

第 8 章　物业企业利润管理 ··· 152

8.1	物业企业利润的形成	152
8.2	物业企业利润的分配	154
	本章小结	161
	课后习题	161

第 9 章　物业企业财务分析 ··· 162

9.1	财务分析概述	162
9.2	财务分析方法	165
9.3	财务指标分析	168
9.4	财务综合分析	178
	本章小结	180
	课后习题	180

课后习题参考答案 ··· 182

附录 ··· 194

参考文献 ··· 202

第1章 物业企业财务管理概论

【学习目标】

通过本章的学习,要求认识物业企业财务管理基本内容及其重要的财务关系,了解物业企业财务管理的相关环境,掌握物业企业财务管理的目标。

【本章导读】

随着全球经济一体化,我国已经成为世界第二大经济体,世界500强中出现了越来越多的中国企业,大型企业在国民经济中占有举足轻重的地位,然而数量众多的中小型企业却是我国经济发展的真正原动力。中小企业在经营发展过程中充满了各种风险与不确定性,很多企业并没有等到"开花结果"的那一天就纷纷"陨落"了。现实中,那些风险意识强,保持资产、资本结构合理,保持较高资本流动性的,尤其是有着优秀管理团队和团结上进的员工群的企业,非但没有被风险和困难打倒,反而化风险为发展良机,不断进取,壮大了自己。而这一切很大一部分都得益于他们平日管理的财务活动与财务关系,他们通过科学合理的财务管理方法保障并发展了企业。

1.1 物业企业财务管理概述

1.1.1 物业企业的特点

物业企业是近年来新兴的企业,与传统的制造企业和商品流通企业在经营上有很大的差别。物业管理是指物业管理经营者受物业所有人的委托,依照国家有关法律规范,按照合同或契约行使管理权,运用现代管理科学和先进的维修养护技术,以经济手段对物业实施多功能、全方位的统一管理,并为物业所有人和使用人提供高效、周到的服务,使物业发挥最大的使用价值和经济价值。从事物业管理的单位或组织就是物业企业。

物业管理经营者是指从事物业管理的企业或组织。物业所有者是指房屋所有权人,即业主;物业管理的管理对象是物业;物业管理的服务对象是人,即物业的所有权人和使用人。物业管理是集管理、经营、服务于一体的有偿经济活动。

物业管理按产业性质属于第三产业的服务性行业,其基本出发点是根据社会生产力发展水平和人们对生活需求的变化,根据人文科学及共建和谐社会的要求,运用现代管理科学、环境生态科学等学科衍生出的先进的维修养护技术,运用经济手段管理房产物业,为业主、住户提供所需的全方位、多层次的管理服务。同时,物业企业运用物业独特的造型设计和整体规划,向居民展示物业的历史和本地区的文化、习俗。物业管理是集科学性与艺性、实物管理与非实物管理为一体的特殊性质的服务。

在市场经济条件下,物业管理实行有偿服务,这也是物业企业生存的基本条件。这一经济性质为物业收费提供了依据,为维修、养护物业,延长物业使用寿命提供了经济保证。物业企业通过提供良好的服务以求提高业主物业投资的经济效益和社会效益。同时,物业管理工作又是一项具有较强生态效益和社会效益的服务。

1.1.2 物业企业的财务活动

企业生产经营过程是实物商品运动和资金运动统一的过程。企业生产经营过程一方面表现为实物商品或服务提供的运动过程;另一方面表现为其价值的运动过程,即表现为资金运动过程。资金运动以资金循环的形式存在,表现为一个周而复始的周转过程。它以价值形式综合地反映着企业的生产经营过程。企业的资金运动,构成企业生产经营的一个独立方面,具有自己的运动规律,这就是企业的财务活动。

企业的资金运动,从表面上看是钱和物的增减变动,其实,钱和物的增减变动都离不开人与人之间的经济利益关系。企业财务是指企业在生产经营过程中客观存在的资金运动及其体现的经济利益关系。

财务活动是指资金的筹集、投放、使用、收回与分配等一系列行为,从整体上看包括以下4个方面:

1. 筹资活动

物业企业为了提供物业服务,必须占有或支配一定量的资金,无论是设立物业企业还是进行企业扩张,物业企业都需要从各种渠道以各种方式筹集资金,这是资金运动的起点。筹资是指物业企业为了满足投资、用资的需要筹措和集中所需资金的过程。

物业企业筹资可以有两种不同性质的资金来源:一是物业企业权益资金。目前我国大多数物业企业主要以吸收投资者直接投资和留存收益转增资本方式取得权益资金。少数规模较大的物业企业还可以通过发行股票来取得权益资金,虽然这种方式还不普遍,但却是今后物业企业最有前途也将是最主要的权益资金来源。二是债务资金。目前我国大多数物业企业可以通过向银行借款、利用商业信用等方式取得资金。达到国家规定要求的物业企业还可以发行债券筹措资金。筹资既表现为取得资金,也包括资金退出企业,如偿还借款、支付利息、支付股利及支付其他各种筹资费用。

2. 投资活动

物业企业取得资金后,必须将资金投入使用,以谋求最大的经济效益,否则就无法实现筹资的目的。从一般企业投资来讲,投资可以分为广义和狭义两种。广义的投资是指企业将筹集到的资金投入使用的过程,既包括企业内部使用资金过程,如购置流动资产、固定资产、无形资产等,也包括对外投放资金,如购买股票、债券等。狭义的投资仅指对外投放资金。从我国目前情况来看,大多数的物业企业少有或者说没有对外投资,基本上是对内投放使用资金。这里所说的物业企业投资就是指物业企业对内投放资金。它包括对内投资形成的各种资产或收回投资时产生的资金收入。

3. 资金营运活动

物业企业在提供管理、经营、服务过程中,会发生一系列的资金收付。首先,物业企业要从事建筑管理、设备管理、区域内交通管理、消防管理、安全管理、绿化管理及清洁管理等基本管理活动。经营活动,在物业管理中有两种情况:一种是在属于全体业主共有权益的场所、场地和设备设施范围内,管理开展的出租等经营活动,收益应纳入物业管理费。另一种是在上级公司授权下或在为业主提供特约服务和其他有偿服务的过程中,管理利用自有资金和能力在全体业主权益范围之外开展的其他经营活动。这些活动都消耗人力、物力和财力,表现为工资支出、材料物料消耗等各种费用的发生,是资金消耗过程。同时,在管理、经营和服务中也会有物业管理费收入等各种收入,收回资金。如果物业企业现有资金不足,不能满足物业企业管理经营需要,还要采取短期借款方式来筹措资金。上述活动都会产生物业企业的资金收付,由此引起的财务活动,称为资金营运活动。

4. 分配活动

物业企业通过投资或资金经营可以取得相应的收入,在补偿成本、缴纳税金后,应依据现行的法规及有关制度对剩余收益予以分配。广义的分配是指对营业收入的分配,在一定会计期间取得的营业收入,首先要弥补经营管理消耗,缴纳流转税、所得税,其余成为企业净利润,净利润要提取公积金和改善职工福利,分别用于扩大积累、弥补亏损和改善职工集体福利设施,其余利润作为投资者的收益分配,可分给投资者,也可暂时留存企业或作为投资者的追加投资。狭义的分配是指对企业的净利润的分配,是广义分配所述的后一部分内容。

分配的进行,资金或是退出或是留存企业,都必然影响企业的资金运动,不仅影响物业企业的资金规模,还影响物业企业的资本结构。

以上四个方面,相互联系,相互依存,不可分割,既有联系又有区别,构成了物业企业完整的财务活动,也是物业企业财务管理的基本内容。

1.1.3 物业企业的财务关系

物业企业财务关系是指物业企业在财务活动过程中,与有关各方所发生的经济利益关系,概括起来包括以下几个方面:

1. 与业主的关系

业主是指拥有物业所有权的房地产开发企业和购房人及与购房人长期共同居住的自然人,即房屋的所有权人和使用权人。业主大会由同一物业管理区域内的全体业主组成,是全体业主集体行使权利和维护全体业主合法权益的组织。业主人数较多时,可以按比例推选业主代表,组成业主代表大会。

物业企业与业主的关系有两个层面:一是从法律关系来看,业主委员会与物业企业是委托者与受托者的关系,是聘用与受聘的关系。二者是平等的,业主委员会有决定委托或不委托、聘用或不聘用某一物业企业的权利;物业企业也有接受或不接受委托、受聘或拒绝受聘的权利。二者无隶属关系,也不存在管理与被管理的关系。二是从经济关系来看,物业企业提供物业管理服务是有偿的,在提供一定的物业管理服务的同时,应获得相应的报酬。同样,业主在享受服务时,也应付出相应的费用。物业企业与业主方面的这种经济关系是通过物业管理委托合同确认和保证的。合同签订后,双方分别承担不同的权利和义务。物业企业应按合同的规定和要求,提供相应的物业管理服务,为业主委员会及广大业主负责,并接受他们的监督;同时,业主委员会及广大业主也应协助物业企业开展工作,并及时缴纳物业管理合同中写明的各项费用。在经济关系上,双方也是平等的。

2. 与政府的关系

政府作为社会管理者,担负着维护社会正常秩序,组织和管理社会活动的任务,行使政府职能。物业企业的各项活动必须以遵守政府有关法律法规为前提,接受政府有关部门的业务指导和监督,不能替代政府有关部门,如公安、城管、综合治理等的执法工作。物业企业只能在签订的物业管理合同赋予的权限范围内从事各项工作。例如,物业企业应该做的是防范工作,如防火、防盗,而不能去侦破案件或抓捕犯罪嫌疑人。同时,物业企业作为独立法人,具体的经营实体,应该依法办理工商登记,及时缴纳各项应纳税款,体现一种强制的、无偿的分配关系。

3. 与债权人和债务人的关系

物业服务公司与债权人和债务人的关系是指物业企业向债权人借入资金,或物业企业向债务人借出资金,按借款合同的规定按时支付或收取利息和归还或收回本金所形成的经济关系。物业企业与债权人的财务关系在性质上属于债务债权关系,物业企业与债务人的财务关系在性质上属于债权债务关系。

4. 与投资人的关系

物业服务公司与投资人的关系是指物业企业的投资人向物业企业投入资金,物业企业向其投资人支付投资报酬所形成的经济关系。实质上是所有权与经营权的关系,是所有与被所有、委托经营与受托经营的关系。

5. 与职工的关系

物业服务公司与职工的关系是指物业企业向职工支付劳动报酬过程中所形成的经济关系。职工是物业企业的劳动者,是各项管理和服务的脑力和体力提供者。物业企业根据劳动者的劳动情况,用其收入向职工支付工资、津贴、奖金和福利等,体现着职工个人和企业在劳动成果上的分配关系。

6. 与社会公众的关系

物业企业除以上关系之外,还将与城市供水、排水、供电、通信、供暖、燃气、环保、环卫、防洪等公共部门,以及文化、新闻媒体,社区街道,物业管区的邻里单位及个人发生关系。这些部门直接或间接地影响着物业服务质量。物业企业与这些社会公众之间是一种相互协调的关系,这种相互协调的关系也是共建和谐社会必不可少的关系。

1.2 物业企业财务管理环境

1.2.1 财务管理的环境

财务管理环境又称理财环境,是指对企业财务活动和财务管理产生影响的企业内外各种条件的统称。

企业财务活动在很大程度上受理财环境制约,如人才、技术、信息、物流、市场、物价、金融、税收等因素,对企业财务活动都有重大的影响。只有在理财环境的各种因素作用下实现财务活动的协调平衡,企业才能生存和发展。对企业财务管理影响比较大的有经济环境、法律环境和金融环境,其中影响最大的是金融环境。

1.2.2 经济环境

影响财务管理的经济环境因素主要有经济发展周期、经济发展水平和经济政策等。

1. 经济发展周期

市场经济条件下，经济发展与运行带有一定的波动性，一般经历复苏、繁荣、衰退和萧条几个阶段的循环，这种循环称为经济周期。在经济周期不同的阶段，企业的财务活动会受到不同的影响，因此，企业也需要相应采用不同的财务管理策略，克服其不同阶段的不利影响，顺应其不同阶段的客观要求，以实现财务管理的目标。财务管理专家们曾探讨了经济周期中的经营理财策略。现择其要点归纳见表1.1。

表1.1 经济周期中的经营理财策略

复苏	繁荣	衰退	萧条
1. 增加厂房设备	1. 扩充厂房设备	1. 停止扩张	1. 建立投资标准
2. 实行长期租赁	2. 继续建立存货	2. 出售多余设备	2. 保持市场份额
3. 建立存货	3. 提高产品价格	3. 停产不利产品	3. 压缩管理费用
4. 开发新产品	4. 开展营销规划	4. 停止长期采购	4. 放弃次要利益
5. 增加劳动力	5. 增加劳动力	5. 削减存货	5. 削减存货
		6. 停止扩招雇员	6. 裁减雇员

我国的经济发展与运行也呈现出其特有的周期特征，带有一定的经济波动。过去曾经历过若干次从投资膨胀、生产高涨到控制投资、紧缩银根再到正常发展的过程，从而促进了经济的持续发展。企业的筹资、投资和资产运营等理财活动都要受这种经济波动的影响，比如在通货紧缩时期，社会资金十分短缺，利率上涨，会使企业的筹资非常困难，甚至影响到企业的正常生产经营活动。相应的，企业的投资方向会因为市场利率的上涨而转向对本币存款或贷款。此外，由于国际经济交流与合作的发展，特别是我国加入WTO之后，西方的经济周期影响也不同程度地波及我国。因此，企业财务人员必须认识到经济周期的影响，掌握在经济发展波动中的理财本领。

2. 经济发展水平

改革开放以来，我国的国民生产总值高速增长，各项建设方兴未艾。这不仅给企业扩大规模、调整方向、打开市场，以及拓宽财务活动的领域带来了机遇，同时，由于高速发展中的资金短缺将长期存在，又给企业财务管理带来严峻的挑战。因此，企业财务管理工作者必须积极探索与经济发展水平相适应的财务管理模式。

3. 经济政策

我国经济体制改革的目标是建立社会主义市场经济体制，以进一步解放和发展生产力。在这个总目标的指导下，我国已经并正在进行财税体制、金融体制、外汇体制、外贸体制、计划体制、价格体制、投资体制、社会保障制度等项改革。所有这些改革措施，深刻地影响着我国的经济生活，也深刻地影响着我国企业的发展和财务活动的运行。如金融政策中货币的发行量、信贷规模都能影响企业投资的资金来源和预期收益，财税政策会影响企业的资本结构和投资项目的选择等，价格政策能影响资金的投向和投资的回收期及预期收益等。可见，经济政策对企业财务的影响是非常大的。这就要求企业财务人员必须把握经济政策，更好地为企业的经营理财活动服务。

1.2.3 法律环境

市场经济的重要特征就在于它是以法律规范和市场规则为依托的经济制度。法律为企业经营活动规定了活动空间,也为企业在相应空间内自由经营提供了法律上的保护。影响财务管理的主要法律环境因素有企业组织形式的法律规定和税收法律规定等。对物业企业财务管理影响较大的主要是物业相关法规。

为了规范物业管理活动,维护业主和物业企业的合法权益,改善人民群众的生活和工作环境,我国于2003年5月28日在国务院第九次常务会议上通过并颁布了《物业管理条例》,自2003年9月1日起正式施行,这标志着我国的物业管理进入了法制化、规范化发展的新时期;同时,《物业管理条例》由国务院于2007年和2015年进行了两次修订。

1. 业主大会和业主委员会之间的权利、义务和职责

《物业管理条例》明确了业主大会、业主委员会的权利和义务,规范了业主大会决策程序,给业主委员会定位并明确其职责,约束了业主大会、业主委员会的活动,确定了业主大会与业主委员之间的关系,从而建立了业主决策机构和执行机构分离的管理模式。维护了大多数业主的合法权益,促进了物业管理活动的健康发展。

2. 规范了物业管理收费

《物业管理条例》从满足不同类型的服务需求出发,完善物业管理服务标准,引导物业企业不断提高服务质量,遵循管理服务收费的定价原则、定价方式和价格构成,根据物业管理服务内容、服务质量,制定住宅的收费指导价,从而方便了消费者根据自己的消费水平选择确定相应的物业管理服务,保障了物业企业的正常活动,维护了全体业主的合法权益。

3. 规范了前期物业管理,明确建、管责任

为了加强开发建设与物业管理的衔接,加强对建设单位的监督。《物业管理条例》规定,建设单位要在物业管理区域内配置必要的物业管理用房;国家提倡建设单位按照房地产开发与物业管理相分离的原则,通过招标的方式选聘具有相应资质的物业企业;与物业企业做好物业承接验收工作并及时移交有关资料;建设单位应当与物业企业签订前期物业服务合同;商品房销售合同中应当包含前期物业服务合同约定的内容;业主依法享有的物业共用部位、共用设施设备的所有权或者使用权,建设单位不得处置;建设单位应当在保修期限和保修范围内承担物业的保修责任。同时对于违反上述《物业管理条例》规定的行为制定了一系列处罚措施,包括责令限期改正、通报、警告、没收违法所得、罚款等,从而将物业管理的委托制改为聘任制,打破了谁开发、谁管理的垄断局面,明确了开发建设单位、物业企业的责、权、利,减少物业管理矛盾和纠纷,促进了公开、公平、公正市场竞争机制的形成。

4. 施行了职业资格管理,提高从业人员素质

当前,我国物业管理行业尚处在起步阶段,物业管理从业人员素质亟待提高。物业企业是一种以较少资本来管理庞大资产的企业,这一特殊性决定了物业管理从业人员只有具备扎实的物业管理知识和良好的实践经验,具备较强的经营能力,才能保证物业的正常使用并使物业保值、增值,才能降低企业的经营风险并提高企业的自身效益。而且,物业的智能化程度越来越高,这就要求物业管理从业人员及时掌握新技术、新方法。对物业管理从业人员实行职业资格认证制度,既能吸引优秀人才进入物业管理行业,也能给在职人员带来压力,促进他们不断更新知识和提高技能,有利于建设一支懂经营、善管理、精业务、守道

德的专业人员队伍,推动物业管理的技术进步,提高技术含量和服务水平,促进物业管理行业的可持续性发展。

5. 施行了物业企业资质制度,规范物业管理市场

物业企业为业主提供物业服务,是一种以营利为目的的经济组织。《物业管理条例》对物业企业从事物业管理活动的条件做出了严格的限制,要求物业企业不仅要具备法人资格,还要具备相应的资质。《物业管理条例》规定,国家对从事物业管理活动的企业,实行资质管理制度,未取得资质证书从事物业管理的,由县级以上地方人民政府房地产行政主管部门没收违法所得,并处5万元以上20万元以下罚款,给业主造成损失的,依法承担赔偿责任,从而规范了企业行为、有效地解决了群众投诉、保证了物业管理的服务质量、净化了物业管理市场,使物业管理行业踏上良性发展的轨道。

6. 明确了物业企业、业主大会与社区关系

居民委员会是居民自我管理、自我教育、自我服务的群众性自治组织。《物业管理条例》规定,在物业管理区域内,业主大会、业主委员会应当积极配合相关居民委员会依法履行自治管理职责,支持居民委员会开展工作,并接受监督。住宅小区的业主大会、业主委员会做出的决定,应当告知相关的居民委员会,并认真听取居民委员会的建议。要努力创建物业管理与社区建设良性互动的新机制,就要求物业企业、社区委员会、业主大会共同努力,只有物业管理与社区建设共进,以物业管理服务推动社区服务发展,才能创造出管理有序、服务完善、环境优美、治安良好、生活便利、人际关系和谐的现代化居住环境。

7. 明确了业主、物业企业与供水、供电、供气、供热、通信、有线电视等单位的关系

长久以来,由于供水、供电、供气、供热、通信、有线电视等单位的垄断地位,往往把服务与收费无偿地转嫁给了物业企业,造成了由物业企业来代收代缴费用的不合理现象。为了保障业主的合法权益,针对目前物业管理区域内,供水、供电、供气、供热费用由物业企业代收代缴的不合理现象,《物业管理条例》按照市场规律做出了规定:物业管理区域内,供水、供电、供气、供热、通信、有线电视等单位应当向最终用户收取有关费用。物业企业接受委托收费的不得向业主收取额外费用。这意味着自来水公司、供电公司、燃气公司、供暖公司跟物业企业是一个平等的企业关系,有效地解决了这一问题,保障了业主的合法权益。

8. 建立住房维修资金制度

住房制度改革前,住房维修养护责任由政府或单位承担,居民仅支付极少的租金。由于回收的租金不能维持房屋的维修,不足部分只能由政府或单位负担。政府和单位背负上了维修费补贴的沉重包袱。同时,维修资金缺乏,大量公房得不到及时保养和修缮,不少住房因年久失修而成为危房,危及住户的居住安全。因此,《物业管理条例》规定:住宅物业、住宅小区内的非住宅物业或者与单幢住宅楼结构相连的非住宅物业的业主,应当按照国家有关规定交纳专项维修资金。同时规定,专项维修资金属业主所有,专门用于物业保修期满后物业共用部位、共用设施设备的维修、更新和改造,不得挪作他用。对于违反规定的,依法追究直接负责的主管人员和其他相关人员的责任。因此,建立住房维修资金制度有利于物业的保值、增值;有利于维护社会稳定;更有利于物业管理行业的健康发展。

《物业管理条例》的颁布和实施对物业管理行业的健康发展具有非常重要和深远的意义,它依据民法基本原则,不仅明确了物业管理活动中各相关主体之间的权利、义务、职责,平等地保护了物业管理活动当事人各方的合法权益,为物业管理活动提供了坚实的法律依据;同时,贯彻财产所有者主权原则,保障了业主团体和物业使用权人对物业管理的民主权利,促进了物业管理水平不断提高,为人民创造了整洁、安全、方便、舒适的文明生活环境,维护了物业管理范围内的公共秩序,用法律手段为社会主义的建设事业、市场经济发展和人民生活需求的满足创造了良好条件。

1.2.4 金融环境

企业总是需要资金从事投资和经营活动。而资金的取得,除自有资金外,主要从金融机构和金融市场取得。金融政策的变化必然影响企业的筹资、投资和资金运营活动。所以,金融环境是企业最主要的环境因素。影响财务管理的主要金融环境因素有金融机构、金融工具、金融市场和利率等。

1. 金融机构

社会资金从资金供应者手中转移到资金需求者手中,大多要通过金融机构。金融机构包括银行业金融机构和其他金融机构。

(1)银行业金融机构

银行业金融机构是指经营存款、放款、汇兑、储蓄等金融业务,承担信用中介的金融机构。银行的主要职能是充当信用中介、充当企业之间的支付中介、提供信用工具、充当投资手段和充当国民经济的宏观调控手段。我国银行主要包括各种商业银行和政策性银行。商业银行,包括国有商业银行(如中国工商银行、中国农业银行、中国银行和中国建设银行)和其他商业银行(如交通银行、广东发展银行、招商银行、光大银行等);政策性银行主要包括中国进出口银行、国家开发银行等。

(2)其他金融机构

其他金融机构包括金融资产管理公司、信托投资公司、财务公司和金融租赁公司等。

2. 金融工具

金融工具是在信用活动中产生的、能够证明债权债务关系并据以进行货币资金交易的合法凭证,它对于债权债务双方所应承担的义务与享有的权利均具有法律效力。金融工具一般具有期限性、流动性、风险性和收益性4个基本特征。

①期限性是指金融工具一般规定了偿还期,也就是规定债务人必须全部归还本金之前所经历的时间。

②流动性是指金融工具在必要时迅速转变为现金而不致遭受损失的能力。

③风险性是指购买金融工具的本金和预定收益遭受损失的可能性,一般包括信用风险和市场风险两个方面。

④收益性是指持有金融工具所能够带来的一定收益。

金融工具按期限不同可分为货币市场工具和资本市场工具,前者主要有商业票据、国库券(国债)、可转让大额定期存单、回购协议等,后者主要是股票和债券。

3. 金融市场

(1)金融市场的意义、功能与要素

金融市场是指资金供应者和资金需求者双方通过金融工具进行交易的场所。金融市场可以是有形的市场,如银行、证券交易所等;也可以是无形的市场,如利用计算机、电话等设施通过经纪人进行资金融通活动。

金融市场的主要功能有以下5项:

①转化储蓄为投资。

②改善社会经济福利。
③提供多种金融工具并加速流动,使中短期资金凝结为长期资金。
④提高金融体系竞争性和效率。
⑤引导资金流向。

金融市场的要素主要有以下4种:
①市场主体,即参与金融市场交易活动而形成买卖双方的各经济单位。
②金融工具,即借以进行金融交易的工具,一般包括债权债务凭证和所有权凭证。
③交易价格,反映的是在一定时期内转让货币资金使用权的报酬。
④组织方式,即金融市场交易采用的方式。

从企业财务管理角度来看,金融市场作为资金融通的场所,是企业向社会筹集资金必不可少的条件。财务管理人员必须熟悉金融市场的各种类型和管理规则,有效地利用金融市场来组织资金的筹措和进行资本投资等活动。

(2)金融市场的种类

金融市场按组织方式的不同可划分为两部分:一是有组织的、集中的场内交易市场,即证券交易所,它是证券市场的主体和核心;二是非组织化的、分散的场外交易市场,它是证券交易所的必要补充。本书主要针对第一部分进行介绍。

第一,按期限划分为短期金融市场和长期金融市场。

短期金融市场又称货币市场,是指以期限在1年以内(含1年)的金融工具为媒介,进行短期资金融通的市场。其主要特点如下:
①交易期限短。
②交易的目的是满足短期资金周转的需要。
③所交易的金融工具有较强的货币性。

长期金融市场是指以期限在1年以上的金融工具为媒介,进行长期性资金交易活动的市场,又称资本市场。其主要特点如下:
①交易的主要目的是满足长期投资性资金的供求需要。
②收益较高而流动性较差。
③资金借贷量大。
④价格变动幅度大。

第二,按证券交易的方式和次数分为初级市场和次级市场。

初级市场,也称一级市场或发行市场,是指发行新证券的市场,这类市场使得首次证券资本交易成为可能。

次级市场,也称二级市场或流通市场,是指现有金融资产的交易场所。初级市场可以理解为"新货市场",次级市场可以理解为"旧货市场"。

第三,按金融工具的属性分为基础性金融市场和金融衍生品市场。

基础性金融市场是指以基础性金融产品为交易对象的金融市场,如商业票据、企业债券、企业股票的交易市场。

金融衍生品市场是指以金融衍生产品为交易对象的金融市场。所谓金融衍生产品,是一种金融合约,其价值取决于一种或多种基础资产或指数,合约的基本种类包括远期、期货、掉期(互换)、期权,以及具有远期、期货、掉期(互换)和期权中一种或多种特征的结构化金融工具。

除上述分类外,金融市场还可以按交割方式分为现货市场、期货市场和期权市场,按交易对象分为票据市场、证券市场、衍生工具市场、外汇市场、黄金市场等,按交易双方在地理上的距离划分为地方性的、全国性的、区域性的和国际性的金融市场。

4. 利率

利率也称利息率,是利息占本金的百分比指标。从资金的借贷关系看,利率是一定时期运用资金资源的交易价格。资金作为一种特殊商品,以利率为价格标准的融通,实质上是资源通过利率实行的再分配,因此利率在资金分配及企业财务决策中起着重要作用。

(1)利率的类型

利率可按照以下不同的标准进行分类:

①按利率之间的变动关系,分为基准利率和套算利率。

基准利率又称基本利率,是指在多种利率并存的条件下起决定作用的利率。所谓起决定作用,是指这种利率变动,其他利率也相应变动。因此,了解基准利率水平的变化趋势,就可以了解全部利率的变化趋势。基准利率在西方通常是中央银行的再贴现率,在我国是中国人民银行对商业银行贷款的利率。

套算利率是指在基准利率确定后,各金融机构根据基准利率和借贷款项的特点而换算出的利率。例如,某金融机构规定,贷款 AAA 级、AA 级、A 级企业的利率,应分别在基准利率基础上加 0.5%、1%、1.5%,加总计算所得的利率便是套算利率。

②按利率与市场资金供求情况的关系,分为固定利率和浮动利率。

固定利率是指在借贷期内固定不变的利率。受通货膨胀的影响,实行固定利率会使债权人利益受到损害。

浮动利率是指在借贷期内可以调整的利率。在通货膨胀条件下,采用浮动利率,可以使债权人减少损失。

③按利率形成机制不同,分为市场利率和法定利率。

市场利率是指根据资金市场上的供求关系,随着市场而自由变动的利率。

法定利率是指由政府金融管理部门或者中央银行确定的利率。

(2)利率的一般计算公式

正如任何商品的价格均由供应和需求两方面来决定一样,资金这种特殊商品的价格——利率,也主要由供给与需求来决定。但除这两个因素外,经济周期、通货膨胀、国际经济政治关系、国家利率管制程度、国家货币政策和财政政策等,对利率的变动均有不同程度的影响。因此,资金的利率通常由 3 部分组成:

①纯利率。

②通货膨胀补偿率(或称通货膨胀贴水)。

③风险收益率。

利率的一般计算公式为

$$利率 = 纯利率 + 通货膨胀补偿率 + 风险收益率$$

纯利率是指没有风险和通货膨胀情况下的均衡点利率,它永远大于零,又小于货币资金的时间价值。

通货膨胀补偿率是指由于持续的通货膨胀会不断降低货币的实际购买力,为补偿其购买力损失而要求提高的利率。

风险收益率包括违约风险收益率、流动性风险收益率和期限风险收益率。其中,违约风险收益率是指为了弥补因债务人无法按时还本付息而带来的风险,由债权人要求提高的利率;流动性风险收益率是指为了弥补因债务人资产流动不好而带来的风险,由债权人要求提高的利率;期限风险收益率是指为了弥补因偿债期长而带来的风险,由债权人要求提高的利率。

1.3 物业企业财务管理目标

财务管理目标是在特定的理财环境中,通过组织财务活动,处理财务关系所要达到的目的。从根本上说,财务目标取决于企业生存目的或企业目标,取决于特定的社会经济模式。企业财务目标具有体制性特征,整个社会经济体制、经济模式和企业所采用的组织制度,在很大程度上决定企业财务目标的取向。根据现代企业财务管理理论和实践,最具代表性的财务管理目标主要有以下几种观点。

1.3.1 利润最大化

假定在企业的投资预期收益确定的情况下,财务管理行为将朝着有利于企业利润最大化的方向发展。以追逐利润最大化作为财务管理的目标,其主要原因如下:

①人类从事生产经营活动的目的是创造更多的剩余产品。在商品经济条件下,剩余产品的多少可以用利润这个价值指标来衡量。

②在自由竞争的资本市场中,资本的使用权最终属于获利最多的企业。

③只有每个企业都最大限度地获得利润,整个社会的财富才可能实现最大化,从而带来社会的进步和发展。

在社会主义市场经济条件下,企业作为自主经营的主体,所创利润是企业在一定期间全部收入和全部费用的差额,是按照收入与费用配比原则加以计算的。它不仅可以直接反映企业创造剩余产品的多少,而且从一定程度上反映出企业经济效益的高低和对社会贡献的大小。同时,利润是企业补充资本、扩大经营规模的源泉。因此,以利润最大化为理财目标是有一定道理的。

1.3.2 资本利润率最大化或每股收益最大化

资本利润率是利润额与资本额的比率。每股收益是利润额与普通股股数的比值。这里利润额是净利润。所有者作为企业的投资者,其投资目标是取得资本收益,具体表现为净利润与出资额或股份数(普通股)的比值。这个目标的优点是把企业实现的利润额同投入的资本或股本数进行比较,能够说明企业的盈利水平,可以在不同资本规模的企业或同一企业不同期间进行比较,揭示其盈利水平的差异。

1.3.3 企业价值最大化

投资者建立企业的重要目的在于创造尽可能多的财富。这种财富首先表现为企业的价值。企业价值不是账面资产的总价值,而是企业全部财产的市场价值,它反映了企业潜在或预期获利能力。投资者在评价企业价值时,是以投资者预期投资时间为起点的,并将未来收入按预期投资时间的同一口径进行折现,未来收入的多少按可能实现的概率进行计算。可见,这种计算办法考虑了货币资金的时间价值和风险问题。企业所获取收益越多,实现收益的时间越近,取得的报酬风险越小,则企业的价值或股东财富越大。以企业价值最大化作为财务管理的目标,其优点主要表现在以下几方面:

①该目标考虑了货币资金的时间价值和投资的风险价值,有利于统筹安排长短期规划、合理选择投资方案、有效筹措资金、合理制订股利政策等。

②该目标反映了对企业资产保值增值的要求,从某种意义上说,股东财富越多,企业市场价值就越大,追求股东财富最大化的结果可促使企业资产保值或增值。

③该目标有利于克服管理上的片面性和短期行为。

④该目标有利于社会资源合理配置,社会资金通常流向企业价值最大化或股东财富最大化的企业或行业,有利于实现社会效益最大化。

本书以企业价值最大化作为财务管理目标。

1.3.4 企业与相关利益主体之间的矛盾与解决方法

企业财务管理的目标是企业价值最大化,根据这一目标,财务活动所涉及的不同利益主体如何进行协调是财务管理必须解决的问题。

1. 所有者与经营者的矛盾与解决方法

企业价值最大化直接反映了企业所有者的利益,与企业经营者没有直接的利益关系。对所有者来讲,他所放弃的利益也就是经营者所得的利益。在西方,这种被放弃的利益也称为所有者支付给经营者的享受成本。但问题的关键不是享受成本的多少,而是在增加享受成本的同时,是否更多地提高了企业价值。因而,经营者和所有者的主要矛盾就是经营者希望在提高企业价值和股东财富的同时,能更多地增加享受成本;而所有者和股东则希望以较小的享受成本支出带来更高的企业价值或股东财富。为了解决这一矛盾,应采取让经营者的报酬与绩效相联系的办法,并辅之以一定的监督措施。

(1) 解聘

这是一种通过所有者来约束经营者的办法。所有者对经营者予以监督,如果经营者未能使企业价值达到最大,就解聘经营者。为此,经营者会因为害怕被解聘而努力实现财务管理目标。

(2) 接收

这是一种通过市场来约束经营者的办法。如果经营者经营决策失误、经营不力,未能采取一切有效措施使企业价值提高,该公司就可能被其他公司强行接收或吞并,经营者也会被解聘。为此,经营者为了避免这种接收,必须采取一切措施提高股票市价。

(3) 激励

将经营者的报酬与其绩效挂钩,以使经营者自觉采取能实现企业价值最大化的措施。激励有以下两种基本方式:

①"股票选择权"方式。它是允许经营者以固定的价格购买一定数量的公司股票,股票的价格比固定价格越高,经营者所得的报酬就越多。经营者为了获取更大的股票涨价益处,就必然主动采取能够提高股价的行动。

②"绩效股"形式。公司运用每股收益、资产收益率等指标来评价经营者的业绩,视其业绩大小给予经营者数量不等的股票作为报酬。如果公司的经营业绩未能达到规定目标,经营者也将丧失部分原先持有的"绩效股"。这种方式使经营者不仅为了多得"绩效股"而不断采取措施提高公司的经营业绩,而且为了使每股市价最大化,采取各种措施使股票市

价稳定上升。

2. 所有者与债权人的矛盾及解决方法

所有者的财务目标可能与债权人期望实现的目标发生矛盾。首先,所有者可能要求经营者改变举债资金的原定用途,将其用于风险更高的项目,这会增大偿债的风险,债权人的负债价值也必然会降低。高风险的项目一旦成功,额外的利润就会被所有者独享;但若失败,债权人却要与所有者共同负担由此造成的损失。这对债权人来说风险与收益是不对称的。其次,所有者或股东可能未征得现有债权人同意,而要求经营者发行新债券或举借新债,致使旧债券的价值降低(因为相应的偿债风险增加)。

为了解决所有者与债权人的上述矛盾,通常可以采用以下两种方式:

(1) 限制性借债

在借款合同中加入某些限制性条款,如规定借款的用途、借款的担保条款和借款的信用条件等。

(2) 收回借款或停止借款

当债权人发现公司有侵蚀其债权价值的意图时,采取收回债权和不再给该公司新的借款的方法,从而来保护自身的权益。

1.3.5 财务管理的环节

财务管理的环节是指财务管理的工作步骤与一般程序。一般来说,企业财务管理包括以下几个环节:

1. 财务规划与预测

财务预测是根据财务活动的历史资料,考虑现实的要求和条件,对企业未来的财务活动和财务成果做出科学的预计和测算。本环节的主要任务在于:测算各项生产经营方案的经济效益,为决策提供可靠的依据;预计财务收支的发展变化情况,以确定经营目标;测定各项定额和标准,为编制、分解计划指标服务。财务预测环节主要包括明确预测目标、搜集相关资料、建立预测模型、确定财务预测结果等步骤。

2. 财务决策

财务决策是指财务人员按照财务目标的总体要求,利用专门方法对各种备选方案进行比较分析,并从中选出最佳方案的过程。在市场经济条件下,财务管理的核心是财务决策,财务预测是为财务决策服务的,决策成功与否直接关系到企业的兴衰成败。财务决策环节主要包括确定决策目标、提出备选方案、选择最优方案等步骤。

3. 财务预算

财务预算是指运用科学的技术手段和数量方法,对未来财务活动的内容及指标所进行的具体规划。财务预算是以财务决策确立的方案和财务预测提供的信息为基础编制的,是财务预测和财务决策的具体化,是控制财务活动的依据。财务预算的编制一般包括以下几个步骤:分析财务环境,确定预算指标;协调财务能力,组织综合平衡;选择预算方法,编制财务预算。

4. 财务控制

财务控制是在财务管理的过程中,利用有关信息和特定手段,对企业财务活动所施加的影响或进行的调节。实行财务控制是落实预算任务、保证预算实现的有效措施。财务控制一般要经过以下步骤:制定控制标准,分解落实责任;实施追踪控制,及时调整误差;分析执行情况,搞好考核奖惩。

5.财务分析与评价

财务分析是根据核算资料,运用特定方法,对企业财务活动过程及其结果进行分析和评价的一项工作。通过财务分析,可以掌握各项财务计划的完成情况,评价财务状况,研究和掌握企业财务活动的规律性,改善财务预测、决策、预算和控制,提高企业管理水平和经济效益。财务分析包括以下步骤:获取资料,掌握信息;对比指标,揭露矛盾;分析原因,明确责任;提出措施,改进工作。

【本章小结】

本章主要阐述了物业企业财务管理的内容,包括财务活动和财务关系两个方面。另外还介绍了物业企业财务管理的环境,包括经济环境、法律环境和金融环境,要求重点掌握金融工具的基本特征、金融市场的构成要素和市场利率的组成等。另一方面,本章还阐述了物业企业财务管理的目标,包括利润最大化、资本利润率最大化或每股收益最大化、企业价值最大化,要求重点掌握每种财务管理目标的特点。另外还介绍了财务管理相关利益主体之间的矛盾与解决方法,以及财务管理的环节等内容。

【课后习题】

一、单项选择题

1.有关物业企业财务管理的目标,每股收益最大化与利润最大化相比,其优点在于(　　)。

A.考虑了投入资本与产出利润之间的关系

B.考虑了货币资金的时间价值因素

C.考虑了企业的风险因素

D.体现了企业的价值所在

2.最能够体现股东财富大小的财务指标是(　　)。

A.每股收益　　　B.每股市价　　　C.净利润　　　D.净收入

3.已知现时市场的纯利率为2%,市场的平均利率为6%,市场风险收益率为2.5%,则该市场的通货膨胀补偿率为(　　)。

A.4.5%　　　B.8%　　　C.1.5%　　　D.3.5%

4.我国于2003年5月28日在国务院第九次常务会议上通过并颁布了《物业管理条例》,并自(　　)起正式施行。

A.2004年9月1日　　　　　　B.2003年10月1日

C.2003年6月1日　　　　　　D.2003年9月1日

二、多项选择题

1.金融市场中金融工具的基本属性包括(　　)。

A.期限性　　　B.流动性　　　C.风险性　　　D.收益性

2.长期金融市场的特点有(　　)。

A.交易的目的是满足短期资金周转的需要

B.所交易的金融工具有较强的货币性

C.资金借贷量大

D. 收益较高而流动性较差

3. 以企业价值最大化作为企业财务管理目标的优点有(　　)。

A. 考虑了货币资金的时间价值和投资的风险价值,有利于统筹安排长短期规划、合理选择投资方案、有效筹措资金、合理制定股利政策

B. 反映了对企业资产保值增值的要求

C. 有利于克服管理上的片面性和短期行为

D. 有利于社会资源的合理配置

4. 金融市场的构成要素包括(　　)。

A. 市场主体　　　B. 金融工具　　　C. 交易价格　　　D. 组织方式

三、简答题

1. 什么是物业企业财务活动?它具体包括哪些内容?什么是物业企业财务关系?它具体包括哪些内容?

2. 企业所有者和经营者之间有哪些矛盾?如何解决他们之间的矛盾?

3. 最具代表性的企业财务管理目标有哪些?这些目标都有哪些特点?

第 2 章　货币时间价值与风险分析

【学习目标】

通过本章的学习,要求掌握货币资金的时间价值和风险价值等财务管理基本知识,了解货币资金的时间价值和风险对物业企业财务管理的意义,为学习物业企业财务管理其他内容奠定基础。

【本章导读】

为什么10年前的100元和现在的100元购买力存在着巨大差距?某人的财富去年为50万元,今年增长到55万元,而与此同时该人所在国家的通货膨胀率达到20%,同期物价上涨了近两成,货币也贬值了近两成,那么该人所占有的社会财富到底是增加了还是减少了呢?我们把钱存在银行很保险,但是否能够帮助我们的财富保值或增值呢?这些问题都说明时间与货币的价值之间存在着某种关系。另一方面,每当国家公布一些重要的经济数据的时候,都会引起股市的强烈波动,但每只股票波动的幅度却又不一样,这是一种什么现象呢?企业在经营的时候会遇到很多风险,有的和周围环境有关,有的和自身经营有关,为什么每个企业所承受的风险大小不一样?风险到底应如何预测和计量,企业又将如何应对风险呢?

2.1　货币时间价值

货币资金的时间价值,是指一定量资金在不同时点上的价值量的差额。众所周知,在市场经济条件下,即使不存在通货膨胀,等量资金在不同时点上的价值量也不相等,今天的1元钱和将来的1元钱不等值,前者要比后者的价值大。比如,若银行存款年利率为10%,将1元钱存入银行,一年以后就会是1.10元。可见,经过一年时间,这1元钱发生了0.10元的增值,今天的1元钱和一年后的1.10元钱等值。人们将资金在使用过程中随时间的推移而发生增值的特征,称为资金时间价值的属性。

货币资金的时间价值是资金在周转使用中产生的,是资金所有者让渡资金使用权而参与社会财富分配的一种形式。

通常情况下,货币资金的时间价值相当于没有风险和没有通货膨胀条件下的社会平均利润率,这是利润平均化规律作用的结果。由于时间价值的计算方法同有关利息的计算方法相同,因而时间价值与利率容易被混为一谈。实际上,财务管理活动总是或多或少地存在风险,而通货膨胀也是市场经济中客观存在的经济现象。因此,利率不仅包含时间价值,而且包含风险价值和通货膨胀的因素。只有在购买国库券等政府债券时几乎没有风险,如果通货膨胀率很低的话,可以用政府债券利率来表现货币资金的时间价值。

资金时间价值以商品经济的高度发展和借贷关系的普遍存在为前提,这是一个客观存在的经济因素,是财务管理中必须考虑的重要因素。

2.1.1 终值与现值

终值又称将来值,是现在一定量现金在未来某一时点上的价值,俗称本利和。比如存入银行100元,年利率为复利10%。经过3年后一次性取出本利和133.10元,这3年后的本利和133.10元即为终值。

现值又称在用价值,是指未来某一时点上的一定量现金在现在的价值。上述3年后的133.10元在现在的价值为100元,这100元即为现值。

终值与现值的计算涉及利息计算方式的选择。目前有两种利息计算方式,即单利和复利。单利方式下,每期都按初始本金计算利息,当期利息即使不取出也不计入下期本金,计算基础不变。复利方式下,以当期末本利和为计息基础计算下期利息,即利上加利。现代财务管理中一般用复利方式计算终值与现值,因此也有人称之为复利现值和复利终值。

1. 单利的终值和现值

为便于同后面介绍的复利计算方式相比较,加深对复利的理解,这里先介绍单利的有关计算。

按照单利的计算法则,利息的计算公式为

$$I = P \cdot i \cdot n$$

式中　　I——利息;

　　　　P——现值;

　　　　i——每一利息期的利率(折现率);

　　　　n——计算利息的期数。

除非特别指明,在计算利息时,给出的利率均为年利率,对于不足一年的利息,以"一年等于360天"来折算。

单利计息方式下,终值的计算公式为

$$F = P + I = P + P \cdot i \cdot n = P \cdot (1 + i \cdot n)$$

式中　　F——终值。

[例2.1]　某人持有一张带息票据,面额为2 000元,票面利率为5%,出票日期为7月22日,到期日为10月20日(90天)。则该持有者到期可得的利息为多少?

$$I = \left[2\,000 \times 5\% \times \left(\frac{90}{360}\right)\right] 元 = 25 元$$

单利计息方式下,现值的计算与终值的计算是互逆的,由终值计算现值的过程称为折现。其现值的计算公式为

$$P = \frac{F}{(1 + i \cdot n)}$$

[例2.2]　某人希望在5年末取得本利和1 000元,用以支付一笔款项。则在利率为5%,单利方式计息条件下,此人现在需存入银行的资金为多少?

$$P = \frac{1\,000}{1 + 5 \times 5\%} 元 = 800 元$$

2. 复利的终值和现值

（1）复利的终值（已知现值 P，求终值 F）

资金时间价值通常是按复利计算的。复利不同于单利，它是指在一定期间（如一年）按一定利率通过本金求利息，也涉及上期利息作为下期本金所获得的利息，即把以前各期的本金和利息之和作为基础计算该期利息。

复利终值是指一定量的本金按复利计算若干期后的本利和。例如，某公司将一笔资金 P 存入银行，年利率为 i，如果每年计息一次，则 n 年后的本利和就是复利终值，如图 2.1 所示。

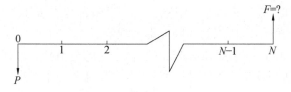

图 2.1 复利终值示意图

一年后的终值为

$$F_1 = P + P \cdot i = P \cdot (1+i)$$

两年后的终值为

$$F_2 = P \cdot (1+i) \cdot (1+i) = P \cdot (1+i)^2$$

同理，三年后的终值为

$$F_3 = P \cdot (1+i)^2 \cdot (1+i) = P \cdot (1+i)^3$$

以此类推，第 n 年的本利和为

$$F = P \cdot (1+i)^n$$

[例 2.3] 某人将 20 000 元存入银行，年存款利率为 6%，则一年后本利和为多少？

$$F_1 = [20\,000 \times (1+6\%)] \, 元 = 21\,200 \, 元$$

如此人并不提走现金，将 21 200 元继续存在银行，则第二年的本利和为

$$F_2 = [20\,000 \times (1+6\%)^2] \, 元 = 22\,472 \, 元$$

同理，第三年的本利和为

$$F_3 = [20\,000 \times (1+6\%)^3] \, 元 = 23\,820.32 \, 元$$

我们通常把 $(1+i)^n$ 称为"复利终值系数"，用符号 $(F/P, i, n)$ 表示。

$$F = P \cdot (1+i)^n$$

又可以写作

$$F = P \cdot (F/P, i, n)$$

即

$$复利终值 = 现值 \times 复利终值系数$$

复利终值系数可以通过查阅"复利终值系数表"直接获得。"复利终值系数表"的第一行是利率 i，第一列是计息期数 n，在其纵横相交处便是对应的终值系数的大小。如 $(F/P, 6\%, 3)$ 表示利率为 6%、3 期复利终值的系数。通过该表可查出，$(F/P, 6\%, 3) = 1.191\,0$。即在利率为 6% 的情况下，现在的 1 元和 3 年后的 1.191 0 元在经济效用上是等值的，根据这个系数可以把现值换算成终值。

(2) 复利的现值(已知终值 F,求现值 P)

复利现值相当于原始本金,它是指今后某一特定时间收到或付出的一笔款项按复利计算的(折现率 i)现在价值。例如,将 n 年后的一笔资金 F,按复利折算(年利率 i)为现在的价值,这就是复利现值。

由复利终值公式 $F = P \cdot (F/P, i, n) = P \cdot (1+i)^n$ 可以推导出复利现值的计算公式为

$$P = F \cdot (1+i)^{-n}$$

式中,$(1+i)^{-n}$ 通常称为"复利现值系数",记作 $(P/F, i, n)$,可以直接查阅"复利现值表"。上式也可写作

$$P = F \cdot (P/F, i, n)$$

即

复利现值 = 终值 × 复利现值系数

复利终值系数与复利现值系数互为倒数。

2.1.2 普通年金的终值与现值

上面介绍了一次性收付款项终值与现值的计算,除此之外,在现实经济生活中,还存在一定时期内多次收付的款项,即系列收付款项。如果每次收付的金额相等,则这样的系列收付款项便称为年金。简言之,年金是指一定时期内每次等额收付的系列款项,通常记作 A。

年金的形式多种多样,如保险费、养老金、折旧、租金、等额分期收款、等额分期付款以及零存整取或整存零取储蓄等,都存在年金问题。

年金按其每次收付发生的时点不同,可分为普通年金、即付年金、递延年金、永续年金等几种。

1. 普通年金终值的计算(已知年金 A,求年金终值 F)

普通年金是指从第一期起,在一定时期内每期期末等额发生的系列收付款项,又称后付年金。普通年金有以下 4 个特点:

① 它是从第一期开始的、连续发生在每期期末的系列收付。
② 有终值问题也有现值问题。
③ 年金收付时间间隔相同。
④ 终值点和最后一期年金的时点是同一个时点,如图 2.2 所示。

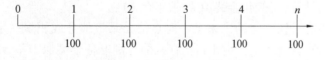

图 2.2 普通年金示意图

普通年金既然有终值问题,就是要将所有的年金均求其终值,各个年金终值之和,即普通年金的终值。我们先把每一个年金单独看作是一个一次性收付款项下的已知现值求终值问题(设 $P = A$,求以 A 为现值的终值 F),然后求其和,就可以得出普通年金的终值。由于普通年金各个年金 A 发生在每一期的期末,则

最后一个 A 在终值点 n 上,到终值点的距离为 0 期。
本身就是终值

$$F = A \cdot (1+i)^0$$

倒数第二个 A 在 $n-1$ 点上,到终值点 n 的距离为 1 期。

其终值为

$$F = A \cdot (1+i)^1$$

倒数第三个 A 在 $n-2$ 点上,到终值点 n 的距离为 2 期。

其终值为

$$F = A \cdot (1+i)^2$$

$\vdots$

倒数最后一个 A,即第一个 A,在第一期的期末 1 点上,距离终值点 n 的距离为 $(n-1)$ 期。其终值为

$$F = A \cdot (1+i)^{n-1}$$

年金的终值 $F = A + A \cdot (1+i) + A \cdot (1+i)^2 + \cdots + A \cdot (1+i)^{n-1}$

整理得 $F \cdot (1+i) = A \cdot (1+i) + A \cdot (1+i)^2 + A \cdot (1+i)^3 + \cdots + A \cdot (1+i)^n$

$$F \cdot (1+i) - F = A \cdot (1+i)^n - A$$

$$F \cdot i = A \cdot [(1+i)^n - 1]$$

根据复利终值的方法计算年金终值 F 的公式为

$$F = A \cdot \frac{(1+i)^n - 1}{i}$$

$$F = A \cdot (F/A, i, n)$$

$(F/A, i, n)$ 称为普通年金终值系数。可以通过查表取得其相应的值。

[例 2.4] 某人每年年末都存入银行 1 000 元,在存款利率为 10% 的情况下,5 年后一次性取出,能取出多少钱?

由题意可知:$A = 1\ 000, N = 5, i = 10\%$,求 F。

$$F = (F/A, i, n) = 1\ 000 \times (F/A, 10\%, 5)$$

查表可知 $(F/A, 10\%, 5) = 6.105\ 1$

$$F = 6\ 105.10 \text{ 元}$$

本题中该人共存款 5 次,发生在每年年末,第 5 年年末取款时,仍有一次存入 1 000 元的行为,也是最后一期年金。最后一期年金与其所求的终值在同一时点。这也是判断普通年金的一个重要标志。

年偿债基金的计算(已知年金终值 F,求年金 A):

偿债基金是指为了在约定的未来某一时点清偿某笔债务或积聚一定数额的资金而必须分次等额提取的存款准备金。由于每次存入的等额准备金类似于年金存款,因而同样可以获得按复利计算的利息,债务额实际上等于年金终值,每年提取的偿债基金等于年金 A。也就是说,偿债基金的计算实际上是年金终值的逆运算。

由

$$F = A \cdot \frac{(1+i)^n - 1}{i}$$

得

$$A = F \cdot \frac{i}{(1+i)^n - 1}$$

记作

$$A = F \cdot (A/F, i, n)$$

$(A/F, i, n)$ 称为偿债基金系数。

只有在普通年金的前提下,已知终值求年金,才称为求解年偿债基金额。
由于偿债基金系数一般无法查表取得,因此,计算公式为

$$A = F \cdot \frac{1}{(F/A, i, n)}$$

[例 2.5] 某物业公司 4 年后欲一次从银行取出 1 000 万元,支付到期设备款,假设存款利率为 10%,若从本年开始,每年年末等额存入银行一笔款项,那么每年年末存多少钱才能满足需要?

$$A = 1\,000 \cdot \frac{10\%}{(1 + 10\%)^4 - 1}$$
$$= (1\,000 \times 0.215\,4) \text{万元} = 215.47 \text{万元}$$

或

$$A = 1\,000 \times \frac{1}{F/A, 10\%, 4}$$
$$= (1\,000 \times \frac{1}{4.641\,0}) \text{万元} \approx 215.47 \text{万元}$$

即每年存入银行 215.47 万元即可。两种方法计算结果是相同的。
普通年金系数与偿债基金系数互为倒数。

2. 普通年金现值的计算(已知年金 A,求年金现值 P)

年金现值是指一定时期内每期期末等额收付款项的复利现值之和。年金现值的计算公式为

$$P = A \cdot (1+i)^{-1} + A \cdot (1+i)^{-2} + \cdots + A \cdot (1+i)^{-(n-1)} + A \cdot (1+i)^{-n}$$

与普通年金终值公式的推导过程一样,可以推导出普通年金现值的计算公式为

$$P = A \cdot \frac{1 - (1+i)^{-n}}{i}$$

又记作

$$P = A \cdot (P/A, i, n)$$

$(P/A, i, n)$ 称为普通年金现值系数。其值可以通过查表取得。

[例 2.6] 某物业公司委托银行代付设备租金,每年年末需要支付租金 1 万元,共支付 4 年,如果存款利率为 6%,那么公司现在应一次付给银行多少钱,才能正好满足需要?

由题意可知:$A = 10\,000, n = 4, i = 6\%$,求 P。

$$P = A \cdot (P/A, i, n)$$
$$= 10\,000 \times (P/A, 6\%, 4)$$

查表可知 $(P/A, 6\%, 4) = 3.465\,1$

$$P = (10\,000 \times 3.465\,1) \text{元} = 34\,651 \text{元}$$

年资本回收额的计算(已知年金现值 P,求年金 A):
年资本回收额是指在约定年限内等额回收初始投入资本或清偿所欠债务的金额。年资本回收额的计算是年金现值的逆运算。
由

$$P = A \cdot \frac{1 - (1+i)^{-n}}{i}$$

可以推导出其计算公式为

$$A = P \cdot \frac{i}{1 - (1+i)^{-n}}$$

或

$$A = P \cdot (A/P, i, n)$$

可以推导出其计算公式为

$$A = P \cdot \frac{1}{(P/A, i, n)}$$

$(A/P, i, n)$ 称为年资本回收额系数。

[例 2.7] 某物业公司委托银行发放退休职工养老金,若现在一次存入银行 1 000 万元,在银行存款利率为 12% 的情况下,今后 10 年每年年末能等额发放多少养老金?

由题意可知:$P = 1\,000$,$n = 10$,$i = 12\%$,求 A。

$$A = 1\,000 \times \frac{12\%}{1 - (1 + 12\%)^{-10}}$$
$$= (1\,000 \times 0.177\,0) \text{万元} = 177 \text{万元}$$

或

$$A = 1\,000 \times \left[\frac{1}{(P/A, 12\%, 10)}\right]$$
$$= \left[1\,000 \times \left(\frac{1}{5.650\,2}\right)\right] \text{万元} \approx 177 \text{万元}$$

即每年年末都可以等额支付 177 万元的养老金。

只有在普通年金的前提下,已知现值求年金,才能称为求解年资本回收额。

普通年金现值系数与年资本回收额系数互为倒数。

2.1.3 即付年金的终值与现值

即付年金是指从第一期起,在一定时期内每期期初等额收付的系列款项,又称为先付年金。它与普通年金的区别仅在于付款时间的不同,如图 2.3 所示。

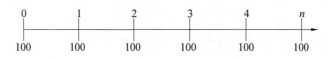

图 2.3 即付年金示意图

即付年金有以下特点:

① 从第一期开始的在一定时期内每期期初等额收付的系列款项。

② 有现值问题也有终值问题。

③ 第一期年金与现值时点相同。

1. 即付年金终值

即付年金终值是指即付年金各期年金 A 的各个终值之和。由于即付年金分别发生在 0,$1,2,\cdots,(n-1)$ 各个时点上,即发生在各期的期初。即付年金的终值点在 n 点上,所以对每一期的年金先求终值再求和,与普通年金终值相比,均多求一期。因此,其终值计算公式为

$$F = A \cdot \frac{(1+i)^n - 1}{i} \cdot (1+i)$$
$$= A \cdot \frac{(1+i)^{n+1} - (1+i)}{i}$$
$$= A \cdot \left[\frac{(1+i)^{n+1} - 1}{i} - 1\right]$$

$$F = A \cdot [(F/A, i, n+1) - 1]$$

它是在普通年金终值系数的基础上期数加1,系数减1。

[例2.8] 某物业公司每年年初存入银行100万元,作为改造基金,若银行存款利率为10%,那么第5年年末公司能一次取出多少钱用于更新改造?

由题意可知:每年年初存入,即年金发生在每期期初,即发生在0,1,2,3,4点上。求其本利和的终值在时点5上,与最后一期年金时点并不相同,可以判定这是即付年金。$A = 100, i = 10\%, n = 5$,求 F。

$$F = A \cdot [(F/A, i, n+1) - 1] = 100 \times [(F/A, 10\%, 6) - 1]$$
$$= [100 \times (7.7156 - 1)]万元 = 671.56万元$$

2. 即付年金现值

n 期即付年金现值与 n 期普通年金现值的期限是相同的,只是年金收付款的时点均提前了一期,n 期即付年金现值比 n 期普通年金现值少折算了一期的货币时间价值。按普通年金的计算方法计算即付年金,其现值会被计算到0的前一点(-1点)上,再对其求一期后的终值才是即付年金在0点上的现值。其现值计算公式为

$$P = A \cdot \frac{1 - (1+i)^{-n}}{i} \cdot (1+i)$$

$$= A \cdot \frac{(1+i) - (1+i)^{-(n-1)}}{i}$$

$$= A \cdot \left[\frac{1 - (1+i)^{-(n-1)}}{i} + 1\right]$$

$$P = A \cdot [(P/A, i, n-1) + 1]$$

它是在普通年金现值系数的基础上期数减1,系数加1。

[例2.9] 某人委托银行分期支付房屋租金,若每年年初需要支付5 000元,房屋租期为20年,在银行利率为5%的前提下,该人需要一次支付给银行多少钱?

由题意可知:第一期年金与现值同在一个时点上,是即付年金。$A = 5 000, n = 20, i = 5\%$,求 P。

$$P = A \cdot [(P/A, i, n-1) + 1] = 5 000 \times [(P/A, 5\%, 19.) + 1]$$
$$= (5 000 \times 13.0853)元 = 65 426.5元$$

2.1.4 递延年金和永续年金的现值

1. 递延年金现值的计算

递延年金是指第一次收付款发生时间不在第一期,而是隔若干期(假设为 m 期,$m \geq 1$.后才开始发生的系列等额收付款项。它是普通年金的特殊形式,凡不是从第一期开始的年金都是递延年金。

递延年金有以下特点:

① 它是特殊的普通年金,是与第一期间隔一定时期才开始的普通年金。

② 有现值问题,也有终值问题。其终值的计算,不考虑递延期,直接计算收付(N)期的终值,与普通年金计算方法相同。

③ 其现值的计算方法有其特殊性。

递延年金现值的计算方法有以下3种:

第一种方法:先求出递延年金折算到无年金期期末(M点)的现值,然后再将该值作为0点处资金的终值,按复利计算调整为0点的现值,如图2.4所示。

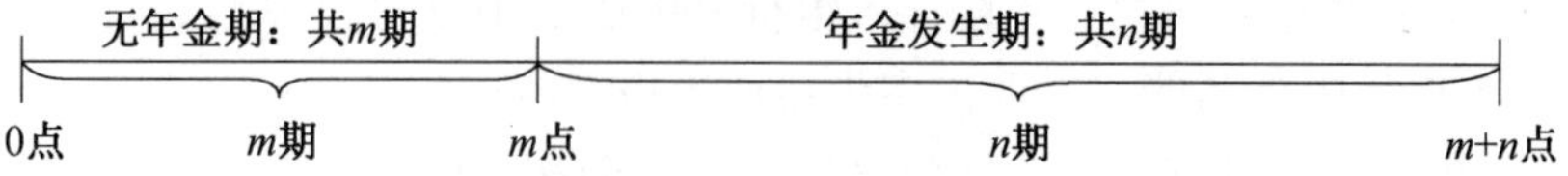

```
|———— 无年金期：共m期 ————|———— 年金发生期：共n期 ————|
0点        m期         m点           n期           m+n点
```

图 2.4　递延年金示意图

$$P_n = A \cdot (P/A, i, n)$$
$$P = P_n \cdot (1+i)^{-m}$$
$$= A \cdot \frac{1-(1+i)^{-n}}{i} \cdot (1+i)^{-m}$$
$$= A \cdot (P/A, i, n) \cdot (P/F, i, m)$$

第二种方法:先求出$(M+N)$期的现值,再扣除递延期(M)的年金现值。

$$P = P_{m+n} - P_m$$
$$P = A \cdot \left[\frac{1-(1+i)^{-(m+n)}}{i} - \frac{1-(1+i)^{-m}}{i}\right]$$
$$= A \cdot [(P/A, i, m+n) - (P/A, i, m)]$$

第三种方法:先求出递延年金的终值,再将其折算为现值。

$$F = A \cdot (F/A, i, n)$$
$$P = A(F/A, i, n) \cdot (P/F, i, n+m)$$

或

$$P = F \cdot (1+i)^{-(n+m)}$$
$$= A \cdot \left[\frac{(1+i)^n - 1}{i}\right] \cdot (1+i)^{-(n+m)}$$

[例2.10]　某人年初存入银行一笔钱,准备为孩子上大学缴纳学费。若孩子在5年后上大学,每年年末交学费1 000元,学制5年,银行存款利率为10%,那么该人现在应一次存入银行多少钱?

由题意可知:不是从第一期开始的系列收付,属于递延年金。$A = 1\,000, m = 5, n = 5, i = 10\%$,求$P$。

$$P = A \cdot (P/A, 10\%, 5) \cdot (P/F, 10\%, 5)$$
$$= (1\,000 \times 3.790\,8 \times 0.620\,9)\text{元} \approx 2\,354\text{元}$$

或

$$P = A \cdot [(P/A, 10\%, 10) - (P/A, 10\%, 5)]$$
$$= [1\,000 \times (6.144\,6 - 3.790\,8)]\text{元} \approx 2\,354\text{元}$$

或

$$P = A \cdot (F/A, 10\%, 5) \cdot (P/F, 10\%, 10)$$
$$= (1\,000 \times 6.105\,1 \times 0.385\,5)\text{元} \approx 2\,354\text{元}$$

2. 永续年金现值的计算

永续年金是指无限期等额收付的特种年金,也是普通年金的特殊形式,它是从第一期开始的系列收付行为,年金发生在每一期的期末,只不过这种年金的期限趋于无穷。存本取息可视为永续年金的例子。此外,也可将利率较高、持续期限较长的年金视同永续年金进行计算。

由于永续年金持续期无限,没有终止的时间,因此没有终值,只有现值。通过普通年金现值计算可推导出永续年金现值的计算公式为

$$P = A \cdot \frac{1-(1+i)^{-n}}{i}$$

$$= A \cdot \frac{1-\frac{1}{(1+i)^n}}{i}$$

当 $n \to \infty$ 时

$$P = \frac{A}{i}$$

即

$$永续年金现值 = \frac{年金}{利率}$$

[**例 2.11**]　某股票每年可支付股利 1 元,在利率为 5% 的情况下,该股票价值是多少?

$$P = \frac{A}{i}$$

$$= \frac{1}{5\%} 元 = 20 元$$

2.1.5　折现率、期间和利率的推算

1. 折现率(利息率)的推算

对于一次性收付款项,根据其复利终值(或现值)的计算公式可得出折现率的计算公式为

$$i = (F/P)^{-n} - 1$$

因此,若已知 F、P、n,不用查表便可直接计算出一次性收付款项的折现率(利息率) i。

永续年金折现率(利息率) i 的计算也很方便。若已知 P、A,则根据公式 $P = A/i$,变形即得 i 的计算公式

$$i = \frac{A}{P}$$

普通年金折现率(利息率)的推算比较复杂,无法直接套用公式,而必须利用有关的系数表,有时还会涉及内插法的运用。下面着重对此加以介绍。

根据普通年金终值 F 和普通年金现值 P 的计算公式可推算出年金终值系数 $(F/A, i, n)$ 和年金现值系数 $(P/A, i, n)$ 的计算公式为

$$(F/A, i, n) = F/A$$
$$(P/A, i, n) = P/A$$

根据已知的 F、A 和 n,可求出 F/A 的值,通过查年金终值系数表,有可能在表中找到等于 F/A 的系数值,该系数所在列的 i 值即为所求的 i 值。

同理,根据已知的 P、A 和 n,可求出 P/A 的值,通过查年金现值系数表,可求出近似的 i 值,必要时可以采用内插法。

下面详细介绍利用年金终值系数表计算 i 的步骤:

(1) 计算 P/A 的值,设其为 $P/A = \alpha$。

（2）查年金终值系数表。沿着已知 n 所在的行横向查找，若恰好能找到某一系数值等于 α，则该系数值所在的列对应的利率便为所求的 i 值。

（3）若无法找到恰好等于 α 的系数值，就应在表中 n 行上找到与其最接近的左右各一个系数值，设为 $\beta_1,\beta_2(\beta_1 > \alpha > \beta_2$ 或 $\beta_1 < \alpha < \beta_2)$，读出 β_1,β_2 所对应的利率，然后进一步运用内插法。

（4）在内插法下，假定利率 i 同年金终值系数在较小范围内呈线性相关，因而可根据系数 β_1,β_2 和利率 i_1,i_2 计算出 i 值，其计算公式为

$$i = i_1 + \frac{\beta_1 - a}{\beta_1 - \beta_2} \cdot (i_2 - i_1)$$

[**例 2.12**] 某人每年年初存入银行 100 元，共存 5 年，若要于第 5 年年末一次性取出 600 元，那么存款的利率应是多少？

由题意可知：这是一个即付年金。$A = 100, F = 600, n = 5$，求 i。

$$F = A \cdot [(F/A, i, n+1) - 1]$$
$$(F/A, i, n+1) - 1 = F/A$$
$$(F/A, i, 5+1) - 1 = \frac{600}{100} = 6$$
$$(F/A, i, 5+1) - 1 = 6$$
$$(F/A, i, 5+1) = 7$$
$$(F/A, i, 6) = 7$$

查年金终值系数表，在 $n = 6$ 的一行里无法找到恰好 $\alpha = 7$ 的值，于是在该行找大于和小于 7 的最接近系数值，分别为 $i_1 = 6\%$ 时，$\beta_1 = 6.9753$；$i_2 = 7\%$ 时，$\beta_2 = 7.1533$。代入公式

$$i = i_1 + \frac{\beta_1 - a}{\beta_1 - \beta_2} \cdot (i_2 - i_1)$$
$$i \approx 6.1388\%$$

对于其他的年金或一元复利收付形式，在推算 i 时，同样可以遵照该方法进行。

2. 期间的推算

期间 n 的推算原理和步骤同折现率（利息率）i 的推算类似。

现以普通年金为例，说明在 P, A 和 i 已知的情况下，推算期间 n 的基本步骤。

（1）计算出 P/A 的值，设其为 α。

（2）查年金现值系数表。沿着已知 i 所在的列纵向查找，若能找到恰好等于 α 的系数值，则该系数值所在行的 n 值即为所求的期间值。

（3）若找不到恰好为 α 的系数值，则在该列查找最为接近 α 值的上下各一个系数 β_1、β_2 以及对应的期间 n_1,n_2，然后应用内插法求 n，其计算公式为

$$n = n_1 + \frac{\beta'_1 - a'}{\beta'_1 - \beta'_2} \cdot (n_2 - n_1)$$

3. 名义利率与实际利率的换算

上面讨论的有关计算均假定利率为年利率，每年复利一次。但实际上，复利的计息期间不一定是一年，有可能是按季度、月份或日计息。比如：某些债券半年计息一次；有的抵押贷款每月计息一次；银行之间拆借资金均为每天计息一次。当每年复利次数超过一次时，这时的年利率称为名义利率，而全年利息额除以本金，此时得到的利率才是实际利率。

对于一年内多次复利的情况,可以采取以下两种方法计算时间价值。

第一种方法是:按如下公式将名义利率调整为实际利率,然后按实际利率计算时间价值。

$$i = \left(1 + \frac{r}{m}\right)^m - 1$$

式中　　i——实际利率;

　　　　r——名义利率;

　　　　m——每年复利次数。

[例2.13]　某企业于年初存入10万元,在年利率为10%、半年复利一次的情况下,到第10年年末,该企业能取出多少本利和?

由题意可知:$P = 10, r = 10\%, m = 2, n = 10$。

$$i = (1 + r/m)^m - 1 = \left(1 + \frac{10\%}{2}\right)^2 - 1$$
$$= 10.25\%$$
$$F = P \cdot (1 + i)^n$$
$$= [10 \times (1 + 10.25)^{10}] \text{万元} = 26.53 \text{万元}$$

企业于第10年年末可取出本利和26.53万元。

这种方法的缺点是:调整后的实际利率往往带有小数点,不利于查表。

第二种方法是:不计算实际利率,而是相应调整有关指标,即利率变为$\frac{r}{m}$,期数相应变为$m \cdot n$,其计算公式为

$$F = P\left(1 + \frac{r}{m}\right)^{m \cdot n}$$

上例中的有关数据也可以按第二种方法计算。

$$F = P\left(1 + \frac{r}{m}\right)^{m \cdot n}$$
$$= 10 \times \left(1 + \frac{10\%}{2}\right)^{2 \times 10}$$
$$= 10 \times (F/P, 5\%, 20)$$
$$= 26.53 \text{万元}$$

2.2　价值风险分析

2.2.1　风险的概念与类别

1. 风险的概念与构成要素

风险是现代企业财务管理环境的一个重要特征,在企业财务管理的每一个环节都不可避免地要面对风险。本书中的风险指的是对企业的目标产生负面影响的事件发生的可能性。从财务管理的角度看,风险就是企业在各项财务活动过程中,由于各种难以预料或无法控制的因素作用,使企业的实际收益与预计收益发生背离,从而蒙受经济损失的可能性。

风险由风险因素、风险事故和风险损失3个要素构成。

(1) 风险因素

风险因素是指引起或增加风险事故的机会或扩大损失的条件,是事故发生的潜在原因。风险因素包括实质性风险因素、道德风险因素和心理风险因素。

实质性风险因素是指增加某一风险事故发生机会或扩大损失严重程度的物质条件,它是一种有形的风险因素,如汽车刹车系统失灵产生的交通事故,食物质量对人体的危害等。

道德风险因素是指与人的不正当社会行为相联系的一种无形的风险因素,常常表现为由于恶意行为或不良企图,故意使风险事故发生或扩大。如偷工减料引起产品事故、业务欺诈、出卖情报、中饱私囊拿回扣等。

心理风险因素也是一种无形的风险因素,是指由于人主观上的疏忽或过失,导致增加风险事故发生机会或扩大损失程度,如保管员忘记锁门而丢失财产、新产品设计错误、信用考核不严谨而出现货款拖欠等。

(2) 风险事故

风险事故,又称为风险事件,是引起损失的直接外在原因,是使风险造成损失的可能性转化为现实的媒介,也就是说,风险是由风险事故的发生而导致损失的。如工厂火灾、货船碰撞都是风险事故。

(3) 风险损失

风险损失是指风险事故所带来的物质上、行为上、关系上以及心理上的实际和潜在的利益丧失。损失通常是指非故意、非计划、非预期的经济价值减少的事实。它包含以下两个要素:

① 经济价值减少。

② 非故意,非计划,非预期。

2. 风险的类别

风险可按以下不同的分类标准进行分类:

(1) 按照风险损害的对象分为人身风险、财产风险、责任风险和信用风险

① 人身风险是指由于员工生、老、病、死、伤残等原因而导致经济损失的风险。

② 财产风险是导致财产发生毁损、灭失和贬值的风险。

③ 责任风险是指因侵权或违约,依法对他人遭受的人身伤亡或财产损失应负赔偿责任的风险。

④ 信用风险是指在经济交往中,权利人与义务人之间,由于一方违约或犯罪而给对方造成经济损失的风险。

(2) 按照风险导致的后果分为纯粹风险和投机风险

① 纯粹风险是指只会造成损失而无获利可能性的风险。

② 投机风险是指既可能造成损失也可能产生收益的风险。

(3) 按照风险的性质或发生原因分为自然风险、经济风险和社会风险

① 自然风险是由于自然现象导致的财产损失和人身伤害的风险。

② 经济风险是指生产经营过程中,由于各种因素的变动,导致产量减少或价格涨跌导致损失的风险。

③ 社会风险是指组织或个人的异常行为导致的财产损失和人身伤害的风险。

(4) 按照风险能否被分散分为可分散风险和不可分散风险

① 可分散风险是指能够通过风险分担协议使得经济单位面临的风险减小的风险。

② 不可分散风险是指通过风险分担协议不能使经济单位面临的风险减小的风险。

(5) 按照风险的起源与影响分为基本风险与特定风险

① 基本风险是指风险的起源与影响都不与特定的组织或个人有关,至少是某个特定组织或个人所不能阻止的风险,即全社会普遍存在的风险,如战争、自然灾害、经济衰退等带来的风险。

② 特定风险是指由特定的因素引起而且损失仅涉及特定组织或者个人的风险,如罢工、诉讼失败、失去销售市场等带来的风险。

从个别理财主体的角度看,基本风险通常是不可分散风险,或称系统风险;特定风险通常是可分散风险,或称非系统风险。

(6) 对于特定企业而言,企业风险可进一步分为经营风险和财务风险

① 经营风险是指因生产经营方面的原因给企业目标带来不利影响的可能性,如由于原材料供应地的政治经济情况变动、新材料的出现等因素带来的供应方面的风险;由于生产组织不合理而带来的生产方面的风险;由于销售决策失误带来的销售方面的风险。

② 财务风险又称筹资风险,是指由于举债而给企业带来不利影响的可能性。企业举债经营,全部资金中除自有资金外还有一部分借入资金,这会对自有资金的盈利能力造成影响;同时,借入资金需还本付息,一旦无力偿付到期债务,企业便会陷入财务困境甚至破产。当企业息税前资金利润率高于借入资金利息率,使用借入资金获得的利润除了补偿利息外还有剩余,因而使自有资金利润率提高。但是,若企业息税前资金利润率低于借入资金利息率时,使用借入资金获得的利润还不够支付利息,需动用自有资金的一部分利润来支付利息,从而使自有资金利润率降低,如果企业息税前利润资金还不够支付利息,就要用自有资金来支付,导致企业发生亏损。若企业亏损严重,财务状况恶化,丧失支付能力,就会出现无法还本付息甚至有破产的危险。

2.2.2 风险衡量

风险客观存在,广泛影响着企业的财务和经营活动。因此,正视风险并将风险程度予以量化,进行较为准确的衡量,便成为企业财务管理中的一项重要工作。风险与概率直接相关,因此与期望值、离散程度等指标密切相关,对风险进行衡量时应着重考虑这几方面因素。

1. 概率

在现实生活中,某一事件在完全相同的条件下可能发生也可能不发生,既可能出现这种结果又可能出现那种结果,我们称这类事件为随机事件。概率就是用百分数或小数来表示随机事件发生可能性及出现某种结果可能性大小的数值。

$$0 \leq P_i \leq 1$$

$$\sum_{i=1}^{n} P_i = 1$$

将随机事件各种可能的结果按一定的规则进行排列,同时列出各结果出现的相应概率,这一完整的描述称为概率分布。

概率分布有两种类型:一种是离散型分布,也称为不连续的概率分布,其特点是概率分

布在各个特定的点(X 值)上。另一种是连续型分布,其特点是概率分布在一段连续的区间上。两者的区别在于,离散型分布中的事件(可能结果)是可数的,而连续型分布中的事件(可能结果)是不可数的。

2. 期望值

期望值是一个概率分布中的所有可能结果,以各自相应的概率为权数计算的加权平均值,通常用符号 $\bar{E}$ 表示,其计算公式为

$$\bar{E} = \sum_{i=1}^{n} X_i P_i$$

期望收益反映预计收益的平均化,在各种不确定性因素(本例中假定只有市场情况因素影响产品收益)影响下,它代表着投资者的合理预期。

[例 2.14] 某企业有两个投资项目,两个项目的收益率及其概率分布情况见表 2.1,计算各自的期望收益率。

表 2.1 收益率及概率分布情况表

项目实施情况	该种情况出现的概率		投资收益率	
	项目 A	项目 B	项目 A	项目 B
好	0.20	0.30	15%	20%
一般	0.60	0.40	10%	15%
差	0.20	0.30	0	−10%

项目 A 的期望投资收益率 $= 0.2 \times 15\% + 0.6 \times 10\% + 0.2 \times 0$
$= 9\%$

项目 B 的期望投资收益率 $= 0.3 \times 20\% + 0.4 \times 15\% + 0.3 \times (-10\%)$
$= 9\%$

从计算结果可以看出,两个项目的期望投资收益率都是 9%。但是否可以就此认为两个项目是等同的呢? 我们还需要了解概率分布的离散情况,即计算标准离差和标准离差率。

3. 离散程度

离散程度是用以衡量风险大小的统计指标。一般来说,离散程度越大,风险越大;离散程度越小,风险越小。反映随机变量离散程度的指标包括平均差、方差、标准离差、标准离差率和全距等。下面主要介绍方差、标准离差和标准离差率 3 项指标。

(1) 方差

方差是用来表示随机变量与期望值之间的离散程度的一个数值,其计算公式为

$$\sigma^2 = \sum_{i=1}^{n} (X_i - \bar{E})^2 \cdot P_i$$

(2) 标准离差

标准离差也称为均方差,是方差的平方根,其计算公式为

$$\sigma = \sqrt{\sum_{i=1}^{n} (X_i - \bar{E})^2 \cdot P_i}$$

标准离差以绝对数衡量决策方案的风险,在期望值相同的情况下,标准离差越大,风险

越大;反之,标准离差越小,风险越小。

项目 A 的方差

$$\sigma^2 = \sum_{i=1}^{n} (X_i - \bar{E})^2 \cdot P_i$$
$$= 0.2 \times (0.15 - 0.09)^2 + 0.6 \times (0.10 - 0.09)^2 + 0.2 \times (0 - 0.09)^2$$
$$= 0.0024$$

项目 A 的标准差

$$\sigma = \sqrt{\sum_{i=1}^{n} (X_i - \bar{E})^2 \cdot P_i}$$
$$= \sqrt{0.0024}$$
$$= 0.049$$

项目 B 的方差

$$\sigma^2 = \sum_{i=1}^{n} (X_i - \bar{E})^2 \cdot P_i$$
$$= 0.3 \times (0.20 - 0.09)^2 + 0.4 \times (0.15 - 0.09)^2 + 0.3 \times (-0.10 - 0.09)^2$$
$$= 0.0159$$

项目 B 的标准差

$$\sigma = \sqrt{\sum_{i=1}^{n} (X_i - \bar{E})^2 \cdot P_i}$$
$$= \sqrt{0.0159}$$
$$= 0.126$$

由计算结果可知:项目 B 的风险高于项目 A 的风险。

(3) 标准离差率

标准离差率是标准离差同期望值之比,通常用符号 V 表示,其计算公式为

$$V = \frac{\sigma}{\bar{E}} \times 100\%$$

标准离差率是一个相对指标,它以相对数反映决策方案的风险程度。方差和标准离差作为绝对数,只适用于期望值相同的决策方案风险程度的比较。对于期望值不同的决策方案,评价和比较其各自的风险程度只能借助于标准离差率这一相对数值。在期望值不同的情况下,标准离差率越大,风险越大;反之,标准离差率越小,风险越小。

仍以上题的有关数据,计算各项目的标准离差率:

$$V_A = \frac{0.049}{0.09} \times 100\% = 54.44\%$$

$$V_B = \frac{0.126}{0.09} \times 100\% = 140\%$$

由计算结果可知:项目 B 的风险高于项目 A 的风险。

当然,在此例中,项目 A 和项目 B 的期望投资收益率是相等的,可以直接根据标准离差来比较两个项目的风险水平。但如果比较项目的期望收益率不同,则一定要计算标准离差率才能进行比较。

通过上述方法将决策方案的风险加以量化后,决策者便可据此做出决策。对于单个方

案,决策者可根据其标准离差的大小,并将其同设定的可接受的此项指标最高限值进行对比,看前者是否低于后者,然后做出取舍。对于多方案择优,决策者的行动准则应是选择低风险、高收益的方案,即选择标准离差率最低、期望收益最高的方案。然而高收益往往伴有高风险,低收益方案其风险程度往往也较低,究竟选择何种方案,就要权衡期望收益与风险,而且要视决策者对风险的态度而定。对风险比较反感的人可能会选择期望收益较低同时风险也较低的方案,喜欢冒风险的人则可能选择风险虽高但同时收益也高的方案。

2.2.3 风险收益率

上面讲述的货币资金的时间价值是投资者在无风险条件下进行投资所要求的收益率(这里暂不考虑通货膨胀因素)。这是以确定的收益率为计算依据的,也就是以肯定能取得收益为条件的。但是,企业财务和经营管理活动总是处于或大或小的风险之中,任何经济预测的准确性都是相对的,预测的时间越长,风险程度就越高。因此,为了简化决策分析工作,在短期财务决策中一般不考虑风险因素。而在长期财务决策中,则不得不考虑风险因素,需要计量风险程度。

任何投资者都要确定的某一收益率,而不要不确定的同一收益率,这种现象称为风险反感。在风险反感普遍存在的情况下,诱使投资者进行风险投资的因素是风险收益。

标准离差率虽然能正确评价投资风险程度的大小,但还无法将风险与收益结合起来进行分析。假设我们面临的决策不是评价与比较两个投资项目的风险水平,而是要决定是否对某一投资项目进行投资,此时我们就需要计算出该项目的风险收益率。因此,我们还需要一个指标将对风险的评价转化为收益率指标,这便是风险价值系数。风险收益率、风险价值系数和标准离差率之间的关系用公式表示为

$$R_R = b \cdot V$$

式中　　R_R—— 风险收益率;
　　　　b—— 风险价值系数;
　　　　V—— 标准离差率。

在不考虑通货膨胀因素的情况下,投资的总收益率(R)为

$$R = R_F + R_R = R_F + b \cdot V$$

式中　　R—— 投资收益率;
　　　　R_F—— 无风险收益率;
　　　　b—— 风险价值系数。

其中,R_F可用加上通货膨胀溢价的时间价值来确定。在低通货膨胀的条件下,我们可以把政府债券的收益率视为无风险收益率。b是指该项投资的风险收益率占该项投资的标准离差率的比率。它可以采用回归方法推断。

2.2.4 风险对策

1. 规避风险

任何经济单位应对风险的对策,首先考虑到的是避免风险,凡风险可能造成的损失不能由该项目获得的利润予以抵消时,避免风险是最简单、可行的方法。避免风险的方法包括:拒绝与不守信用的厂商进行业务往来;放弃可能导致亏损的投资项目;新产品在试制阶段发现诸多问题而果断停止试制。

2. 减少风险

事先从制度、文化、决策、组织和控制上,从培育核心能力上提高企业防御风险的能力。减少风险主要有两方面意思:一是控制风险因素,减少风险的发生;二是控制风险发生的频率和降低风险损害程度。减少风险的常用方法有:进行准确的预测,如汇率预测、利率预测、债务人信用评估等;对决策进行多方案优选和相机替代;及时与政府部门沟通获取政策信息;在发展新产品前,充分进行市场调研;实行设备预防检修制度以减少设备事故;选择有弹性的、抗风险能力强的技术方案,进行预先的技术模拟试验,采用可靠的保护和安全措施;采用多领域、多地域、多项目、多品种的投资以分散风险。

3. 转移风险

企业以一定代价(如保险费、赢利机会、担保费和利息等),采取某种方式(如参加保险、信用担保、租赁经营、套期交易、票据贴现等),将风险损失转嫁给他人承担,以避免可能给企业带来的灾难性损失。如向专业性保险公司投保;采取合资、联营、增发新股、发行债券、联合开发等措施实现风险共担;通过技术转让、特许经营、战略联盟、租赁经营和业务外包等实现风险转移。

4. 接受风险

对于损失较小的风险,如果企业有足够的财力和能力承受风险损失,可以采取风险自担和风险自保自行消化风险损失。风险自担,就是风险损失发生时,直接将损失摊入成本或费用,或冲减利润;风险自保,就是企业预留一笔风险金或随着生产经营的进行,有计划地计提风险基金,如坏账准备金、存货跌价准备等。

【本章小结】

本章主要阐述了货币的时间价值和风险分析,这是企业财务管理中的两大基本概念。要求掌握货币时间价值的概念和计量,包括复利和年金的各种形式的计算。另一方面,要求掌握风险的概念、构成要素和具体分类以及风险衡量,重点应掌握风险与收益之间的关系及企业应对风险的对策。

【课后习题】

一、单项选择题

1. 某物业公司将一套闲置的房屋出租给业主,准备每年年末收取租金20 000元,租期10年,则这些租金相当于起租时一次性收取(　　)元(年存款利率为5%)。
   A. 308 868　　　　B. 154 434　　　　C. 400 000　　　　D. 200 000

2. 年金现值的计算公式为(　　)。
   A. $P = F \cdot (1 + i)^{-n}$　　　　B. $P = A \cdot \dfrac{1 - (1 + i)^{-n}}{i}$
   C. $P = F(P/A, i, n)$　　　　D. $P = A(A/P, i, n)$

3. 以下可以被多角度投资、多元化经营分散的风险是(　　)。
   A. 基本风险　　　B. 系统风险　　　C. 特定风险　　　D. 自然风险

4. 某企业进行一项投资,已知该投资的年报酬率(名义利率)为10%,该企业每6个月等额从项目中收取一次报酬,则该项目的年实际报酬率为(　　)。
   A. 10%　　　　B. 10.25%　　　　C. 5%　　　　D. 10.5%

5. 某学校成立一项永久性奖学金100万元存入银行，计划今后每年从中等额取出一笔奖学金，已知银行的年存款利率为5%，则该学校每年最多取出的金额为（　　）万元。

A. 1　　　　　　B. 5　　　　　　C. 20　　　　　　D. 10

二、多项选择题

1. 下列说法正确的有（　　）。

A. 复利终值系数与复利现值系数互为倒数

B. 年金终值系数与年金现值系数互为倒数

C. 年资本回收额系数与偿债基金系数互为倒数

D. 普通年金终值系数与偿债基金系数互为倒数

2. 即付年金（　　）。

A. 是指每期期初收付的年金　　　　B. 是指每期期末收付的年金

C. 又称为先付年金　　　　　　　　D. 又称为后付年金

3. 下列说法错误的有（　　）。

A. 名义利率与实际利率的转换公式为 $i = \left(1 + \dfrac{r}{m}\right)^m - 1$

B. 当已知复利终值和现值、期数，求利率时，可以直接查复利系数表找到结果

C. 即付年金现值系数就是在普通年金现值系数的基础上系数减1、期数加1

D. 即付年金现值系数就是在普通年金现值系数的基础上期数减1、系数加1

4. 下列（　　）风险属于基本风险，（　　）风险属于特定风险。

A. 市场利率的变动　B. 经济衰退　　C. 企业高层管理者变动　　D. 企业亏损

E. 通货膨胀　　　　F. 战争　　　　G. 合同纠纷　　　　　　　H. 工人罢工

5. 下列有关投资收益率的计算，说法正确的有（　　）。

A. 无风险收益率越高，投资收益率越高

B. 风险收益率越高，投资收益率越低

C. 风险价值系数越高，投资收益率越高

D. 风险标准离差率越低，投资收益率越低

三、计算题

1. 某物业公司向业主一次性收取维修资金存入银行，用于今后第6～10年的房屋改造维修（每年年末进行维修），预计每年需花费10万元维修资金，已知现时银行存款利率为每年5%。问：该物业公司现在应向业主收取多少维修资金才能满足要求？

2. 某人预购买一套商品房（现价50万元），房地产开发商向购房者提出3种付款选择方式，分别为：第一种，一次性支付购房款50万元；第二种，分期付款10年，每年年末支付5.6万元；第三种，首付40%，剩余房款每年年末付6.8万元，连续付5年。已知该购房者预计今后自己的财富增长率为每年10%。问：该购房者应选择哪种方式最合算？请计算说明。

3. 某房地产开发公司拟投资3只股票A，B，C，计划如下：投资A股票50万元，该股票的标准离差率为150%，风险价值系数为0.015；投资B股票30万元，该股票的标准离差率为120%，风险价值系数为0.010；投资C股票20万元，该股票的标准离差率为160%，风险价值系数为0.008。已知现行国债利率为5%。要求：计算该公司进行这项投资组合的预期投资收益率。

四、简答题

1. 什么是货币资金的时间价值？为什么说时间价值是企业财务管理中的重要因素？
2. 什么是风险？风险由哪些要素构成？
3. 简述风险的分类。
4. 企业应该如何对待风险？

第3章　物业企业筹资管理

【学习目标】

通过本章的学习,要求认识物业企业筹集资金的必然性和要求,了解物业管理资金性质和资金的筹措原则,掌握物业企业筹资管理计费标准的核算方法和筹资渠道,加强物业管理资金的筹措管理。

【本章导读】

有人认为,物业管理不是资金密集型行业,也很少有物业服务公司筹资。其实这是一种错误的思维。物业企业作为具有独立法人资格的经济实体,必须要有资金的支持,为了维持物业管理的正常运转,以及考虑到物业企业的经营特点,短期内对资金的需求量是较大的,这必然要求物业企业拥有较强的筹资能力。"借鸡下蛋"是企业经营的常用措施,即用别人的钱来赚钱,而将资金投入到更多的经营项目中以获取更多收益。在具体的经营项目中,自有资金所占比例越低,则投资利润回报率就越高。现实生活中物业企业筹资的渠道有很多,包括自身经营收入、国家投资、银行贷款、抵押贷款、发行债券、发行股票等,更特殊的是物业企业还可以向业主进行筹资。一方面,由于物业管理是一个微利型的行业,绝大多数物业企业在其经营管理过程中所承担的有限责任与其服务的客体对象是很不对等的,因此面临的筹资风险相对较大;另一方面,物业管理服务是一种社会化的服务,并且承担了很多政府职能,因此这种服务就不单是企业的个体行为,它既受到全社会方方面面的关注和监督,也承受着来自方方面面的压力和制约,这也在一定程度上增加了筹资风险和难度。如果我们作为物业企业的高管,应该如何选择筹资渠道和筹资方式呢?

3.1　物业企业筹资概述

物业企业要真正走上社会化、专业化、企业化经营的道路,其前提是要有资金作保障。管理资金是物业管理正常有效运作的基础和必要条件。管理资金来源的稳定、充足与否,直接影响着物业管理的效果和质量。物业企业的创建,开展不动产的日常维修养护和更新改造业务,进行清洁卫生、绿化、治安、车辆等综合管理,购置工具器具、设备、材料等经营管理服务要素,都要有一定数量的管理资金;运用规模经济,发展企业化经营,实施"以业为主,多种经营"的经营策略,提高技术管理服务水平,更要追加投资。多种渠道筹集资金,是物业管理资金运动的起点,也是决定资金运动规模和物业管理经营发展进程的重要环节。通过一定的资金渠道,采取一定的筹资方式获得资金,是保证企业物业管理活动的前提,也是物业企业财务管理活动的一项重要内容。

物业企业筹集资金是指企业向投资者、外部有关单位和个人筹措物业经营管理所需资金的业务活动。物业企业自主筹集资金是社会主义市场经济发展的需要,也是房地产经营管理体制改革的一项重要内容。过去,传统的房屋管理资金少部分来源于收取福利性的低租金,大部分来源于政府的大量财政拨款、补贴,渠道不多,形式单一,政府财政负担很重。随着多功能、全方位的物业管理的开展,多种经济成分的物业企业蓬勃兴起,物业企业自主筹集资金的活动日益广泛地开展起来。

物业管理是综合性较强的社会化、专业化、企业化经营的管理服务业,它的有偿服务这一特点要求物业企业在筹集资金时,一方面要讲究收费的合理性、依据性和规范性,另一方面又要讲究资金筹集的综合经济效益。

在物业管理中资金是关键,而目前由于影响资金筹措因素的客观存在,造成物业企业资金筹措的困难。在目前的情况下,若收费偏高,业主难以承受;若收费偏低,物业企业则不能维持、开展简单再生产。由于物业个体性、多样性的特点,决定了物业企业很难有统一的收费标准。鉴于目前物业企业不同程度地存在着收费方面的"标准不一,自立名目,立法滞后,缺乏规范"的状况,因此,加强收费管理,明确收费标准,实行依法经营收费,使物业管理步入良性循环,成为迫切的需要。

在社会主义市场经济条件下,物业企业为了确保简单再生产和实现扩大再生产,追求利润是必要的也是必需的。但在目前我国国民经济发展水平和人民生活水平还不高,物业管理的服务质量和水平都还不尽如人意的情况下,如果片面追求利润,追求经济效益,不顾社会效益和环境效益,一方面会使业主或住户产生抵触情绪,使收费更加困难;另一方面会使企业信誉受损。因此,物业企业应把收费问题放到一个恰当的位置,掌握尺度,既能实现一定的利润,维持生计,又要搞好管理服务,提高管理服务水平,实现社会效益和环境效益,两者缺一不可。实现一定的利润,是提高管理服务水平的基础和前提,而提高管理服务水平,注重社会效益和环境效益,又能够促进利润的实现。所以,注意经济、社会和环境效益的综合平衡,是加强物业企业资金筹措管理的指导思想。

管理好物业企业的资金筹措,首先要根据不同物业的不同管理要求确定收费项目,做好费用估计,并明确其使用范围,正确处理好收费标准与管理服务水平的关系。为了适应社会主义市场经济发展的需要,实现公平竞争,按质论价,不同的物业管理服务水平,可以确定不同的收费标准。

确定收费标准可以采取以下几种途径:

1. 政府部门审定

物业管理中的最基本、最重要的收费项目和标准,是由房地产主管部门会同物价部门审定,通过颁发法规或文件予以公布实施的。如开发商、物业出售者和业主等缴纳的维修资金,住户缴纳的日常综合管理费、建设施工单位缴纳的质量保证金等重要项目,应由房地产主管部门提出标准,提交物价局核定后执行。

2. 会同业主商定

物业管理是一种契约管理,是由业主委托的一种契约行为,因而有的收费标准不必由政府部门包揽,可由物业企业将预算、收费的项目和标准,提交业主管理委员会讨论、审核,经表决通过之后确定。此时,物业企业应及时拟订一份物业管理标准的审议会议决议,印发给每一位业主,从通过之日起按这一标准执行。

3. 委托双方议定

对于专项和特约服务的收费,如接送小孩、代订送牛奶、洗衣熨衣、代订书报杂志等项目,可由委托方与受托方双方议定。根据服务要求,不同的管理服务水平,确定不同的收费标准,由委托的住(用)户和受委托的物业企业双方自行商议决定。

3.1.1 物业企业筹资的要求

1. 合理确定资金需要量,控制资金的投放时间

任何一个企业,无论通过什么渠道,采取什么方式筹集资金,都应该先确定资金的需要量,物业企业也不例外。资金尽管要多层次、多渠道地去筹集,要广开财路,但必须要有一定的度,要有一个合理的界限。资金不足,必然会影响物业管理的效果和质量,进而会影响物业管理的发展;资金过剩,不仅会使物业企业的收费失去合理性、依据性,也会影响资金的使用效率。管理资金的预算定额是物业企业供应资金和使用资金的合理预期。物业企业保本微利的性质决定了其总的经济运作应遵循"量出为入"的原则。在确定资金的需要量、测算资金的预算定额时,企业应遵循这一原则,通过既科学合理,又适当简化的方法来预算支出定额,从而确定资金的需要量。又由于不动产及其设备、设施具有逐步损耗的特点,不同年份、不同月份测算的物业所需的管理维修资金是有很大差别的,新的物业所需的管理维修资金比旧的物业要少一些,因此,企业不仅要掌握全年全部物业管理维修更新资金投入量,而且要测定不同月份不同物业的管理维修更新资金投入量。合理安排资金的投放和回收,控制资金的投放时间,减少资金占用,加速资金周转,提高资金的使用效率,是搞好物业管理的关键。

2. 以"谁受益、谁负担"的原则确定管理费的收取标准

由于全国各地的经济发展水平不同,市场经济发展程度、经济承受能力也不同,各地的物业管理技术服务水平有高有低,各种不同类型、性质、特点的物业,其管理要求也不尽相同,因此,目前各地、各种企业的管理费收取标准也各不相同。为了使管理费的收取标准合理化、规范化,在确定构成物业企业的收入来源的管理服务费标准时,应充分考虑不同类型、性质、特点的物业,不同服务对象、不同消费层次的需求,以及不同的物业管理服务水平和不同物业企业的技术水平、管理服务质量等,来多层次地筹集资金,以适应不同消费层次的各种不同管理服务要求。对一般物业正常运作的日常管理维护费,应由国家或各地区政府制定价格,统一收费标准;对其他各种不同类型、性质、特点的物业,应按不同的管理服务要求和不同的技术管理服务水平,分层次、分等级地确定收取标准;对要求享受特定服务项目和特约服务项目的,应收取相应的特约维修管理服务费,以反映不同的服务有不同的价值。例如,对仅有日常配套设施的一般物业的管理和设置有电梯、公用电线、电话总机、消防设施、有线广播、中央空调、热水器、停车场、报警系统、人防设施等物业的管理,应有不同的收费标准,以充分体现"谁受益、谁负担"的原则。

按照"谁受益、谁负担"的原则,物业企业应分别向物业使用者、产权人和开发商收取管理服务维修费。毫无疑问,物业的使用者是物业管理的直接受益人,有负担管理服务费的不可推卸的责任。物业产权人和开发商也有负担管理服务费的责任,这是因为物业的产权人和开发商要实现物业的价值和使用价值,并使之升值,都离不开完善的物业管理。

3. 以"以业为主、多种经营"的原则,周密研究确定资金投向,提高资金的使用效率

资金的投向既决定资金需要量的多少,又决定资金的使用效果。物业企业对房屋及周围设施的日常管理维修养护、更新改造等，都必须进行可行性研究，认真测算各种费用开支，确定预算总额，以保本微利和量出为入为原则，核定收费标准，估算经营效益，实行经济核算，使自身的资金在循环运动中不断增值。但是，由于物业企业具有公益性特点，其经济效益应建立在社会效益基础之上。我国目前尚处于社会主义初级阶段，人民生活水平不高，难以承受由成本和微利为基础测算出的管理维修费用，因此，目前物业管理服务费收取标准不可能太高。为求得经济上的平衡，物业企业就应该以"以业为主、多种经营"的原则来确定企业的经营策略，广开财路，周密研究确定资金投向，在保证物业管理正常运作的前提下，发展多种经营，将资金投向与物业有关的其他各种业务，如动迁、拆迁、房屋咨询、中介、房屋买卖代理、房屋估价、建筑装饰、小型房地产开发项目等，也可投向餐饮、商业等投资回报率较高的行业。这样，物业企业不但可以通过副业经营取得经济效益，提高企业的资金使用效率，而且业务范围的拓宽也可以减少企业风险。达到资金流动增值的目的，从而实现自我完善、自我发展的目标。筹资是为了投资，在一般情况下，企业总是先确定有利的投资方向，有了明确的资金用途，然后再选择筹资的渠道和方法，但要防止那种把资金筹集同资金投放割裂开来的做法。

4. 认真选择筹资来源，力求降低资金成本

物业企业作为具有法人资格的经济实体，无论通过何种渠道、运用何种方式筹资，都需要付出一定的代价，即资金成本，包括资金占用费和资金筹集费。资金占用费包括股利、借款利息、债券利息等，资金筹集费包括股票债券设计印刷费、发行手续费、注册费、借款手续费、担保费、律师费等。不同资金来源的资金成本各不相同，而且资金取得的难易程度也不一样。为此，物业企业要选择经济方便的资金来源。在实际工作中，每一种筹资方式往往都各有优缺点。有的资金供应比较稳定，有的资金取得比较方便，有的资金必须按时归还，有的资金成本较低，有的筹集巨额资金比较有利，有的取得少量资金有利。因此，必须要综合考虑各种筹集渠道和筹资方式，研究各种资金来源构成，求得筹资方式的最佳组合，以降低综合资金成本。

5. 妥善安排自有资金比例，适度负债经营

负债经营是指企业依靠债务资金开展物业管理经营活动，这是现代企业不断发展壮大的一种经营手段。因为向金融机构借入资金的借款利息和向社会发行债券的债券利息可以在税前列入成本免缴一部分所得税，企业由此可以获得部分免税收益，能相对提高自有资金利润率，并且可以缓解物业管理中自有资金不足的矛盾，从而保证在物业经营管理活动中的资金周转畅通无阻，使物业的经营管理过程不致中断。当然，如果负债过重，不仅会发生筹资风险，而且会削弱企业自负盈亏能力，甚至由于偿债能力不足而面临破产。因而，物业企业在实行负债经营时必须适度，这样才能既利用负债经营的有利作用，又避免可能发生的筹资风险。此外，企业在实施负债经营策略时，还必须以一定的自有资金为前提，借入款项应该用于经济效益较好、投资报酬率较高的行业项目，如贸易、餐饮、商业、小型房地产开发等，以求借入资金成本率低于资金利润率和项目投资收益率，避免债务投资收益不能偿付借款利息。物业企业在实施"以业为主、多种经营"的经营策略时，既要利用负债经营来提高自有资金利润率，又要维护企业财务信誉，减少筹资风险。

这里需要指出的是，尽管物业管理是一个微利行业，企业需要靠多种经营来发展壮大，但企业在筹集资金确定资金需要量过程中必须坚持"以业为主"，不能本末倒置，必须以物业管理为核心，以物业管理为主，其他多种经营为辅。首先确定和满足物业管理正常运转

的资金需要量,然后再满足广开门路、多种经营的资金需要。后者的经营是为前者的发展服务的,不能一味追求投资报酬率,否则会在主副业的资金投向比例上失控,导致放弃主业,经营副业。

3.1.2 物业管理资金筹措

资金筹措是物业管理正常运转的基础,也是物业管理资金良性运行的保障。随着商品房出售、出租,物业就进入了维护其功能、供人们生活居住或工作使用的长期营运阶段。由于对物业的维护、修缮、改建、更新和管理,都需要投入一定的人力和物力,因而会有大量的经费支出。显然,物业企业各项资金的筹措和到位,对物业管理走上良性循环的轨道显得尤为重要。

1. 物业管理资金筹措原则

(1)"量出为入"原则

"量出为入"原则是指在筹措物业管理资金,确定各种收费标准时,应严格按专款专用的原则来计算确定。

(2)收支平衡、保本微利原则

物业企业的收支要达到平衡并略有盈余,获得合理利润(管理酬金,或称为管理利润)。依此原则筹措管理资金,可用公式表示为

$$筹措多种管理资金的总收入 = 多种管理费支出 + 管理酬金$$

(3)相对稳定、适当调整原则

收取各种物业管理资金,涉及开发商、业主和住户的切身利益,一旦收费标准确定并为人们所接受后,就应保持相对稳定,至少保持 1~2 年不变。但由于经济发展和人们生活水平提高及通货膨胀因素,收费标准可以在适当的时候做合理调整,这也是合理的。

2. 物业管理费计费标准的核算方法

物业管理费计费标准的核算是物业管理的重要一环,也是物业管理资金能否顺利筹措到位的关键。一般物业管理费计费标准的常用方法有如下 4 种:

(1)成本法

成本法是指物业企业首先按市场行情和实际发生费用,计算出物业管理费的成本价,然后加上根据一定的利润率计算出的管理酬金,得出物业管理费计费标准的方法。成本法的关键是:收入和支出都是按实际成本计算,在收支平衡的基础上附加一定的利润。

[例3.1] 某物业企业接管的某一住宅有 18 栋楼、20 条梯、36 个水池、35 个粪池、474 户、绿化面积 4 882 平方米。综合管理费实际支出,见表 3.1。

表 3.1 普通住宅综合管理费

1	管理员	4 人	600 元/人	2 400 元
2	保安员	6 人	500 元/人	3 000 元
3	楼管员	20 人	350 元/人	7 000 元
4	水电工	1 人	500 元/人	500 元
5	环卫员	4 人	350 元/人	1 400 元
6	绿化员	2 人	400 元/人	800 元
7	垃圾清运	300 桶/月	5 元/桶	1 500 元

续表3.1

8	垃圾袋	30个/(户·月)	0.25元/个	3 555元
9	楼梯打扫	8次/月	1元/次	160元
10	水池清洗	3次/12月	40元/次	360元
11	化粪池清洗	1次12月	300元/次	875元
12	绿化用水	147吨/月	0.35元/吨	51.45元
13	值班用水	540吨/月	0.35元/吨	189元
14	值班用电	1 080(千瓦·时)/月	0.4元/(千瓦·时)	432元
15	杂费	474户	2.86元/户	1 355.64元
	合　　计		23 578.09元	

表3.1中,15项管理费支出实际成本为23 578.09元,除以474户,则每户每月要承担管理费实际支出为49.74元。物业企业若确定管理利润率为10%,则每月每户实际要承担的管理费用标准为54.72元[49.74×(1+10%)]。

(2) 对比法

对比法是指同类物业中若某一物业计费标准比较完善,执行效果良好,其他物业就可通过对比,逐一确定每项管理支出和收入来指定物业管理费计费标准的方法。它适用于同一地区或经济发展水平较接近地区的同类物业,这种方法也称为参照法。

(3) 经验法

经验法是指在掌握不同类型物业管理费计费标准及执行效果后,根据以往经验确定物业管理费计费标准的方法。经验法实用、简单,但由于我国物业管理刚刚起步,可供参考的实例较少,限制了经验法的应用。

(4) 综合法

综合法是指综合上述3种方法的优点,对多种计费方案进行反复比较、修改,最后制定出最佳计费标准。由于用综合法制定的标准吸收了前3种方法的优点,所以具有很强的实用性。

3.1.3 筹资决策的一般程序

为了减少企业筹资的盲目性,选择合适的筹资方式,节约资金成本,必须按照科学的程序进行筹资决策。筹资决策的一般程序包括如下几个步骤:

1. 确定资金投向,预测资金需要量

确定资金投向是合理筹集资金的先决条件。企业应当通过市场调查和预测,了解自身生产经营活动是否适合市场需要,并据此确定资金投向,制定投资方案。在此基础上,进一步确定投资的资金需要量。

2. 盘点自有资金

企业利用借入资金进行生产经营,可以利用财务杠杆作用提高自有资金的利润率;但是负债比重过大,会导致企业财务结构脆弱,财务风险过大,甚至会由于丧失偿债能力而破产。因此,企业进行投资时,应当首先利用企业内部自有资金满足投资需要,不足部分再采用其他方式从外部筹得。

3. 拟定筹资方案

要实现筹资目标,往往可以有多种途径和方法,因此必须提出一定数量的可供选择的筹资方案。这不仅可以为决策者提供较大的选择余地,有利于筹资决策科学化,而且能够为应对可能出现的各种情况提供相应的方案,使决策者有较大的回旋余地。

4. 对筹资方案进行评估

对提出的各种筹资方案,应当采用科学的方法进行判断、分析和论证,评价各种筹资方案的优劣。

5. 确定最佳投资方案

根据对各种筹资方案的评估结果,并结合企业目前和未来的生产经营情况,确定相对最优的筹资方案。

3.1.4 筹资渠道和筹资方式

筹集资金的渠道是指企业资金的来源。筹集资金的方式是指企业取得资金的具体形式。资金从哪里来和如何取得,两者既有区别又有联系。某一筹资方式,可能只适用于某一特定的筹资渠道,但同一渠道的资金往往可以采用不同的方式取得,而同一筹资方式又往往可以适用于不同的资金渠道。

企业筹集资金的渠道很多,包括国家资金、银行资金、非银行金融资金、其他企业资金、居民个人资金、企业内部资金、国外资金等,而资金取得的方式也有多种形式,如发行股票、发行债券、银行借款、租赁、商业信用、内部筹资等。

企业对资金的需要有长期和短期之分,其划分标准一般是资金占用时间的长短。一般来说,供长期(一般在1年以上)使用的资金为长期资金,供短期(一般在1年以内,包括一年)使用的资金为短期资金。长期资金需要采用长期筹资方式筹集,短期资金需要采用短期筹资方式筹集。

长期资金主要用于新产品的开发和推广、生产规模的扩大、设备的更新改造,资金的回收期比较长。长期资金一般采用发行股票、发行债券、银行长期借款、融资租赁、累积盈余等方式来筹集。短期资金主要用于流动资金中临时需要部分,包括需要随时支付现金的零星开支、材料采购、偿还贷款、发放工资、缴纳税金等,一般在短期内可以收回。短期资金可以采用银行短期借款、商业信用、商业票据以及应付费用等短期筹资方式来解决。

3.2 资金筹集渠道

资金筹集渠道是指企业取得资金的来源。物业企业筹集的资金按其构成和来源可分为以下几种:物业企业启动资金的筹集、物业管理维修资金的筹集、物业接管验收费的筹集、物业质量保证金的筹集、日常综合管理费的筹集、特约服务费的筹集和与物业管理有关的多种经营服务收入的筹集。

3.2.1 物业企业启动资金的筹集

一家物业企业开办时,总要有相当的投入资金。物业企业的启动资金也称为资本金,是指物业企业在工商行政管理部门登记的货币注册资金。按照我国目前法人登记管理条例的规定,企业申请开业,必须要有法定资本金。法定资本金,也称为法定最低资本金,是指国家规定开办企业必须筹集的最低资本金数额,即企业设立时必须要有的最低限额的本钱。如目前上海市对物业企业经营资质审批的规定,物业管理专业机构一般应具有20万元以上的货币注册资金。物业企业除了日常必要的支出外,总要留有一定数量的资金参与物业管理的资金运动。经营管理决策者,应根据管理物业的规模、水平和实际需要做出相应的规定,集中统筹和安排使用这笔资金,以加快资金周转,提高企业经济效益。

从物业企业的所有制来看,不同所有制的物业企业的启动资金的筹集是各不相同的。一般来说,国家所有的物业企业的启动资金,由国家出资构成;合营企业的物业企业的启动资金由各合营方出资构成;中外合资或股份制的物业企业的启动资金,则由中外合资方或股东出资构成;外方独资的物业企业的启动资金则由外方单独出资构成。

财务制度改革改变了旧财务制度的资金管理办法,建立了资本金制度。这也是我国资金管理体制的重大改革。

《企业财务通则》规定:"企业按照国家法律的规定,可以采取国家投资、各方集资或发行股票等方式筹集资本金。投资者可以用现金、实物、无形资产等形式向企业投资。"可见,筹资渠道的增加,使企业资本金的筹集方式也呈多样化。企业在众多筹资方式中可选择适合本企业具体情况的方式进行筹资。下面分别说明资本金筹集的几种方式:

1. 国家投资

国家投资是传统企业的主要资金来源,即使在目前,也是非股份公司的国有企业筹集资本金的主要渠道。在经济体制改革以前,国有企业的资金主要是通过国家财政拨款取得,改革后虽然增加了企业的筹资渠道,但国家投资还是占据相当重要的地位。当前,除了企业原有的国家拨付的固定资金和流动资金以外,还有由企业上级主管部门从财政统借的用企业税后利润偿还的基建基金,财政和主管部门拨给企业的专用拨款以及减免税所形成的资本金增加等。国家投资所形成的企业资本金,应由国有资产产权代表负责行使所有者权益。

国家投资的资本金数额一般较大,其产权归国家所有,而且不具有借贷性质,不存在还本付息问题。但是,国家投资一般只投向国有企业,其他所有制的企业必须考虑采用别的方式筹集资本金。

2. 联营投资

所谓联营投资,是指独立于本企业以外的法人组织及个人以参与利润分配为目的向企业进行的投资,通常包括其他企业、其他单位和个人等向企业的投资。

联营实际上是一种合作经营活动,合作各方在其共同从事的经济活动中具有共同的财务和经营决策权力。联营可按收益分配的依据不同分为股权式联营和非股权式联营。股权式联营,是指联营各方共同出资,并按各自的出资比例即股权来分取收益的联营方式。非股权式联营,是指联营各方根据各自拥有资产的特点按照联营的协议确定投资方式和分配比例的联营方式。

联营,就联营者本身的出资过程来说,是一种投资行为,但就形成的实际效果来说,则意味着利用了他人的资金来达到本企业的经营目标,因此从这个意义上说它又是一种筹资行为。这种协作是建立在相互有利的基础上的,因此联营是投资与筹资充分结合的一种方式。

利用联营投资筹集资本金有以下两个特点:

① 在一般情况下,联营投资者都要求拥有与投资额相适应的经营管理权。为了发展企业,向外部社会筹资是完全必要的;但由于筹资而放弃了相当的经营权力,又是所有者不愿意看到的。因此,企业在利用联营方式筹集资本金时必须要在集资和经营权利之间做出

抉择。

②同其他筹资方式相比较,联营投资者是以参与企业的利润分配为目的而向企业投资的,因此投资者要按照一定的比率参与企业的利润分配,这就是外来投资的资金成本。

能否接受联营投资,应当考虑两个因素:一个是接受投资后企业所获得的利润增长率;另一个则是分给联营投资者的利润占企业原获利水平(利润)的比重。很显然,假如前者大于后者,表明通过接受联营投资,企业可以提高利润率水平,对企业是有利的,应当接受联营投资;反之,假如前者低于后者,则不予接受。

3. 普通股股票

普通股股票是股份公司筹集资本金的主要来源,它代表一种剩余财产的所有权,即偿还所有债务后对企业资产的所有权。发行普通股股票筹集到的资金是公司资本的主体,普通股股票持有人是公司的股东。

普通股股东是公司的终极所有者,享有对公司的管理权,可以通过董事会对公司行使支配权。此外,普通股股东一般还拥有优先认股权,在债权人与优先股的利益得到满足后,普通股股东对公司的利润和资产拥有无限权利。因此,普通股属于高风险、高收益型股票。

3.2.2 物业管理维修资金的筹集

物业管理的维修资金,也称为大修更新储备基金,主要用于新建物业保修期满后或公有房屋出售后的大修、更新,它应包括房产物业的公用部位、承重结构部分(楼盖、屋顶、梁柱、墙体及基础)、外墙面、过道、楼梯间、门厅等,以及房屋内部上下水管、垃圾道、公用照明、水泵、水箱、电梯、消防设施等共用设备。其主要筹资渠道有以下4项:

1. 向业主收取

(1) 收取依据

房产物业的内部和外部,楼内和楼外,公共部位和共用设施,都是房屋不可或缺的部分。这些公共设施的适时更新和维修,是实现物业价值和使用价值,并使之保值和升值的前提。因为有良好维修更新服务的物业,可以创造方便、舒适、宁静、祥和的居住环境。这样的物业价值自然会高于缺乏维修更新管理的物业。作为产权人,业主委托物业企业管理物业,在要求适时维修、更新这些共用设备、公用设施时,就完全有义务分担一部分维修资金。另一方面,作为房产物业的所有者,业主应该认识到,与其拥有的财产不可分割的公共区域和公用设施,会随着使用年限的增长而逐渐损坏和老化,这部分公共物业的价值在降低,由于其与自有房产的不可分割性,业主拥有的物业价值将受到直接影响。而维修资金的逐年积存,则正好抵消这一贬值部分。由此可见,物业得以保值的一个主要原因是维修资金的存在,而如果考虑到货币的时间价值,则物业的升值也能得以实现。因此,从表面上看,业主缴纳的维修资金似乎是一项支出,但实质上这笔支出是业主对财产的逐年逐月积累,就好像业主每月在银行存钱一般,缴纳维修资金等于在积累财富。因此,业主分担一部分维修资金合情合理。

(2) 收取标准

以前由于全国各地经济承受能力不同,对房产物业的维修要求也各不相同,加上物业公司的性质、类型、服务对象不同,因此对业主收取的维修资金的标准也各不相同,缺乏统一标准。有的按综合造价计提,有的按购房款的百分比提取,有的则按管理费收缴。

而根据2008年2月1日开始实施的建设部《住宅专项维修资金管理办法》中规定:"商品住宅的业主、非住宅的业主按照所拥有物业的建筑面积交存住宅专项维修资金,每平方米建筑面积交存首期住宅专项维修资金的数额为当地住宅建筑安装工程每平方米造价的5%～8%。出售公有住房的,业主按照所拥有物业的建筑面积交存住宅专项维修资金,每平方米建筑面积交存首期住宅专项维修资金的数额为当地房改成本价的2%。"

2. 向开发商收取

(1) 收取依据

房产物业"三分在建设,七分在管理",建设是管理的基础,管理是建设的继续。从长远看,只有对房产物业进行良好的维护管理,保证其使用功能正常发挥,才能实现开发商和置业者的经济效益,实现物业的价值和使用价值。另一方面,良好的物业管理也提高了开发商的信誉和知名度,构成开发商的一项重要的无形资产。例如广州华东实业公司和上海万科房地产公司,都因为加强对物业的维修养护管理,从而提高了企业的知名度和信誉。因此,开发商在将物业委托移交给物业企业管理维护时,就必须支付一定数额的维修资金,这是开发商不可推卸的义务和责任。

(2) 收取标准

由于全国各地经济发展水平、市场发展程度、思想观念、经济承受力等均有差别,加上物业管理的性质、对象、类型不同,对物业管理的要求也不相同,因而维修资金的收取标准也各不相同,做法各异。有的开发商按房屋建筑面积综合造价(按多层住宅2%、高层住宅3%)计提,据此确定维修资金;有的开发商从开发项目的总投资中提取1%～2%作为维修资金;有的地区规定以销售价的百分比作为维修资金;有的地区规定以房价的7%作为维修资金。一般来说,向开发商收取的维修资金的标准应按不同物业服务公司的性质、类型、服务对象分别制定。

有人提出:一般商品住宅,按房产物业总建筑面积综合造价(多层住宅按3%、高层住宅按6%)计提,由开发商将房产物业移交给物业企业时支付,或由开发商按销售额的2%～4%划拨给物业企业。高级住宅公寓、花园别墅及商业、办公用房、工业货仓用房的维修资金,可按略高于一般用房标准向开发商收取。具体实施时可增加10%～30%。

3. 向物业的出售者收取

(1) 收取依据

物业价值是物业交换过程中所体现的凝结于物业商品中的人类抽象劳动。物业的属性得以确认,说明物业——作为用于交换的劳动产品——价值在起主导作用,而物业的出售价格则是物业价值的货币表现。目前房产物业的价格高于其价值,除了土地稀有和投机等原因外,还有一个重要原因,即对房产物业的完善管理和适时维修更新。因此,物业的出售者出售物业获取的利润中,已凝结了物业管理者的维修、养护、更新等追加劳动。这部分追加劳动理应得到承认,获得相应的报酬。此外,物业维修更新管理作为房地产在消费环节中的继续,其发展直接影响着房地产的综合开发经营,影响着房地产的交易。但物业管理行业的微利性质又大大制约了它的发展壮大,因此,能获得较大利润的房地产交易者、物业出售者,理应支持物业管理的发展。物业管理发展了,物业的维修技术水平提高了,就能进一步促进房地产交易市场的兴旺发达,从而可使物业的出售者获得更大的利益。因而,物业的出售者也有分担维修资金的义务。

(2) 收取标准

由于各种原因,目前尚无统一的向房屋物业的出售者收取维修资金的标准。

有人提出:一般商品住宅房屋物业出售者可按销售款的2%～4%缴纳维修资金;公有房屋出售后,多层住宅的出售者一次性按售房款的6%缴付,高层住宅的出售者则一次性按售房款的12%缴付。高层住宅电梯和水泵等共同设备的大修和更新费用,应由出售者从售房款中划拨一定的经费。而高级公寓、花园别墅、商业、办公用房,则可按略高于一般商品住宅的10%～30%的标准缴付。

4. 向国家地方财政收取

(1) 收取依据

从事区域性的物业管理,势必涉及给水、排水、供电、供暖、供气、电信、邮电、人防、道路、绿化、环卫、构筑物等市政设施的维修养护管理,房屋周围的这些公共基础设施等的维修养护费用本是由国家有关部门开支的。这部分费用不能因物业企业的统一经营而削减甚至取消。因为房产物业周围的这些公共基础设施,也是城市公用设施的一部分,其产权归国家所有,国家相应的专业部门承担使其正常运行的维修费用是合理的。从推进住房改革、住房商品化和完善城市容貌的角度也应综合考虑城市维护费用的筹集、划拨和使用。因此,原来属国家地方财政共同负担的城市建设维护费、市政公用设施维修费仍应由他们负担。据此,物业企业可向有关单位收取城市维修资金。

(2) 收取标准

向国家地方财政收取的维修资金,可按目前国家地方财政划拨的城市建设维护费和市政公用设施维护费标准收取。

3.2.3 物业接管验收费的筹集

物业的接管验收费是指物业企业在接收、接管房产物业时,由开发商向物业企业缴纳的专项验收费用。它主要用于物业企业参与验收新的房产物业和接管旧的房产物业时,组织水、电、泥、木、管道等专业技术人员和管理人员所支付的费用,包括人工费、办公费、交通费、资料费、零星杂费等。

1. 收取依据

房地产开发项目的竣工验收,是项目开发全过程的最后一个环节,它是全面考核开发成果,检查设计和工程质量的重要环节,做好竣工验收工作对促进开发项目及时完成建管交接,尽快投入使用,发挥投资效益,有着重要的意义。物业服务公司参与项目的竣工验收工作,对保证房产顺利完成建管交接,确保业主的利益,增强管理责任是必不可少的。由于专业物业服务公司在长期的管理经验中,比建造者和开发商更了解客户对物业的各种使用需求,由他们参与验收工作,检验设计和工程质量,可及时发现和解决一些影响正常运转和使用的问题,令将来的客户满意。一方面保证物业能按设计要求的技术经济指标,投入正常使用,最大限度地满足客户的需求;另一方面验收新物业和接管旧物业还可分清房产物业损坏的责任,是开发商建造过程中遗留的问题导致物业损坏,还是物业企业管理中的问题导致物业损坏,或者是业主和使用者使用过程中导致物业损坏抑或旧房产本身就有问题。不至于在业主入住使用后才发现问题而产生责任不清的纠纷,从而可以避免不必要的赔偿损失。实际上物业服务公司参与竣工验收工作,也是为开发商建造生产出令客户满意的物业所做的努力,是完成开发商建设物业的最后一个生产环节,因而开发商理应缴纳给物业企业这笔因组织验收而发生的专项验收费用,同样对旧房产的接管也一样需要检验其是否合格。此外,物业从建造完成到投入使用,实现其价值和使用价值,还有一段过程。物业企业从接管物业至业主入住前,需要配备一定的人力对空房进行看管,以免发生一些不必要的损耗。因此,在验收合格、建管交接时,开发商还要支付给物业企业一笔空房看管费,以保证建好的物业保持良好的功能和形象。

2. 收取标准

接管验收费的测算公式为

接管验收费 = 被接管的房产物业总建筑面积 × 每平方米建筑面积验收单价 + 空房看管费

式中,每平方米建筑面积验收单价可视物业性质、综合造价和布局等的不同,由开发商和物业企业协商确定。国家可规定一个最高限价和若干个最低限价,以保证建筑费用收取的规范合理。空房看管费,一般房屋以应收管理费的 1/3 左右收取,别墅、公寓大楼等高级商品房则可由物业企业与销售商(开发商)商议,适当提高看管费用,国家可定一个最高限价。

3.2.4 物业质量保证金的筹集

质量保证金是指开发商在向物业企业移交房产物业时,向物业企业缴纳的保证物业质量的资金,用于交房后保修期(一般为 2 年)内被管物业的保修。其范围限于室内装饰、水电管线、隐蔽工程及室外建筑公共设施等因建造质量问题所引起的返修。

1. 收取依据

房产物业体积大、投资大,构成要素具有连带性和隐蔽性的特点,决定了房产物业的保修期要比一般耐用消费品长,保修金额也比一般耐用消费品大。为了协调好开发商、建筑商、物业企业和产权人(用户)的关系,开发商在物业建造完成验收合格移交给物业企业时,就应确定一个保修期,缴纳质量保证金,以保证物业企业在保修期内有足够资金,保证因建造质量问题引起的返修得以实施。

2. 收取标准

质量保证金的缴纳有多种方法,它可以留在开发商处,由物业企业在接受业主报修、组织施工后实报实销;也可以由开发商一次性缴纳给物业企业,保修期满后结算,多退少补;也可以采取包干办法一步到位,盈亏由物业企业负担。具体运用哪种方法,物业企业可视自身情况与开发商协商决定。

3.2.5 日常综合管理费的筹集

物业管理的日常综合管理费用主要用于物业服务公司支付日常管理和日常维修工人的工资津贴、劳动防护费、办公费、公用水电费、保安服务费、垃圾代运保洁费、绿化养护费、工器具折旧及其他管理费用。这笔向业主或使用人收取的管理费,必须按"专款专用""取之于民,用之于民"的原则有效地分配到各项日常物业管理中,为业主提供方便、舒适、安全的生活环境。

1. 收取依据

从物业管理的内容和作用可以看出,物业管理是将分散的社会分工汇集起来,统一办理,为业主和住户提供方便的服务,如日常清洁、保安、水电维修等。服务商品同其他商品一样,具有使用价值和价值。物业的日常管理服务的使用价值是指这种日常管理服务能够满足人们某种需要的属性,而物业的日常管理服务的价值则是凝结在日常管理服务的一般人类劳动中。业主或使用人缴付的日常综合管理费就是物业的日常管理服务这一商品的价值表现。因此,业主要享用优美、整齐、安全、方便的居住环境,就要购买物业企业提供的日常服务这一商品,就要缴付日常综合管理费。

2. 收取标准

目前由于物业管理市场发育尚不完善,各个物业企业的经营管理水平也不同,因而形成了目前日常综合管理费的收取币种不一、计算口径不一、标准和期限不一的局面。特别强调的是对日常综合管理费的收取和支出,必须坚持分门类计算,合理分摊,量出为入。较为合理的做法是应按物业的建筑面积计算,业主入住时,先预收 3 ~ 6 个月的日常综合管理费,以后按季或半年收缴,每半年公布一次物业日常综合管理费的收支情况。随着物业管理市场的发展成熟,法规建设的日趋完善,日常综合管理费的收取标准和计量要通过科学合理的测算评估出来加以规范,使收费标准与业主承受力和要求、物业管理的水准相平衡。同时,也要充分考虑各种不同类型、不同用途的物业,不同居住对象的实际情况来分层次地确定日常管理费。由于我国目前人民生活水平还不高,难以承受由成本加利润测算出的日常综合管理费用,因此,有人提出:物业企业的管理利润按物业大小、管理服务水平及业主的不同情况,掌握在一定的幅度内(低档为 8% ~ 10%,中档为 10% ~ 12%,高档为 12% ~ 24%),保持微利。对住宅区内的办公经营用房的日常综合管理费收取标准,应与居住用房相异,可在 150% ~ 200% 范围内确定管理费标准,其管理与收费应有特殊规定。随着物业管理行业的发展,适时可由行业协会定期根据市场管理服务水平,提供指导性参考价格,以规范日常综合管理费的标准确定和收支的有关事项。1996 年 4 月,上海市房管部门为进一步规范日常综合管理费的收取标准,已对物业管理费的收取实行政府指定价、政府指导价和市场价 3 种方式。其中全市私有住房中占七成左右的"公有住房出售"将统一实行政府指定价,商品房(包括内销房和外销房)的日常综合管理费由政府制订指导价,其他各种特约特需服务费则由市场价调节。

一般来说,物业日常综合管理费的收取标准可用一个简单的计算公式表示为

$$p = \frac{\sum F_i}{S} \quad (i = 1,2\cdots,n)$$

式中　　p——每平方米每年(月)应收取的日常综合管理费,元/(平方米·年),元/(平方米·月);

F_i——第 i 项日常综合管理费支出;

S——某类物业的管理服务的总建筑面积。

在运用上面的公式测算日常综合管理费的收取标准时,必须注意要对每一项日常综合管理费进行正确合理的测算,还要把所有日常综合管理工作中的费用全部计算在内。只有这样,才能正确合理地计算日常综合管理费的收费标准。

3.2.6　特约服务费的筹集

为满足各种不同层次业主的消费需求,物业企业除了提供日常综合管理服务外,还要根据业主的具体需要,开设各类特约服务项目,收取特约服务费。这样,既为业主置业和生活提供了方便,又提升了物业企业的形象,还可取得一定的经济效益和社会效益。作为日常物业管理的延伸、补充和发展,因地制宜地拓展社区内便民的特约服务,不仅是必要的,

而且是可能的。首先,物业企业拥有水、电、气等技术力量,完全有能力为业主进行特约服务。业主的室内部分、底层围墙和自用阳台等属房屋所有人自修范围的,物业企业可接受委托,办理这些日常修缮养护和室内装修装潢等业务,实施有偿服务,除了料工费外,还可收取5%~10%的代办管理费,体现微利的服务性收费。其次,物业企业利用自己良好的服务态度,高质量的服务水平和管理服务经验,开展全方位、多功能、多层次的综合性特约服务,如组织家庭服务,代聘保姆,代聘家教,代订车船机票,家庭清洁、消毒打蜡,代为复印、传真,代订牛奶,代订书报杂志等。若物业企业没有能力满足业主的特种需要,可代业主寻找专业服务公司,委托专业服务公司提供特种服务,物业企业可以收取一定的代办费用。总之,在收取特约服务费时,应遵循"谁受益、谁付款"和"保本微利"的原则。

3.2.7 与物业管理有关的多种经营服务收入的筹集

在我国大多数城市居民收入不高的现实条件下,管理服务费收取不可能太多。但作为企业,要达到自我积累、自我发展、自负盈亏的目标,使物业管理走上良性循环,单靠"量出为入"和"保本微利"原则筹集上述几项资金显然是难以为继的。大多数物业企业都实行"以业为主、多种经营"的经营策略,组织创收,积极开发内容丰富的与物业管理相关的多种经营,创造尽可能多的利润。如有的物业企业要求开发商按一定比例的成本价给物业企业少量经营用房,与有关部门合作开办城市信用社、储蓄所等,既能为住户提供配套服务,又能开辟新的收入来源;有的物业企业通过商贸活动创造收益,如在住宅区内开办购销商业贸易之类的经济实体,建立文化娱乐场所,设置交通队;有的物业企业利用自己的专业技术力量兴办市政维修公司、房屋维修公司、室内装饰公司、园林绿化公司之类的工程服务公司,通过承接建筑工程项目为企业创收;还有一些物业企业,从开发商处得到一些供租赁经营的店铺、酒店、停车场等物业资产,依靠这些物业的租赁经营,为企业创造财富。大型的物业企业在经济实力达到一定程度后,也可自己筹集资金投资酒店、写字楼、公寓、别墅、商场等物业的开发经营,为物业管理的进一步发展提供良好的经济基础。对管理经营型的收益性物业,更有优势开展多种附属性经营,取得多种经营收入。这些多种经营,既满足了业主和住户的文化生活需要,又达到了创收目的,解决了物业管理资金不足的矛盾,也拓宽了物业管理资金的筹集渠道。

除了上述7项资金筹集渠道外,物业企业还可以通过银行获得借贷资金收入,同时也可以通过开展物业保险业务,取得保险收入。物业的价值性、庞大性、不可移动性等特点,决定了物业在发生意外灾难,如地震、火灾时蒙受的损失是巨大的。物业企业接管客户的大量物业,构成巨大的固定资产,担负着巨大的风险和责任。因此必须引进现代保险制度,与保险公司开展物业保险业务,包括财产保险、消防保险、房屋保险等。这样,一方面可以避免物业企业在发生意外事故或遭受天灾时蒙受损失;另一方面也可以解决突发事故与天灾发生时房屋修缮等经费不足的问题,增加收入来源。

在上述7项资金来源中,物业管理的启动资金、维修资金、日常综合管理服务费和特约服务费及多种经营服务收入,是物业企业的主要资金来源,在物业管理的不同阶段,发挥着巨大作用。启动资金主要用于物业管理的启动阶段,后几项是物业管理步入正轨后的主要资金来源。这表明在整个物业管理周期中,管理者应根据所处阶段,选择资金来源,想方设法进行筹集。

【本章小结】

本章主要阐述了物业企业筹资的必要性和特点,物业企业筹资的具体要求和筹集原则,筹集物业管理计费标准的核算方法,包括成本法、对比法、经验法和综合法。还介绍了物业资金筹资决策的一般程序、筹资渠道和筹资方式等内容,重点应掌握物业企业各类特定用途资金筹集的原则、渠道和方法。

【课后习题】

一、单项选择题

1. 在计算确定物业管理计费标准时,采用同地区、同类型物业服务公司的物业管理计费标准的方法是(　　)。
   A. 成本法　　　B. 对比法　　　C. 经验法　　　D. 综合法

2. 物业企业筹资用于新产品的开发和推广、生产规模的扩大、设备的更新改造等,则筹集的资金属于(　　)。
   A. 短期资金　　B. 中期资金　　C. 长期资金　　D. 常规资金

3. 2008年2月1日开始实施的建设部《住宅专项维修资金管理办法》中规定:"商品住宅的业主、非住宅的业主按照所拥有物业的建筑面积交存住宅专项维修资金,每平方米建筑面积交存首期住宅专项维修资金的数额为当地住宅建筑安装工程每平方米造价的(　　)"。
   A. 5%　　　　B. 5%～8%　　C. 8%　　　　D. 6%

二、多项选择题

1. 物业企业的物业计费标准可以采用(　　)。
   A. 政府部门审定　　　　　　B. 物业公司讨论议定
   C. 会同业主商定　　　　　　D. 委托双方议定

2. 物业管理维修资金的筹集主要来源有(　　)。
   A. 向业主收取　　　　　　　B. 向开发商收取
   C. 向物业的承包者收取　　　D. 向物业的出售者收取

3. 物业管理计费标准的核算方法可以采用(　　)。
   A. 成本法　　　B. 对比法　　　C. 经验法　　　D. 综合法

三、简答题

1. 对物业企业筹资的要求有哪些?
2. 物业管理资金筹集的原则有哪些?
3. 简述物业企业筹资决策的一般程序。
4. 物业企业筹集的资金按其构成和来源可分为哪几种?

第4章　资金成本与资本结构

【学习目标】

通过本章的学习,要求掌握资金成本和资本结构等财务管理基本知识,了解资金成本和资本结构对物业企业财务管理的意义,为物业企业合理筹集资金、合理使用资金,提高资金效率奠定基础。

【本章导读】

在物业企业筹集资金时,我们常会遇到这样的问题:当企业自有资金不足以满足新的投资需求时,我们会想到"外援",而能够向企业提供资金的人很多,包括新老股东、银行、投资公司、债券购买者、政府等。这么多渠道可供我们选择,筹资看似容易,但我们仍会遇到很多问题:若企业发行新股筹资引入新的股东,会遭到老股东的反对;若向原股东增发股票,则会被要求承诺更高的回报率,企业资金成本被提高;若企业向银行借款,则银行能够提供的资金有限(因考虑不良贷款风险);若发行企业债券,则必须通过监管部门的审批,难度较大,发行费用较高,企业得考虑发行失败的风险……我们发现虽然筹资渠道不少,但每种方式都有可取之处和不足之处。如果你作为企业的财务决策者,怎样才能既筹集到所需资金,又不至于使筹资的成本过高呢?

4.1　资金成本

4.1.1　资金成本的概念

资金成本是指企业为筹集和使用资金而发生的代价。在市场经济条件下,企业不能无偿使用资金,必须向资金提供者支付一定数量的费用作为补偿。企业使用资金就要付出代价,所以,企业必须有计划地使用资金。

资金成本包括用资费用和筹资费用两部分内容:

(1) 用资费用

用资费用是指企业在生产经营、投资过程中因使用资金而支付的代价,如向股东支付的股利、向债权人支付的利息等,这是资金成本的主要内容。

(2) 筹资费用

筹资费用是指企业在筹集资金过程中为获取资金而支付的费用,如向银行支付的借款手续费,因发行股票、债券而支付的发行费等。筹资费用与用资费用不同,它通常是在筹集资金时一次支付的,在用资过程中不再发生。

资金成本可以用绝对数表示,也可以用相对数表示,但在财务管理中,一般用相对数表示,即表示为用资费用与实际筹得资金(即筹资数额扣除筹资费用后的差额)的比率。其计算公式为

$$资金成本 = \frac{年用资费用}{筹资总额 - 筹资费用}$$

式中,年用资费用是企业实际负担的费用。对于利息来说,由于其在所得税前扣除,起到了抵减所得税的作用,因此,其实际由企业负担的用资费用为利息×(1-所得税税率);而对于股息股利,是在所得税后列支,全部由企业承担,其实际由企业负担的用资费用就是股息股利。

4.1.2 资金成本的作用

资金成本在许多方面都有重要影响,主要用于筹资决策和投资决策。

1. 资金成本在企业筹资决策中的作用

资金成本是企业选择资金来源、拟订筹资方案的依据。资金成本对企业筹资决策的影响主要有以下几个方面:

(1) 资金成本是影响企业筹资数额的重要因素

随着筹资数额的增加,资金成本不断变化。当企业筹资数额很大,资金的边际成本超过企业承受能力时,企业便不宜再增加筹资数额。因此,资金成本是限制企业筹资数额的一个重要因素。

(2) 资金成本是企业选择资金来源的基本依据

企业的资金可以从许多方面来筹集,就长期借款来说,可以向商业银行借款,也可以向保险公司或其他金融机构借款,还可以向政府申请借款。企业究竟选用哪种来源,首先要考虑的因素就是资金成本的高低。

(3) 资金成本是企业选用筹资方式的参考标准

企业可以利用的筹资方式是多种多样的,在选用筹资方式时,需要考虑的因素很多,但必须考虑资金成本这一经济标准。

(4) 资金成本是确定最优资本结构的主要参数

不同的资本结构,会给企业带来不同的风险和成本。在确定最优资本结构时,考虑的因素主要有资金成本和财务风险。

资金成本并不是企业筹资决策中所要考虑的唯一因素。企业筹资还要考虑财务风险、资金期限、偿还方式、限制条件等。但资金成本作为一项重要的因素,直接关系到企业的经济效益,是筹资决策时需要考虑的一个首要问题。

2. 资金成本在投资决策中的作用

资金成本在企业评价投资项目的可行性、选择投资方案时也有重要作用。

(1) 资金成本可作为评价项目的折现率

当净现值为正时,投资项目可行;反之,如果净现值为负,则该项目不可行。因此,采用净现值指标评价投资项目时,离不开资金成本。

(2) 资金成本可作为评价项目可行性时的基准收益率

只有当投资项目的内部收益率高于资金成本时,投资项目才可行;反之,当投资项目的内部收益率低于资金成本时,投资项目不可行。因此,国际上通常将资金成本视为投资项

目的"最低收益率"或是否采用投资项目的取舍率,是比较、选择投资方案的主要标准。

4.1.3 个别资金成本

个别资金成本是指各种筹资方式取得资金的成本。其中主要包括债券成本、银行借款成本、普通股成本和留存收益成本,前两者是负债资金成本,后两者是权益资金成本。

1. 债券成本

债券成本中的利息在税前支付,有减税效应。债券的筹资费用主要包括申请发行债券的手续费、债券注册费、印刷费、上市费以及推销费等,其计算公式为

$$债券成本 = \frac{年利息 \times (1 - 所得税税率)}{债券筹资额 \times (1 - 筹资费用率)} \times 100\%$$

债券的利息等于债券面值×票面利率,债券的筹资额等于债券的发行价格。债券的发行价格存在大于、等于、小于面值3种情况,只有在债券平价发行时,即发行价格等于债券面值时,公式才可以简化为

$$债券成本 = \frac{票面利息率 \times (1 - 所得税税率)}{(1 - 筹资费用率)} \times 100\%$$

[例4.1] 某债券等价发行10万张,每张面值1 000元,期限为5年,票面利率为12%,每年付息一次,发行费用率为3%,所得税率为25%。则该债券的筹资成本为

$$债券成本 = \frac{12\% \times (1 - 25\%)}{(1 - 3\%)} \times 100\% \approx 9.28\%$$

2. 银行借款成本

银行借款成本的计算基本与债券一致,其计算公式为

$$银行借款成本 = \frac{年利息 \times (1 - 所得税税率)}{银行借款筹资总额 \times (1 - 银行借款筹资率)} \times 100\%$$

[例4.2] 向银行申请为期3年的借款1 000万元,借款年利率为5%,所得税率为25%,筹资费率为0.1%,其筹资成本为

$$银行借款成本 = \frac{1\,000 \times 5\% \times (1 - 25\%)}{1\,000 \times (1 - 0.1\%)} \times 100\% \approx 3.75\%$$

银行借款的筹资费用一般很少,计算其成本时可以将银行借款的筹资费用忽略不计。在这种情况下,银行借款的成本计算公式可以简化为

$$银行借款成本 = 借款利率 \times (1 - 所得税率)$$

例4.2中的银行借款成本为

$$银行借款成本 = 5\% \times (1 - 25\%) = 3.75\%$$

3. 普通股成本

普通股的资金成本率就是普通股投资的必要收益率,其测算方法一般有3种:股利折现模型、资本资产定价模型和无风险利率加风险溢价法。

(1) 股利折现模型

股利折现模型的基本形式为

$$普通股成本 = \frac{每年股利}{普通股金额 \times (1 - 普通股筹资费率)} \times 100\%$$

$$P_0 = \sum_{t=1}^{n} \frac{D_t}{(1 + K_c)^t}$$

式中　P_0——普通股筹资净额,即发行价格扣除发行费用;
　　　D_t——普通股第 t 年的股利;
　　　K_c——普通股投资必要收益率,即普通股资金成本率。

运用上面的模型测算普通股资金成本率,因具体的股利政策而有所不同。

如果公司采用固定股利政策,即每年分派现金股利 D 元,则资金成本率可按下式测算

$$K_c = \frac{D}{P_0} \times 100\%$$

式中　P_0——普通股筹资净额,即发行价格扣除发行费用,即普通股的市价 ×(1 – 筹资费用率);
　　　D——各年相等的固定股利。

[例 4.3]　某公司拟发行一批普通股,发行价格为 12 元,每股筹资费用为 2 元,预定每年分派固定现金股利每股 1.2 元。其资金成本率测算为

$$K_c = \frac{1.2}{12 - 2} \times 100\%$$
$$= 12\%$$

如果公司采用的是固定增长率的股利政策,即每年的股利都存在 $D_{t+1} = D_t(1 + g)$ 的关系,其普通股资金成本率可按下式计算

$$普通股成本 = \frac{预期第一年股利}{普通股金额 \times (1 - 普通股筹资费率)} \times 100\% + 股利固定增长率$$

$$K_c = \frac{D_1}{P_0} + g$$

式中　D_1——公司即将发放的股利,$D_1 = D_0(1 + g)$,其中 D_0 为公司最近发放的股利或上年发放的股利;
　　　g——股利固定增长率。

[例 4.4]　某公司发行普通股,单价 15 元,筹资费用率为 20%,第一年股利为 1.5 元,以后每年增长 2.5%,其普通股资金成本率为

$$K_c = \frac{1.5}{15 \times (1 - 20\%)} \times 100\% + 2.5\% = 15\%$$

分子直接使用 1.5 元,是因为试题中直接给出了第一年股利。如果上题改为"最近支付股利 1.5 元",那么其普通股资金成本则为

$$K_c = \frac{1.5 \times (1 + 2.5\%)}{15 \times (1 - 20\%)} \times 100\% + 2.5\% = 15.3125\%$$

(2) 资本资产定价模型

资本资产定价模型简单地描述了普通股期望收益率 K_c 与它的市场风险之间的关系:普通股投资的必要收益率等于无风险报酬率加上风险报酬率,用公式可表示为

$$K_c = R_f + \beta(R_m - R_f)$$

式中　K_c——普通股成本;
　　　R_m——市场投资组合的期望收益率;
　　　R_f——无风险利率;
　　　β——某物业公司股票收益率相对于市场投资组合期望收益率的变动幅度。

当整个证券市场投资组合的收益率为 1% 时,如果某物业公司股票的收益率增加 2%,

那么,该公司股票的 β 值为 2;如果另外一家公司股票的收益率仅增加了 0.5%,则其 β 值为 0.5。

[例4.5] 某物业公司的普通股股票的 β 值为1.2,无风险收益率为5%,市场投资组合的期望收益率为10%,则该公司的普通股筹资成本为

$$K_c = 5\% + 1.2 \times (10\% - 5\%) = 11\%$$

(3) 无风险利率加风险溢价法

该方法认为,由于普通股的求偿权不仅在债权之后,而且次于优先股,因此持有普通股股票的风险要大于持有债权和优先股的风险。这样,股票持有人就必然要求获得一定的风险补偿。就一般情况来看,通过一段时间的统计数据,可以测算出某物业公司普通股股票期望收益率超出无风险利率的大小,即风险溢价 R_p。无风险利率 R_f 一般用同期国库券收益率表示,这是证券市场最基础的数据。因此,用无风险利率加风险溢价法计算普通股股票筹集的资金成本公式为

$$K_c = R_f + R_p$$

[例4.6] 假设某物业公司普通股的风险溢价估计为8%,无风险利率为5%,则其普通股筹资的成本是多少?

$$K_c = 5\% + 8\% = 13\%$$

普通股股利支付不固定。企业破产后,股东的求偿权位于最后,与其他投资者相比,普通股股东所承担的风险最大,普通股的报酬也应最高。所以,在各种资金来源中,普通股的成本最高。

4. 留存收益成本

一般企业都不会把全部收益以股利形式分给股东,而只是分配收益的一部分给股东,另一部分作为留存收益,留在企业以盈余公积或未分配利润的形式为企业的发展使用。所以,留存收益是企业资金的一种重要来源。企业留存收益,等于股东对企业进行追加投资,股东对这部分投资与以前缴给企业的股本一样,也要求有一定的报酬,所以,留存收益也要计算成本。留存收益成本的计算与普通股基本相同,但不用考虑筹资费用。

(1) 在普通股股利固定的情况下,其计算公式为

$$留存收益成本 = \frac{每年固定股利}{普通股金额} \times 100\%$$

(2) 在普通股股利固定增长的情况下,其计算公式为

$$留存收益成本 = \frac{预期第一年股利}{普通股金额} \times 100\% + 股利年增长率$$

[例4.7] 某物业公司普通股目前股价为10元/股,筹资费用率为10%,刚刚支付股利1元,股利今后保持5%的固定增长,则该企业的留存收益的筹资成本是多少?

$$\frac{1 \times (1 + 5\%)}{10} + 5\% = 15.5\%$$

在资本资产定价模型和无风险利率加风险溢价法下,留存收益的资金成本和普通股的资金成本相同。

4.1.4 加权平均资金成本

企业可以从多种渠道、用多种方式来筹集资金,而各种方式的筹资成本是不一样的。

为了正确进行筹资和投资决策,就必须计算企业的加权平均资金成本。加权平均资金成本是指分别以各种资金成本为基础,以各种资金占全部资金的比重为权数计算出来的综合资金成本。它是反映企业过去和现在的资金成本,不反映未来再筹资时的资金成本。综合资金成本率是由个别资金成本率和各种长期资金比例这两个因素决定的。

应当指出的是,上述计算中的个别资金占全部资金的比重,通常是按账面价值确定的,其资料容易取得。但当资金的账面价值与市场价值差别较大,如股票、债券的市场价格发生较大变动时,计算结果会与资本市场现行实际筹资成本有较大的差距,从而误导筹资决策。为了克服这一缺陷,个别资金占全部资金比重的确定还可以按市场价值或目标价值确定,分别称为市场价值权数和目标价值权数。

市场价值权数指债券、股票以市场价格确定权数。这样计算的加权平均资金成本能反映企业目前的实际情况。同时,为弥补证券市场变动频繁所带来的不便,也可以选用平均价格。

目标价值权数是指债券、股票以未来预计的目标市场价值确定权数。这种权数能体现期望的资本结构,而不是像账面价值权数和市场价值权数那样只反映过去和现在的资本结构,所以,按目标价值权数计算得出的加权平均资金成本更适用于企业筹集新资金。然而,企业很难客观合理地确定证券的目标价值,又使这种计算方法不易实行。

$$\text{加权平均资金成本} = \sum (\text{某种资金占总资金的比重} \times \text{该种资金的成本})$$

[例 4.8] 某企业现有资金 4 000 万元。其中,按面值发行债券 1 000 万元,筹资费用率为 2%,债券年利率为 5%;普通股 3 000 万元,发行价格为每股 10 元,筹资费用率为 4%,第一年预期股利为每股 1.2 元,以后每年增长 5%,所得税税率为 25%。该企业的加权平均资金成本应该是多少?

$$\text{债券比重} = \frac{1\,000}{4\,000} = 0.25$$

$$\text{普通股比重} = \frac{3\,000}{4\,000} = 0.75$$

$$\text{债券资金成本} = \frac{1\,000 \times 5\% \times (1 - 25\%)}{1\,000 \times (1 - 2\%)} \times 100\% \approx 3.83\%$$

$$\text{普通股资金成本} = \frac{1.2}{10 \times (1 - 4\%)} \times 100\% + 5\% = 17.5\%$$

$$\text{加权平均资金成本} = 0.25 \times 3.83\% + 0.75 \times 17.5\% \approx 14.08\%$$

4.1.5 资金的边际成本

资金的边际成本是指资金每增加一个单位而增加的成本。它是反映企业未来的资金成本。这是财务管理中的重要概念,也是企业投资、筹资过程中必须加以考虑的问题。

加权平均资金成本,是企业过去筹集的或目前使用的资金的成本。但是,企业各种资金的成本,是随时间的推移或筹资条件的变化而不断变化的,加权平均资金成本也不是一成不变的。一个企业进行投资,不能仅仅考虑目前所使用的资金的成本,还要考虑为投资项目新筹集的资金的成本。现实中,边际资金成本通常在筹资某一区间内是保持稳定的,当企业以某种方式筹资超过一定限度时,边际资金成本会提高,此时即使企业保持原有的资本结构,也可能导致加权平均资金成本上升。因此,边际资金成本也可以称为随筹资额

第4章 资金成本与资本结构

增加而提高的加权平均资金成本。在企业追加筹资时,就需要计算资金的边际成本。

资金的边际成本需要采用加权平均法计算,其权数应为市场价值权数,不应使用账面价值权数。

计算边际资金成本主要按以下4步进行:

① 确定目标资本结构,确定每一种资金占总资金的比重。其一旦确定,在今后的筹资过程中就保持不变。

② 计算个别资金的资金成本,计算其不同规模条件下的资金成本率。

③ 计算筹资总额分界点。筹资总额分界点是指在保持某资金成本率的条件下,可以筹集到的资金总限度,一旦筹资额超过筹资分界点,即使维持现有资本结构,其企业总资金成本率也会增加。

$$筹资总额分界点 = \frac{某种筹资方式的成本分界点}{目标资金结构中该种筹资方式所占的比重}$$

④ 计算边际资金成本。根据计算出的分界点可以分出若干个筹资范围,对每一范围分别计算加权平均资金成本,即是各种筹资范围的边际资金成本。

[**例4.9**] 某物业公司筹资资料见表4.1。

表4.1 某物业公司筹资资料

筹资方式	目标资本结构/%	特定筹资方式的筹资范围/万元	个别资金成本/%
长期债务	20	0 ~ 1 000	6
		1 000 ~ 4 000	7
		大于 4 000	8
长期借款	5	0 ~ 250	10
		大于 250	12
普通股	75	0 ~ 2 250	14
		2 250 ~ 7 500	15
		大于 7 500	16

根据表4.1计算的分界,编制筹资总额分界点计算表,见表4.2。

表4.2 筹资总额分界点计算表

筹资方式	个别资金成本/%	特定筹资方式的筹资范围/万元	筹资总额分界点/万元	筹资总额的范围/万元
长期债务	6	0 ~ 1 000	1 000 ÷ 0.2 = 5 000	0 ~ 5 000
	7	1 000 ~ 4 000	4 000 ÷ 0.2 = 20 000	5 000 ~ 20 000
	8	大于 4 000	—	大于 20 000
长期借款	10	0 ~ 250	250 ÷ 0.5 = 5 000	0 ~ 5 000
	12	大于 250	—	大于 5 000
普通股	14	0 ~ 2 250	2 250 ÷ 0.75 = 3 000	0 ~ 3 000
	15	2 250 ~ 7 500	7 500 ÷ 0.75 = 10 000	3 000 ~ 10 000
	16	大于 7 500	—	大于 10 000

据上述条件计算的各筹资范围的边际资金成本,见表4.3。

表4.3 资金边际成本计算表

序号	筹资总额的范围/万元	筹资方式	目标资金结构/%	个别资金成本/%	资金的边际成本/%
1	0～3 000	长期债务 长期借款 普通股	20 5 75	6 10 14	1.2 0.5 10.5
			第一个范围的资金边际成本为12.2		
2	3 000～5 000	长期债务 长期借款 普通股	20 5 75	6 10 15	1.2 0.5 11.25
			第二个范围的资金边际成本为12.95		
3	5 000～10 000	长期债务 长期借款 普通股	20 5 75	7 12 15	1.4 0.6 11.25
			第三个范围的资金边际成本为13.25		
4	10 000～20 000	长期债务 长期借款 普通股	20 5 75	7 12 16	1.4 0.6 12
			第四个范围的资金边际成本为14		
5	20 000以上	长期债务 长期借款 普通股	20 5 75	8 12 16	1.6 0.6 12
			第五个范围的资金边际成本为14.2		

4.2 杠杆分析

4.2.1 杠杆效应的含义

自然界中的杠杆效应,是指人们利用杠杆,可以用较小的力量移动较重的物体的现象。财务管理中也存在着类似的杠杆效应,表现为:由于特定费用(如固定成本或固定财务费用)的存在而导致的,当某一财务变量以较小幅度变动时,另一相关财务变量会以较大幅度变动。合理运用杠杆原理,有助于企业合理规避风险,提高资金营运效率。

财务管理中的杠杆效应有3种形式,即经营杠杆、财务杠杆和复合杠杆,要了解这些杠杆的原理,首先需要了解成本习性、边际贡献和息税前利润等相关术语的含义。

4.2.2 成本习性、边际贡献与息税前利润

1. 成本习性及分类

(1)成本习性

所谓成本习性,是指成本总额与业务量之间在数量上的依存关系。按照成本习性对成本进行分类,对于正确地进行财务决策,有十分重要的意义。

(2)按成本习性分类

按成本习性可以把成本划分为固定成本、变动成本和混合成本。

① 固定成本。

固定成本是指其总额在一定时期和一定业务量范围内不随业务量发生任何变动的那部分成本。属于固定成本的主要有按直线法计提的折旧费、保险费、管理人员工资、办公费等，这些费用每年支出水平基本相同，即使产销业务量在一定范围内变动，它们也保持固定不变。正是由于这些成本是固定不变的，因而，产量的增加，意味着它将被分配给更多数量的产品，也就是说，单位固定成本将随产量的增加而逐渐变小。

固定成本还可以进一步分为约束性固定成本和酌量性固定成本。

第一类，约束性固定成本。约束性固定成本属于企业"经营能力"成本，是企业为维持一定的业务量所必须负担的最低成本。厂房、机器设备折旧费、长期租赁费等都属于这类成本。企业的经营能力一经形成，在短期内很难有重大改变，因而这部分成本具有很大的约束性，管理当局的决策行动不能轻易改变其数额。要想降低约束性固定成本，只能从合理利用经营能力入手。

第二类，酌量性固定成本。酌量性固定成本属于企业"经营方针"成本，即根据企业经营方针，由管理当局确定的一定时期（通常为一年）内的成本。广告费、研究与开发费、职工培训费等都属于这类成本。这些成本的支出，是可以随企业经营方针的变化而变化的。一般在一个年度预算开始时，管理当局要根据企业经营方针和财务状况，斟酌这部分成本的开支情况。因此，要降低酌量性固定成本，就要在预算时精打细算，合理确定这部分成本的数额。

应当指出的是，固定成本总额只是在一定时期和业务量的一定范围内保持不变。这里所说的一定范围，通常为相关范围，超过了相关范围，固定成本也会发生变动。因此，固定成本必须与一定时期、一定业务量联系起来进行分析。从较长的时间来看，所有的成本都在变化，没有绝对不变的固定成本。

② 变动成本。

变动成本是指其总额随着业务量成正比例变动的那部分成本。直接材料、直接人工等都属于变动成本。但从产品的单位成本来看，产品单位成本中的直接材料、直接人工将保持不变。

与固定成本相同，变动成本也要研究"相关范围"问题，也就是说，只有在一定范围之内，产量和成本才能完全成同比例变化，即呈完全的线性关系，超过了一定范围，这种关系就不存在了。例如，当一种新产品还是小批量生产时，由于生产还处于不熟练阶段，直接材料和直接人工耗费可能较多，随着产量的增加，工人对生产过程逐渐熟练，可使单位产品的材料和人工费用降低。在这一阶段，变动成本不一定与产量完全成同比例变化，而是表现为小于产量增减幅度。在这以后，生产过程比较稳定，变动成本与产量成同比例变动，这一阶段的产量便是变动成本总额随业务量成正比例变动的相关范围。然而，当产量达到一定程度以后，再大幅度增产可能会出现一些新的不利因素，使成本的增长幅度大于产量的增长幅度。

③ 混合成本。

有些成本虽然也随业务量的变动而变动，但不成同比例变动，不能简单地归入变动成本或固定成本，这类成本称为混合成本。混合成本按其与业务量的关系又可分为半变动成本和半固定成本，如图4.1和图4.2所示。

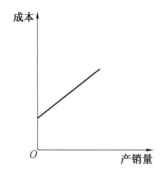 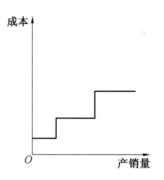

图 4.1　半变动成本示意图　　　　图 4.2　半固定成本示意图

a. 半变动成本。这是混合成本的基本类型,它通常有一个初始量,类似于固定成本,在这个初始量的基础上成本随产量的增长而增长,又类似于变动成本。例如,在租用机器设备时,有的租约规定,租金同时按如下两种标准计算:(a)每年支付一定数额租金(固定部分);(b)每运转一小时支付一定数额租金(变动部分)。此外,企业的公共事业费,如电费、水费、电话费等均属于半变动成本。

b. 半固定成本。这类成本随产量的变化而呈阶梯形增长,产量在一定限度内,这种成本不变,当产量增长到一定数量后,这种成本就跳跃到一个新水平。化验员、质量检查人员的工资都属于这类成本。

(3) 总成本习性模型

从以上分析可以知道,成本按习性可分成变动成本、固定成本和混合成本,但混合成本又可以按一定方法分解成变动部分和固定部分,这样,总成本习性模型可用下式表示

$$y = a + bx$$

式中　　y—— 总成本;
　　　　a—— 固定成本;
　　　　b—— 单位变动成本;
　　　　x—— 产销量。

显然,若能求出公式中 a 和 b 的值,就可以利用这个直线方程来进行成本预测、成本决策和其他短期决策,所以,总成本习性模型是一个非常重要的模型。

2. 边际贡献及其计算

边际贡献是指销售收入与变动成本的差额,这是一个十分有用的价值指标。其计算公式为

$$M = px - bx = (p - b)x = mx$$

式中　　M—— 边际贡献;
　　　　p—— 单价;
　　　　m—— 单位边际贡献。

3. 息税前利润($EBIT$)及其计算

息税前利润是指企业支付利息和交纳所得税之前的利润。成本按习性分类后,息税前利润可用下列公式计算

$$\begin{aligned} EBIT &= px - bx - a \\ &= (p - b)x - a \end{aligned}$$

$$= M - a$$

显然,不论利息费用的习性如何,它都不会出现在计算息税前利润公式之中,即在上式的固定成本和变动成本中不应包括利息费用因素。息税前利润也可以用利润总额加上利息费用求得。

4.2.3 经营杠杆

1. 经营杠杆的含义

在其他条件不变的情况下,产销量的增加虽然不会改变固定成本总额,但会降低单位固定成本,从而提高单位利润,使息税前利润的增长率大于产销量的增长率。反之,产销量的减少会提高单位固定成本,降低单位利润,使息税前利润下降率也大于产销量下降率。如果不存在固定成本,所有成本都是变动的,那么边际贡献就是息税前利润,这时息税前利润变动率就同产销量变动率完全一致。这种由于固定成本的存在而导致息税前利润变动率大于产销量变动率的杠杆效应,称为经营杠杆。

2. 经营杠杆的计量

只要企业存在固定成本,就存在经营杠杆效应。但不同企业或同一企业不同产销量基础上的经营杠杆效应的大小是不完全一致的,为此,需要对经营杠杆进行计量。对经营杠杆进行计量最常用的指标是经营杠杆系数。所谓经营杠杆系数(DOL),是指息税前利润变动率相当于产销量变动率的倍数,其计算公式为

$$经营杠杆系数 = \frac{息税前利润变动率}{产销量变动率}$$

$$DOL = \frac{\Delta EBIT/EBIT}{\Delta x/x}$$

$$= \frac{\Delta EBIT/EBIT}{\Delta(px)/px}$$

3. 经营杠杆与经营风险的关系

引起企业经营风险的主要原因是市场需求和成本等因素的不确定性,经营杠杆本身并不是利润不稳定的根源。但是,产销业务量增加时,息税前利润将以 DOL 为倍数的幅度增加;而产销业务量减少时,息税前利润又将以 DOL 为倍数的幅度减少。可见,经营杠杆扩大了市场和生产等不确定因素对利润变动的影响。而且经营杠杆系数越高,利润变动越激烈,企业的经营风险就越大。于是,企业经营风险的大小和经营杠杆有重要关系。一般来说,在其他因素不变的情况下,固定成本越高,经营杠杆系数越大,经营风险越大。其关系式可表示为

$$经营杠杆系数 = \frac{基期边际贡献}{基期息税前利润}$$

$$经营杠杆系数 = \frac{基期边际贡献}{基期边际贡献 - 基期固定成本}$$

$$经营杠杆系数 = \frac{(基期销售单价 - 基期单位变动成本) \times 基期产销量}{(基期销售单价 - 基期单位变动成本) \times 基期产销量 - 基期固定成本}$$

上式表明,影响经营杠杆系数的因素包括产品销售数量(即市场供求情况)、产品销售价格、单位变动成本和固定成本总额等。经营杠杆系数将随固定成本的变化呈同方向变化,即在其他因素一定的情况下,固定成本越高,经营杠杆系数越大,固定成本越高,企业经

营风险也越大。如果固定成本为零,则经营杠杆系数等于1。某物业公司资料见表4.4。

表4.4　某物业公司资料　　　　　　　　　　　　　　　　单位:万元

项目	2003年	2004年	变动额	变动率
销售额	1 000	1 200	200	20%
变动成本	600	720	120	20%
边际贡献	400	480	80	20%
固定成本	200	200	0	—
息税前利润	200	280	80	40%

$$DOL = \frac{80 \div 200}{200 \div 1000} = \frac{40\%}{20\%} = 2$$

控制经营风险的方法有增加销售额、降低产品单位变动成本、降低固定成本比重等。

4.2.4　财务杠杆

1. 财务杠杆的含义

不论企业营业利润是多少,债务的利息通常都是固定不变的。当息税前利润增大时,每1元盈余所负担的固定财务费用(如利息、融资租赁租金等)就会相对减少,这能给普通股股东带来更多的盈余;反之,当息税前利润减少时,每1元盈余所负担的固定财务费用就会相对增加,这就会大幅度减少普通股的盈余。这种由于固定财务费用的存在而导致每股收益变动率大于息税前利润变动率的杠杆效应,称为财务杠杆。

2. 财务杠杆的计量

只要在企业的筹资方式中有固定财务费用支出的债务,就会存在财务杠杆效应。但不同企业财务杠杆的作用程度是不完全一致的,为此,需要对财务杠杆进行计量。对财务杠杆进行计量的最常用指标是财务杠杆系数。所谓财务杠杆系数是普通股每股收益变动率相当于息税前利润变动率的倍数。其计算公式为

$$财务杠杆系数 = \frac{普通股每股收益变动率}{息税前利润变动率}$$

即

$$DFL = \frac{\Delta EPS/EPS}{\Delta EBIT/EBIT}$$

$$财务杠杆系数 = \frac{基期息税前利润}{基期息税前利润 - 利息}$$

即

$$DFL = \frac{EBIT}{EBIT - I}$$

影响企业财务杠杆系数的因素包括息税前利润、企业资金规模、企业的资本结构、固定财务费用水平等。财务杠杆系数随固定财务费用的变化呈同方向变化,即在其他因素一定的情况下,固定财务费用越高,财务杠杆系数越大,财务费用越高,企业财务风险也越大。如果财务费用为零,则财务杠杆系数为1。

[例4.10]　甲、乙公司的资本结构与普通股利润表见表4.5。

表 4.5　甲、乙公司的资本结构与普通股利润表

时间	项目	单位	甲公司	乙公司
2014 年	普通股发行在外的股数	元	2 000	1 000
	普通股股本(每股面值 100 元)	元	200 000	100 000
	债务(年利率为 8%)		0	100 000
	资金总额	元	200 000	200 000
	息税前利润	元	20 000	20 000
	债务利息	元	0	8 000
	利润总额	元	20 000	12 000
	所得税(税率为 25%)	元	5 000	3 000
	净利润	元	15 000	9 000
	每股收益	元/股	7.5	9
2015 年	息税前利润增长率		20%	20%
	增长后的息税前利润	元	24 000	24 000
	债务利息	元	0	8 000
	利润总额	元	24 000	16 000
	所得税(税率为 25%)	元	6 000	4 000
	净利润	元	18 000	12 000
	每股收益	元/股	9	12
	每股收益增加额	元/股	1.5	3
	普通股每股收益增长率		20%	33.30%

利用 2014 年的资料可以求出甲、乙两公司的财务杠杆系数。

$$DFL_{甲公司} = \frac{20\ 000}{20\ 000 - 0} = 1$$

$$DFL_{乙公司} = \frac{20\ 000}{20\ 000 - 8\ 000} \approx 1.67$$

这说明,在利润增加时,乙公司每股收益的增长幅度大于甲公司每股收益的增长幅度;当利润减少时,乙公司每股收益减少得也更快。因此,公司息税前利润较多、增长幅度较大时,适当地利用负债性资金,发挥财务杠杆的作用,可以增加每股收益,使股票价格上涨,增加企业价值。

3. 财务杠杆与财务风险的关系

财务风险是指企业为取得财务杠杆利益而利用负债资金时,增加了破产机会或普通股利润大幅度变动的机会所带来的风险。企业为取得财务杠杆利益,就要增加负债,一旦企业息税前利润下降,不足以补偿固定利息支出,企业的每股收益就会下降得很快。因此,财务杠杆系数越大,企业的财务风险也越大。

控制财务风险的方法有:控制负债比率,即通过合理安排资本结构、适度负债,使财务杠杆的有利影响抵销风险增大所带来的不利影响。

4.2.5　复合杠杆

1. 复合杠杆的概念

如前所述,由于存在固定成本,产生经营杠杆效应,使息税前利润的变动率大于产销量的变动率;同样,由于存在固定财务费用,产生财务杠杆效应,使企业每股收益的变动率大

于息税前利润的变动率。如果两种杠杆共同起作用,那么销售额稍有变动,就会使每股收益产生更大的变动。这种由于固定成本和固定财务费用共同存在而导致的每股收益变动率大于产销量变动率的杠杆效应,称为复合杠杆。

2. 复合杠杆的计量

从以上分析可知,只要企业同时存在固定成本和固定财务费用等财务支出,就会存在复合杠杆的作用,但不同企业复合杠杆作用的程度是不完全一致的,为此,需要对复合杠杆作用的程度进行计量。对复合杠杆进行计量的最常用指标是复合杠杆系数(DCL)。所谓复合杠杆系数,是指每股收益变动率相当于产销量变动率的倍数,其理论公式为

$$复合杠杆系数 = \frac{普通股每股收益变动率}{产销量变动率}$$

复合杠杆系数与经营杠杆系数、财务杠杆系数之间的关系可以用下式表示

$$复合杠杆系数 = 经营杠杆系数 \times 财务杠杆系数$$

复合杠杆系数也可以直接按以下公式计算

$$复合杠杆系数 = \frac{边际贡献}{息税前利润 - 利息 - 融资租赁租金}$$

若企业没有融资租赁,则其公式为

$$复合杠杆系数 = \frac{边际贡献}{息税前利润 - 利息}$$

3. 复合杠杆与企业风险的关系

在复合杠杆的作用下,当企业经济效益较好时,每股收益就会大幅度上升;当企业经济效益较差时,每股收益就会大幅度下降。企业复合杠杆系数越大,每股收益的波动幅度越大。由于复合杠杆作用使每股收益大幅度波动而造成的风险,称为复合风险。在其他因素不变的情况下,复合杠杆系数越大,企业风险越大;复合杠杆系数越小,企业风险越小。

4.3 资本结构

4.3.1 资本结构的含义

资本结构是指企业各种资金的构成及其比例关系。资本结构是企业筹资决策的核心问题。企业应综合考虑有关影响因素,运用适当的方法确定最佳资本结构,并在以后追加筹资中继续保持。企业现有资本结构不合理,应通过筹资活动进行调整,使其趋于合理化。

在实务中,资本结构有广义和狭义之分。狭义的资本结构是指长期资本结构,广义的资本结构是指全部资金(包括长期资金和短期资金)的结构。

企业资本结构是由企业采用的各种筹资方式筹集资金而形成的,各种筹资方式不同的组合类型决定着企业资本结构及其变化。企业筹资方式虽然很多,但总体来看可以分为负债资金和权益资金两类,因此,资本结构问题总体来说是负债资金的比例问题,即负债在企业全部资金中所占的比重。

4.3.2 影响资本结构的因素

1. 企业财务状况

企业获利能力越强、财务状况越好、变现能力越强,就越有能力负担财务上的风险。因而,随着企业变现能力、财务状况和盈利能力的增进,举债筹资就越有吸引力。当然,有些企业因为财务状况不好,无法顺利发行股票,只好以高利率发行债券来筹集资金。衡量企业财务状况的指标主要有资产负债率、流动比率、利息保障倍数、净资产收益率等。

2. 企业资产结构

企业资产结构会以多种方式影响企业的资本结构:① 拥有大量固定资产的企业主要通过长期负债和发行股票筹集资金;② 拥有较多流动资产的企业,更多地依赖流动负债来筹集资金;③ 资产适用于抵押贷款的公司举债额较高,如房地产公司的抵押贷款就相当多;④ 以技术研究开发为主的公司负债很少。

3. 企业产品销售情况

企业产品销售是否稳定对企业资本结构具有重要影响。如果企业的销售比较稳定,其获利能力也相对稳定,则企业负担固定财务费用的能力相对较强;如果销售具有较强的周期性,则负担固定的财务费用将冒较大的财务风险。另外,企业销售的增长速度也决定财务杠杆能在多大程度上扩大每股收益,如果销售增长速度较快,使用具有固定财务费用的债务筹资,就会扩大普通股的每股收益。

4. 投资人和管理人员的态度

如果一个企业股权比较分散,企业的所有者并不担心控制权旁落,因而会更多地以发行股票的方式来筹资。反之,企业若是被少数股东控制,这些有控制权的股东为了保证其控制的绝对权力,多采用优先股和负债的方式来筹资。喜欢冒险的财务管理人员,可能会比较多地利用负债;持稳健态度的财务管理人员则较少使用负债。

5. 贷款人和信用评级机构的态度

贷款人和信用评级机构的态度实际上往往成为决定财务结构的关键因素。一般而言,企业财务管理人员都会与贷款人和信用评级机构商讨其财务结构,并充分尊重他们的意见。大部分贷款人都不希望企业的负债比例太大,如果企业坚持使用过多债务,则贷款人可能拒绝贷款。同样,如果企业债务太多,信用评级机构可能会降低企业的信用等级,这样会影响企业的筹资能力,提高企业的资金成本。

6. 行业因素

不同的行业,其资本结构有很大差别。财务经理必须考虑本企业所处的行业,以便考虑最佳的资本结构。

7. 所得税税率的高低

企业利用负债可以获得减税利益,因此,所得税税率越高,负债的好处越多;反之,如果税率很低,则采用举债方式的减税利益就不十分明显。

8. 利率水平的变动趋势

利率水平的变动趋势也会影响到企业的资本结构。如果企业财务管理人员认为利息率暂时较低,但不久的将来有可能上升,便会大量发行长期债券,从而在若干年内把利率固定在较低水平。

4.3.3 资本结构理论

最早提出资本结构理论这一问题的是美国经济学家戴维·杜兰德。杜兰德认为,早期企业的资本结构是按照净收益法、净营业收益法和传统折衷法建立的。1958年,莫迪格莱尼和米勒又提出了著名的MM理论。在此基础上,后人又进一步提出了平衡理论、代理理论和等级筹资理论等。

1. 净收益理论

该理论认为,利用债务可以降低企业的综合资金成本。这是因为,负债在企业全部资金中所占的比重越大,综合资金成本越接近债务成本;又由于债务成本一般较低,所以,负债程度越高,综合资金成本越低,企业价值越大。当负债比率达到100%时,企业价值将达到最大。

2. 净营业收益理论

该理论认为,资本结构与企业的价值无关,决定企业价值高低的关键要素是企业的净营业收益。如果企业增加成本较低的债务资金,即使债务成本本身不变,但由于加大了企业风险,会导致权益资金成本的提高。这一升一降,相互抵消,企业综合资金成本仍保持不变。也就是说,不论企业的财务杠杆程度如何,其整体的资金成本不变,企业的价值也就不受资本结构的影响。这就意味着不存在一个最佳资本结构。

3. 传统折衷理论

该理论是对净收益理论和净营业收益理论的折衷。该理论认为,企业利用财务杠杆尽管会导致权益成本上升,但在一定范围内并不会完全抵消利用成本较低的债务所带来的好处,因此会使综合资金成本下降、企业价值上升。但一旦超过某一限度,权益成本的上升就再也不能被债务的低成本所抵消,综合资金成本又会上升。此后,债务成本也会上升,从而导致综合资金成本的更快上升。综合资金成本由下降变为上升的转折点,便是其最低点,此时,资本结构达到最优。

4. MM理论

该理论认为,在没有企业和个人所得税的情况下,任何企业的价值,不论其有无负债,都等于经营利润除以适用于其风险等级的收益率。由于权益成本会随着负债程度的提高而增加,这样,增加负债所带来的利益完全被上涨的权益成本所抵消。因此,风险相同的企业,其价值不受有无负债及负债程度的影响。MM理论认为,在考虑所得税的情况下,由于存在税额庇护利益,企业价值会随负债程度的提高而增加,股东也可获得更多好处。于是,负债越多,企业价值也会越大。

5. 平衡理论

20世纪70年代,人们发现制约企业无限追求免税优惠或负债最大化的关键因素在于债务上升而形成的企业风险和费用。企业债务增加使企业陷入财务危机甚至破产的可能性也增加。随着企业债务增加而提高的风险和各种费用会增加企业的额外成本,从而使其市场价值下降。因此,企业最佳资本结构应当是在负债价值最大化和债务上升带来的财务危机成本之间的平衡,被称为平衡理论。这一理论可以说是对MM理论的再修正。该理论认为,当负债程度较低时,企业价值因税额庇护利益的存在会随负债水平的上升而增加;当负债达到一定界限时,负债税额庇护利益开始为财务危机成本所抵消。当边际负债税额庇护利益等于边际财务危机成本时,企业价值最大,资本结构最优;若企业继续追加负债,企业价值会因财务危机成本大于负债税额庇护利益而下降,负债越多,企业价值下降越快。

6. 代理理论

代理理论的创始人詹森和麦克林认为,企业资本结构会影响经理人员的工作水平和其他行为选择,从而影响企业未来现金收入和企业市场价值。比如说,当经理人不作为内部股东而作为代理人时,其努力的成本由自己负担,而努力的收益却归于他人;其在职消费的好处由自己享有,而消费成本却由他人负责。这时,他可能偷懒或采取有利于自身效用的满足而损害委托人利益的行动。该理论认为,债权筹资有更强的激励作用,并将债务视为一种担保机制。这种机制能够促使经理多努力工作,少个人享受,并且做出更好的投资决策,从而降低由于两权分离而产生的代理成本。但是,负债筹资可能导致另一种代理成本,即企业接受债权人监督而产生的成本。这种债权的代理成本也得由经营者来承担,从而举债比例上升导致举债成本上升。均衡的企业所有权结构是由股权代理成本和债权代理成本之间的平衡关系来决定的。

7. 等级筹资理论

由于上述传统的资本结构理论与现实的差异,梅耶斯等学者提出了一种新的优序筹资理论。梅耶斯于1984年通过建立一个信息不对称投资项目的简单模型,提出了等级筹资理论。首先,外部筹资的成本不仅包括管理和证券承销成本、新发行证券被低估的成本,还包括不对称信息所产生的"投资不足效应"而引起的成本。在信息不对称的条件下,企业可能会选择不发行证券,即使净现值为正的投资机会,也有可能被放弃。为消除"投资不足效应"而引起的成本,企业可以选择用内部积累的资金去保障净现值为正的投资机会。所以,通过比较外部筹资和内部筹资的成本,当企业面临投资决策时,理论上首先考虑运用内部资金。其次,梅耶斯认为债务筹资优于股权筹资。他认为总的原则是先发行安全的证券,然后才是风险性证券,这样就能很好地从理论上解释清优序筹资理论的两个中心思想:① 偏好内部筹资;② 如果需要外部筹资,则偏好债务筹资。

由于企业所得税的节税利益,负债筹资可以增加企业的价值,即负债越多,企业价值增加越多,这是负债的第一种效应;但是,财务危机成本期望值的现值和代理成本的现值会导致企业价值的下降,即负债越多,减少额越大,这是负债的第二种效应。负债比率较小时,第一种效应大;负债比例较大时,第二种效应大。上述两种效应相抵消,企业应适度负债,所以公司的资本结构中应有一定数量的负债。最后,由于非对称信息的存在,企业要保留一定的负债容量以便有利可图的投资机会来临时可发行债券,避免以太高的成本发行新股。

从成熟的证券市场来看,企业的筹资优序模式首先是内部筹资,其次是借款、发行债券、可转换债券,最后是发行新股筹资,但是对于新兴证券市场来说却未必如此。20世纪80年代,新兴证券市场上企业股票筹资增长迅速,虽然信息不对称的情形比成熟市场严重得多,但是企业对股票筹资十分热衷,具有明显的股票筹资偏好,企业筹资方式的选择几乎与等级筹资模型是背道而驰。例如,在我国,资本市场不发达、市场法律环境不完善、存在严重的信息不对称问题,股东的监控较薄弱,大多数企业的筹资偏好顺序是:内部筹资(多是留存收益),发行股票,举债筹资。但如果可能(股票发行与上市条件宽松),肯定是将发行股票放在最优先的位置上。目前,全国在创业板市场排队等待发行股票并上市的数千家企业就是明证,即使是上市公司,也通过配股或增发股票等手段拼命"圈钱"。

股票筹资偏好的主要原因有以下三点:

① 在不健全的资本市场机制前提下,市场和股东对代理人(企业董事会和经理)的监督效率很低,经理们有较多的私人信息和可自由支配的现金流量。

② 代理人认为企业股权筹资的成本是以股利来衡量的,而股利的发放似乎是按代理人的计划分配的,从而使他们认为股票筹资的成本是廉价的。

③ 经理人利用股权筹资可以使公司较少地利用负债资本,从而使他们承担较小的破产风险。

另外,在我国企业的财务实务中,有相当多的代理人还没有把最优债务比理论和筹资优序理论应用到企业筹资中去,多半是以简单的直观判断和表面的资金成本来选择筹资方式,这无疑走进了股权筹资偏好的误区。实际上,在我国证券市场进行股票筹资的成本是较高的,远远高于银行目前的贷款利率,对于处于稳定成长期或成熟期的企业来讲,股票筹资并不经济。

由此可得如下启示:股票筹资的成本并不低,也不是上市公司或拟上市公司筹资的唯一途径。特别是对于已经进入稳定成长期或成熟期的企业来说,其筹资的最优策略选择应是发行债券及可转换债券,或通过银行等金融机构进行商业借贷更为合理。无理性地进行大规模的股票筹资,不仅带来资金成本的提高,而且其经营业绩压力也是不可忽视的。这也是西方国家在企业进入成熟期后举债筹资回购股票的主要原因。因此,在某些情况下,股票筹资并不是企业筹资策略的最佳选择。

4.3.4 最佳资本结构的确定

从上述分析可知,利用负债资金的双重作用,适当利用负债,可以降低企业资金成本,但当企业负债比率太高时,会带来较大的财务风险。为此,企业必须权衡财务风险和资金成本的关系,确定最优的资本结构。所谓最优资本结构是指在一定条件下使企业加权平均资金成本最低、企业价值最大的资本结构。

确定最佳资本结构的方法有每股收益无差别点法和比较资金成本法。

1. 每股收益无差别点法

负债的偿还能力是建立在未来盈利能力基础之上的。研究资本结构,不能脱离企业的盈利能力。企业的盈利能力,一般用息税前利润($EBIT$)表示。

负债筹资是通过它的杠杆作用来增加股东财富的。确定资本结构不能不考虑它对股东财富的影响。股东财富用每股收益(EPS)来表示。

每股收益无差别点法,又称息税前利润—每股收益分析法($EBIT-EPS$分析法),是通过分析资本结构与每股收益之间的关系,计算各种筹资方案的每股收益的无差别点,进而确定合理的资本结构的方法。这种方法确定的最佳资本结构亦即每股收益最大的资本结构。

每股收益的无差别点处息税前利润的计算公式为

$$\frac{(\overline{EBIT}-I_1)\cdot(1-T)}{N_1}=\frac{(\overline{EBIT}-I_2)\cdot(1-T)}{N_2}$$

式中 $\overline{EBIT}$—— 每股收益无差别点处的息税前利润;

I_1, I_2—— 两种筹资方式下的年利息;

N_1, N_2—— 两种筹资方式下的流通在外的普通股股数;

T—— 所得税税率。

每股收益无差别点也可以用销售量、销售额、边际贡献来表示。如果已知每股收益相应的销售水平,也可以计算出有关的成本水平。

用无差别点法分析筹资时,其决策方法为:方案实际值高于无差别点处息税前利润时,应选择负债筹资;方案实际值低于无差别点处息税前利润时,应选择权益筹资。这样能保证每股收益较大。

[例4.11] 宏达物业公司目前资金总额800万元,其中,普通股500万元,50万股;借款300万元,利率10%。所得税税率为25%。公司决定再筹资200万元,有两个筹资方案:一是发行普通股20万股;二是增加借款200万元,利率为12%。筹资后公司的息税前利润可以达到210万元,应选择哪个方案筹资?

$$\frac{(\overline{EBIT}-30)\cdot(1-T)}{70}=\frac{(\overline{EBIT}-54)\cdot(1-T)}{50}$$

解得

$$\overline{EBIT}=114\ 万元$$

因为实际息税前利润(210万元)大于无差别点处息税前利润(114万元),所以应当选择借款再筹资。

选择负债筹资后,普通股每股收益为

$$[(210-54)\times(1-25\%)\div50]\ 元=2.34\ 元$$

若选择普通股筹资后,普通股每股收益为

$$[(210-30)\times(1-25\%)\div70]\ 元=1.93\ 元$$

显然选择负债筹资的普通股每股收益要高。

应当说明的是,这种分析方法只考虑了资本结构对每股收益的影响,并假定每股收益最大,股票价格也就最高。但把资本结构对风险的影响置于视野之外,是不全面的。因为随着负债的增加,投资者的风险加大,股票价格和企业价值也会有下降的趋势,所以,单纯地用 $EBIT-EPS$ 分析法有时会做出错误的决策。但在资金市场不完善的时候,投资人主要根据每股收益的多少来做出投资决策,每股收益的增加也的确有利于股票价格的上升。

2. 比较资金成本法

比较资金成本法,是通过计算各方案加权平均的资金成本,并根据加权平均资金成本的高低来确定最佳资本结构的方法。这种方法确定的最佳资本结构亦即加权平均资金成本最低的资本结构。

[例4.12] 某物业公司现有资金1 000万元,其中,股票30万股,600万元。已知公司最近发放股利2元/股,今后保持5%增长率,当前市价20元/股;借款400万元,借款利率10%,所得税率25%。现准备再筹资200万元,有两个方案:一是发行股票8万股,每股发行价25元,筹资200万;二是平价发行债券筹资200万,债券票面利率12%,每年支付一次利息,期限10年,由于负债比重增大企业风险加大,在此情况下,本公司的普通股股价将下降至15元/股。假定均不考虑筹资费用,应选择哪一方案再筹资?

筹资后:企业的资金总额为1 200万元。

若选择方案一,发行股票筹资,企业的资金将由股票和借款两种形式组成。

其中,普通股的比重为

$$800\div1\ 200=66.67\%$$

借款的比重为

$$400 \div 1200 = 33.33\%$$

股票的资金成本为

$$\frac{2 \times (1 + 5\%)}{25} + 5\% = 13.4\%$$

借款的资金成本为

$$10\% \times (1 - 25\%) = 7.5\%$$

加权平均资金成本为

$$7.5\% \times 33.33\% + 13.4\% \times 66.67\% = 11.43\%$$

若选择方案二,发行债券筹资,企业资金将由股票、借款和债券3种形式组成。
其中,普通股的比重为

$$600 \div 1200 = 50\%$$

借款的比重为

$$400 \div 1200 = 33.33\%$$

债券的比重为

$$200 \div 1200 = 16.67\%$$

股票的资金成本为

$$\frac{2 \times (1 + 5\%)}{25} + 5\% = 13.4\%$$

借款的资金成本为

$$10\% \times (1 - 25\%) = 7.5\%$$

债券的资金成本为

$$12\% \times (1 - 25\%) = 9\%$$

加权平均资金成本为

$$7.5\% \times 33.33\% + 9\% \times 16.67\% + 19\% \times 50\% = 13.5\%$$

两个方案的加权平均成本分别为11.43%和13.5%,发行股票再筹资的加权资金成本低,因此,应选择发行股票再筹资。

此种方法计算时,股票同股同权,比重按股票金额合计计算,计算其成本时,要按变动后的价格计算股票的资金成本。

该种方法是一种常用的确定资本结构的方法。但因拟定的方案有限,可能把最优的方案漏掉。同时,此法仅以资金成本率最低为决策标准,没有具体测算财务风险因素,其决策目标是利润最大化,不是企业价值最大化,一般适用资本规模较小、资本结构较简单的企业。

确定资本结构的定量分析方法和定性分析方法各有优缺点,在实际工作中应结合起来加以运用,以便合理确定资本结构。

4.3.5 资本结构的调整

当企业现有资本结构与目标资本结构存在较大差异时,企业需要进行资本结构的调整。资本结构调整的方法有以下3种:

1. 存量调整

在不改变现有资产规模的基础上,根据目标资本结构要求,对现有资本结构进行必要的调整。存量调整的方法有：

① 债转股、股转债。

② 增发新股偿还债务。

③ 调整现有负债结构，如与债权人协商，将短期负债转为长期负债，或将长期负债转为短期负债。

④ 调整权益资本结构，如优先股转换为普通股，以资本公积转增股本。

2. 增量调整

通过追加筹资量，以增加总资产的方式来调整资本结构。其主要途径是从外部取得增量资本，如发行新债、举借新贷款、进行融资租赁、发行新股票等。

3. 减量调整

通过减少资产总额的方式来调整资本结构。如提前归还借款，收回发行在外的可提前收回债券，股票回购减少公司股本，进行企业分立等。

【本章小结】

本章主要阐述了资金成本的含义和资金成本在企业中的作用，个别资金成本的计量，包括企业发行债券、发行股票、向银行借款、利用企业留存收益等资金成本的计量，还有企业加权平均资金成本、边际资金成本的计量。此外，本章还阐述了企业的成本习性分析和杠杆分析（包括经营杠杆、财务杠杆、复合杠杆），介绍了什么是企业的资本结构、影响资本结构的因素及相关的理论等。重点应掌握什么是企业的最佳资本结构，以及如何确定最佳资本结构。

【课后习题】

一、单项选择题

1. 下列各种筹资方式中，资金成本最高的是（　　）。
   A. 债券　　　　B. 银行借款　　　　C. 普通股　　　　D. 留存收益
2. 某物业企业向银行申请贷款1 000万元，银行提出的贷款条件是：利率为10%，期限5年。已知企业所得税为25%，则该项借款的资金成本为（　　）。
   A. 10%　　　　B. 12.5%　　　　C. 7.5%　　　　D. 37.5%
3. 在计算企业的加权平均资金成本时采用（　　）作为权数最准确，但又很难确定。
   A. 账面价值　　B. 市场价值　　　C. 评估价值　　　D. 目标价值
4. 物业企业的职工培训费属于（　　）。
   A. 约束性固定成本　　　　　　　B. 酌量性固定成本
   C. 变动成本　　　　　　　　　　D. 混合成本
5. 由于市场需求和经营成本等因素的不确定性给企业的利润带来的风险被称为（　　）。
   A. 经营风险　　B. 财务风险　　　C. 总风险　　　　D. 投资风险
6. 用来衡量销量变动对每股收益变动的影响程度的财务指标是（　　）。
   A. 经营杠杆　　B. 财务杠杆　　　C. 复合杠杆　　　D. 经济杠杆
7. 财务杠杆衡量的是（　　）。
   A. 经营风险　　B. 财务风险　　　C. 总风险　　　　D. 市场风险

二、多项选择题

1. 在计算个别资金成本时不必考虑所得税影响的是(　　)。
   A. 发行普通股成本　　　　　　B. 发行债券成本
   C. 银行借款成本　　　　　　　D. 留存收益成本

2. 影响企业加权平均资金成本的因素有(　　)。
   A. 个别资金的成本　　　　　　B. 各项资金占全部资金的比重
   C. 筹资的总额　　　　　　　　D. 筹资的使用期限

3. 普通股资金成本的计算方法主要包括(　　)。
   A. 股利折现模型　　　　　　　B. 资本资产定价模型
   C. 股价评估法　　　　　　　　D. 无风险利率加风险溢价法

4. 关于边际资金成本的计量,下列说法正确的有(　　)。
   A. 边际资金成本是指企业每增加一个单位的资金而形成的追加部分的成本
   B. 企业无法以某一固定的资金成本来筹集无限的资金
   C. 边际资金成本的计量取决于追加资金的结构和追加的个别资金成本水平
   D. 企业继续以原资本结构的比例来筹集资金,则企业的资金成本将保持不变

5. 物业企业的全部成本按成本的习性可划分为(　　)。
   A. 固定成本　　B. 边际成本　　C. 变动成本　　D. 混合成本

6. 如果企业想降低经营风险,可以采用的方法有(　　)。
   A. 增加单价　　B. 增加销量　　C. 降低固定成本　　D. 降低变动成本

7. 影响企业财务风险的因素有(　　)。
   A. 息税前利润　　B. 销售收入　　C. 利息支出　　D. 企业的资本结构

8. 有关企业资本结构的理论包括(　　)。
   A. MM 理论　　　　　　　　　　B. 净收益理论
   C. 净营业收益理论　　　　　　　D. 平衡理论

三、计算题

1. 某房地产上市企业准备为新项目筹集资金 1 000 万元,方案如下:
   (1) 向银行申请贷款 500 万元,贷款年利率为 10%,期限 5 年。
   (2) 发行普通股 500 万元,50 万股,每股发行价 10 元。
   已知该公司采用固定股利政策,每年每股发放 1 元股利,以上方案筹资费用忽略不计,企业所得税率为 25%。
   要求:计算该公司新项目的资金成本。

2. 某房地产开发企业准备投资建设写字楼,已知该项目需资金 800 万元,预期的投资报酬率为 15%,该企业准备动用 300 万元的留存收益和以市价发行 500 万元的普通股来筹集资金,目前该企业股票市价为 20 元,发行股票的筹资费用为发行价 20%。已知该企业采取的是固定增长的股利政策(增长率 g 为 10%),当年每股发放 1 元股利。
   要求:通过计算判断该房地产开发企业的筹资方案是否可行。

3. ABC 物业服务公司负责宏盛小区的物业管理,每年向每户业主收取物业管理费 500 元,同时每年为每户业主提供管理服务支出 200 元,已知该物业公司每年的固定成本耗费为 10 万元,小区一共有住户 1 000 人。
   要求:①计算该物业公司每年的边际贡献。②计算该物业公司每年的息税前利润。

四、简答题

1. 什么是资金成本,其主要作用有哪些?
2. 什么是边际资金成本,怎样进行计量?
3. 影响企业资本结构的因素有哪些?
4. 简述经营杠杆与经营风险、财务杠杆与财务风险、复合杠杆与企业总风险之间的关系。
5. 什么是资本结构?什么是最优资本结构?

第 5 章　物业企业投资管理

【学习目标】

通过本章的学习,要求掌握项目投资等财务管理的基本知识,了解项目投资及其他投资对物业企业财务管理的意义,为物业企业合理投资、科学决策奠定基础。

【本章导读】

房地产开发企业在开发地产项目时常会有这样的惯性思维:在经济低迷、大家都不看好未来形势时,能以很低的价格拿到土地,然后自己开发项目,待经济复苏、楼市火爆时出售,大赚一笔!但在中国房地产市场上,赢家还是少数,因为没有人能够准确地预测未来的房地产价格走势,没有人能够保证拿到的一定就是"便宜货",就算有的企业能够预测地产长期走势,但是对于其在长期开发中的现金流量却难以把握,最后也只有"退出"。在项目投资领域,我们会遇到很多问题,比如某企业在市中心的一套写字楼刚竣工,准备出售,面临两种选择,一是出租,一是出售,而问题是现在正值国际金融危机,国家又出台政策打压楼市泡沫,导致该地区楼市低迷,写字楼现售价偏低,未来楼市价格走势尚不明朗。若想做出准确的判断,企业得考虑楼市未来价格走势、写字楼租金、出租写字楼的维护成本、未来市场利率的变化、税金、企业未来的现金流是否充裕等诸多因素。如果你作为该房地产开发公司的财务总监,会做出怎样的评估和判断呢?

5.1　物业企业投资种类

5.1.1　项目投资的含义与特点

物业企业投资分为对内投资和对外投资。项目投资是物业企业对企业内部的投资,它是一种以特定项目为对象,直接与新建项目或更新改造项目有关的长期投资行为。从性质上看,它是企业直接的、生产性的对内实物投资,通常包括固定资产投资、无形资产投资、开办费投资和流动资金投资等内容。房地产投资是物业投资最主要的内容,此外,还有与物业管理相关的服务性设施投资,如供水设施、供电设施、供暖设施等,此外,停车场等也是项目投资的内容。

与对外投资相比,房地产投资等项目投资主要具有以下特点:

1. 投资金额大

项目投资,特别是房地产投资等战略性的经营能力投资,一般都需要较多的资金,其投资额往往是企业及其投资人多年的资金积累,在企业总资产中占有相当大的比重。因此,该投资对企业未来的现金流量和财务状况都将产生深远的影响。

2. 影响时间长

房地产投资等项目投资的投资期及发挥作用的时间都较长,对企业未来的经营活动特别是长期经营活动将产生重大影响。

3. 变现能力差

房地产投资等项目投资一般不准备在一年或一个营业周期内变现,而且即使在短期内变现,其变现能力也较差。但目前中国大多房地产变现能力是很强的。

4. 投资风险大

因为影响房地产投资等项目投资未来收益的因素特别多,加上投资额大、影响时间长和变现能力差,必然造成其投资风险比其他投资大,对企业未来的命运产生决定性影响。无数事例证明,一旦项目投资决策失败,将会给企业带来先天性的、无法逆转的损失。

5.1.2 房地产投资等项目投资的程序

房地产投资等项目投资的程序主要包括以下环节:

1. 房地产投资等项目投资的提出

房地产项目等项目投资的提出是项目投资程序的第一步,是根据企业的长远发展战略、中长期投资计划和投资环境的变化,在把握良好投资机会的情况下提出的。它可以由企业管理当局或企业高层管理人员提出,也可以由企业的各级管理部门和相关部门领导提出。

2. 房地产投资等项目投资的评价

房地产投资等项目投资的评价主要涉及如下几项工作:

① 对提出的投资项目进行适当分类,为分析评价做好准备。

② 计算有关项目的建设周期,测算有关项目投产后的收入、费用和经济效益,预测有关项目的现金流入和现金流出。

③ 运用各种投资评价指标,把各项投资按可行程度进行排序。

④ 写出详细的评价报告。

3. 房地产投资等项目投资的决策

投资项目评价后,应按决策的分权管理由企业高层管理人员或相关部门经理做出最后决策。投资额小的战术性项目投资或维持性项目投资,一般由部门经理做出,特别重大的项目投资还需要报董事会或股东大会批准。不管由谁最后决策,其结论一般都可以分成以下3种:

① 接受这个项目,可以进行投资。

② 拒绝这个项目,不能进行投资。

③ 发还给项目提出的部门,重新论证后,再行处理。

4. 房地产投资等项目投资的执行

决定对某项目进行投资后,要积极筹集资金,实施项目投资。在投资项目的执行过程中,要对工程进度、工程质量、施工成本和工程概算进行监督、控制和审核,防止工程建设中的舞弊行为,确保工程质量,保证按时完成。

5. 房地产投资等项目投资的再评价

在投资项目的执行过程中,应注意原来做出的投资决策是否合理,是否正确。一旦出现新的情况,就要随时根据变化的情况做出新的评价。如果情况发生重大变化,原来投资决策变得不合理,那么,就要进行是否终止投资或怎样终止投资的决策,以避免更大的损失。

5.1.3 房地产投资等项目投资计算期的构成和资金构成内容

1. 项目计算期的构成

项目计算期是指投资项目从投资建设开始到最终清理结束整个过程的全部时间,即该项目的有效持续期间。完整的项目计算期包括建设期和经营期。其中建设期(记作 S)的第1年年初(记作第0年)称为建设起点,建设期的最后一年年末(第 s 年)称为投产日,项目计算期的最后一年年末(记作第 n 年)称为终结点,从投产日到终结点之间的时间间隔称为经营期(记作 p)。项目计算期、建设期和生产经营期之间存在以下关系

$$项目计算期 = 建设期 + 运营期$$

记作

$$n = s + p$$

2. 原始总投资和投资总额的内容

原始总投资又称为初始投资,是反映项目所需现实资金水平的价值指标。从项目投资的角度看,原始总投资是企业为使项目完全达到设计经营能力、开展正常经营而投入的全部现实资金,包括建设投资和流动资金投资两项内容。

建设投资是指在建设期内按一定经营规模和建设内容进行的投资,包括固定资产投资、无形资产投资和开办费投资三项内容。

固定资产投资是项目用于购置或建造固定资产发生的投资,也是任何类型项目投资中不可缺少的投资内容。计算折旧的固定资产原值与固定资产投资之间可能存在差异,原因在于固定资产原值可能包括应构成固定资产成本的建设期内资本化了的借款利息。

开办费投资是指为组织项目投资而在其筹建期内发生的,不能计入固定资产和无形资产价值的那部分投资。

流动资金投资是指项目投产前后分次或一次投放于流动资产项目的投资增加额,又称垫支流动资金或营运资金投资。

投资总额是一个反映项目投资总体规模的价值指标,它等于原始总投资与建设期资本化利息之和。其中建设期资本化利息是指在建设期发生的与购建项目所需的固定资产、无形资产等长期资产有关的借款利息。

5.1.4 项目投资资金的投入方式

从时间特征上看,投资主体将原始总投资注入具体项目的投入方式包括一次投入和分次投入两种形式。一次投入方式是指投资行为集中一次发生在项目计算期第一个年度的年初;如果投资行为涉及两个或两个以上年度,或虽然只涉及一个年度但同时在该年的年初和年末发生,则属于分次投入方式。

资金投入方式与项目计算期的构成情况有关,同时也受到投资项目的具体内容制约。建设投资既可以采用年初预付的方式,也可以采用年末结算的方式,因此该项投资必须在建设期内一次或分次投入。就单纯固定资产投资项目而言,如果建设期等于零,说明固定资产投资的投资方式是一次投入;如果固定资产投资是分次投入的,则意味着该项目的建设期一定大于一年。

流动资金投资必须采取预付的方式,因此其首次投资最迟必须在建设期末(即投产日)完成,亦可以在试产期内有关年份的年初分次追加投入。正因为如此,在实务中,即使其完整工业项目的建设期为零,其原始投资也可能采用分次投入的方式。

5.2 物业企业项目投资

5.2.1 现金流量概述

1. 现金流量的定义

现金流量也称现金流动量,简称现金流。在项目投资决策中,现金流量是指投资项目在其计算期内各项现金流入量与现金流出量的统称,它是评价投资方案是否可行时必须事先计算的一个基础性数据。现金流量是计算项目投资决策评价指标的主要根据和重要信息之一。

2. 现金流量的构成

投资决策中的现金流量,从时间特征上看包括以下3个组成部分:

(1) 初始现金流量

初始现金流量是指开始投资时发生的现金流量,一般包括固定资产投资、无形资产投资、开办费投资、流动资金投资、动迁费用投资和原有固定资产的变价收入等。

(2) 营业现金流量

营业现金流量是指投资项目投入使用后,在其寿命周期内由于经营所带来的现金流入和流出的数量。

(3) 终结现金流量

终结现金流量是指投资项目完成时所发生的现金流量,主要包括:固定资产的残值收入或变价收入、收回垫支的流动资金和停止使用的土地变价收入等。

项目投资决策所使用的现金概念,是广义的现金,它不仅包括各种货币资金,而且还包括根据项目需要投入的非货币资源的变现价值(或重置成本)。例如,一个项目需要使用原有的厂房、设备和材料等,则相关的现金流量是指它们的变现价值,而不是其账面价值。

3. 确定现金流量的假设

(1) 投资项目的类型假设

在工业企业中假设投资项目只包括单纯固定资产投资项目、完整工业投资项目和更新改造投资项目三种类型,这些项目又可分为不考虑所得税因素和考虑所得税因素的项目。物业企业只有近似完整工业项目类型的投资。

(2) 财务可行性分析假设

假设投资决策是从企业投资者的立场出发,投资决策者确定现金流量就是为了进行项目财务可行性研究,该项目已经具备国民经济可行性和技术可行性。

(3) 全投资假设

假设在确定项目的现金流量时,只考虑全部投资的运动情况,而不具体区分自有资金和借入资金等具体形式的现金流量。即使实际存在借入资金也将其作为自有资金对待。

(4) 建设期投入全部资金假设

不论项目的原始总投资是一次投入还是分次投入,除个别情况外,假设它们都是在建设期内投入的。

(5) 经营期与折旧年限一致假设

假设项目主要固定资产的折旧年限或使用年限与经营期相同。

(6) 时点指标假设

为便于利用资金时间价值形式,不论现金流量具体内容所涉及的价值指标是时点指标还是时期指标,均假设其是年初或年末的时点指标处理。其中,建设投资在建设期内有关年度的年初或年末发生,流动资金投资则在经营期期初(年初)发生;经营期内各年的收入、成本、折旧、摊销、利润、税金等项目的确认均在年末发生;项目最终报废或清理均发生在终结点(但更新改造项目除外)。

(7) 确定性假设

假设与项目现金流量有关的价格、产销量、成本水平、企业所得税税率等因素均为已知常数。

5.2.2 现金流量的内容

现金流入量是指能够使投资方案的现实货币资金增加的项目,简称为现金流入;现金流出量是指能够使投资方案的现实货币资金减少或需要动用现金的项目,简称为现金流出。不同的投资项目的现金流入量和现金流出量的构成内容有一定差异。

1. 单纯固定资产投资项目的现金流量

新建项目中的单纯固定资产投资项目,简称固定资产项目,是指只涉及固定资产投资而不涉及其他长期投资和流动资金投资的项目。它往往以新增生产经营能力,提高生产效率为特征。其现金流量比完整工业项目简单。

(1) 现金流入量的内容

① 增加的营业收入。指固定资产投入使用后每年新增的全部销售收入或业务收入。

② 回收固定资产余值。指投资项目的固定资产在终结点报废清理或中途变价转让处理时所回收的价值。

(2) 现金流出量的内容

① 固定资产投资。这是建设期发生的主要现金流出。

② 新增经营成本(固定资产项目的运营成本和维护成本)和各项税款。

2. 完整工业项目投资的现金流量

与单纯固定资产投资相比,完整工业项目投资一般是新建或经新增生产经营能力为主的投资项目,其投资内容不仅包括固定资产投资,而且还包括流动资金投资的建设项目。物业企业的房地产等投资项目大多类似此类投资。

(1) 现金流入量的内容

① 营业收入。指项目投入使用后每年的全部销售收入或业务收入。

② 补贴收入。享受国家政策优惠每年得到的政策性补助收入。

③ 回收额。回收固定资产余值和流动资金。

(2) 现金流出量的内容

① 建设投资。这是建设期发生的主要现金流出量,包括固定资产投资、无形资产投资和开办费等。

② 流动资金投资。指为保证开展正常经营,一般于投产前垫付的周转资金。

③ 经营成本。指在经营期内为满足正常生产经营而动用现实货币资金支付的成本费用,又被称为付现的营运成本(或简称付现成本),它是生产经营阶段上最主要的现金流出项目。

④ 各项税款。指项目投产后依法缴纳的、单独列示的各项税款,包括营业税、所得

税等。

⑤其他现金流出。指不包括在以上内容中的现金流出项目(如营业外支出等)。

3. 固定资产更新改造投资项目的现金流量

固定资产更新改造投资项目,简称更改项目,包括以全新的固定资产替换原有同型号的旧固定资产的更新项目和以一种新型号的固定资产替换旧型号固定资产的改造项目两类。前者可以恢复固定资产的生产效率,后者则可以改善企业经营条件。总之,它们都可能达到增产或降低成本,提高服务质量的目的。其现金流量的内容比完整工业项目简单,但比单纯固定资产项目复杂。

(1) 现金流入量的内容

① 因使用新固定资产而增加的营业收入。

② 处置旧固定资产的变现净收入。指在更新改造时因处置旧设备、厂房等而发生的变价收入与清理费用之差。

③ 新旧固定资产回收余值的差额。指按旧固定资产原定报废年份计算的,新固定资产当时余值大于旧固定资产设定余值形成的差额。

(2) 现金流出量的内容

① 购置新固定资产的投资。

② 因使用新固定资产而增加的经营成本(节约的经营成本用负值表示)。

③ 因使用新固定资产而增加的流动资金投资(节约的流动资金用负值表示)。

④ 增加的各项税款。指更新改造项目投入使用后,因收入的增加而增加的营业税、因应纳税所得额增加而增加的所得税等(按提前报废旧固定资产所发生的清理净损失计算的抵减当期所得税额的部分用负值表示)。

5.2.3 现金流量的估算

由于项目投资的投入、回收及收益的形成均以现金流量的形式表现,因此,在整个项目计算期的各个阶段上,都有可能发生现金流量。必须逐年估算每一时点上的现金流入量、现金流出量和现金净流量。下面介绍以完整工业项目为代表的长期投资项目现金流量的估算方法。

1. 现金流入量的估算

(1) 营业现金收入的估算

应按照项目在经营期内有关产品(产出物)的各年预计单价(不含增值税)和预测销售量进行估算。在按总价法核算现金折扣和销售折让的情况下,营业收入是指不包括折扣和折让的净额。

此外,作为经营现金流入量的主要项目,本应按当期现销收入额与回收以前期间应收账款的合计数确认。但为简化核算,可假定正常经营年度内每期发生的赊销额与回收的应收账款大体相等。

(2) 回收固定资产余值的估算

由于已经假设主要固定资产的折旧年限等于生产经营期,因此,对于建设项目来说,只要按主要固定资产的原值乘以其法定净残值率即可估算出在终结点的回收固定资产余值;在生产经营期内提前回收的固定资产余值可根据其预计净残值估算;对于更新改造项目,往往需要估算两次:第一次估算在建设起点发生的回收余值,即根据提前变卖的旧设备可变现净值(未扣除相关的营业税)来确认;第二次仿照建设项目的办法估算在终结点发生的回收余值(即新设备的净残值)。

(3) 回收流动资金的估算

假定在经营期不提前回收流动资金,在终结点一次回收的流动资金应等于各年垫支的流动资金投资额的合计数。

(4) 其他现金流入量的估算

2. 现金流出量的估算

(1) 建设投资的估算

其中,固定资产投资又称固定资产原始投资,主要应当根据项目规模和投资计划所确定的各项建筑工程费用、设备购置成本、安装工程费用和其他费用来估算。

对于无形资产投资和开办费投资,应根据需要和可能,逐项按有关的资产评估方法和计价标准进行估算,这里暂不介绍。

在估算构成固定资产原值的资本化利息时,可根据建设期长期借款本金、建设期和借款利息率按复利方法计算。

(2) 流动资金投资的估算

首先应根据与项目有关的经营期每年流动资产需用额和该年流动负债需用额的差额来确定本年流动资金需用额,然后用本年流动资金需用额减去截至上年末的流动资金占用额(即以前年度已经投入的流动资金累计数)确定本年的流动资金增加额。实际上这项投资行为既可以发生在建设期末,又可能发生在试产期,而不像建设投资大多集中在建设期发生。为简化分析,根据建设期投入全部资金假设,本章假定在建设期末已将全部流动资金投资筹集到位并投入新建项目。

$$\text{经营期流动资金需用额} = \text{该年流动资产需用额} - \text{该年流动负债需用额}$$

式中的流动资产只考虑存货、现实货币现金、应收账款和预付账款等内容,流动负债只考虑应付账款和预收账款。

(3) 经营成本的估算

与项目相关的某年经营成本等于当年的外购原材料、燃料和动力费,工资及福利费,修理费用及其他费用之和,或当年的总成本费用(含期间费用)扣除该年折旧额、无形资产和开办费的摊销额,以及财务费用中的利息支出等项目后的差额。其计算公式为

$$\text{某年经营成本} = \text{该年外购原材料、燃料和动力费} + \text{该年工资及福利费} + \text{该年的修理费用及该年其他费用}$$

式中的其他费用是指从制造费用、管理费用和营业费用中扣除了折旧额、摊销额、材料费、修理费、工资及福利费以后的剩余部分。

或为

$$\text{某年经营成本} = \text{该年不包括财务费用的总成本费用} - \text{该年折旧额} - \text{该年的无形资产及开办费摊销额}$$

计算经营成本之所以要在总成本费用的基础上做有关扣除,主要是出于两方面考虑:一是因为总成本费用中包含了一部分非现金流出的内容,这些项目大多与固定资产、无形资产和开办费等长期资产的价值转移有关,不需要动用现实货币资金;二是从企业主体(全部投资)的角度看,支付给债权人的利息与支付给所有者的利润的性质是相同的,既然后者

不作为现金流出量的内容,前者也不应纳入这个范围。

项目每年总成本费用可在经营期内一个标准年份的正常产销量和预计消耗水平的基础上进行测算;年折旧额、年摊销额可根据本项目的固定资产原值、无形资产和开办费投资,以及这些项目的折旧或摊销年限进行估算。

项目投产后,长期借款的利息应列入财务费用。因此,应根据具体项目的借款还本付息方式来估算这项内容。如果假设短期借款于年初发生,并于当年年末一次还本付息,与此相关的利息可按借款本金和年利率直接估算。本章假设财务费用中的利息支出为已知数。从实体现金流量看,利息是不影响现金流量的,因此本章中,利息在经营期计算时不予以考虑,但建设期发生的用于长期资产方面而发生的利息应予以资本化计入固定资产原值,或无形资产的价值中,资本化利息按复利计算。

经营成本的节约相当于本期现金流入的增加,但为统一现金流量的计量口径,在实务中仍按其性质将节约的经营成本以负值计入现金流出量项目,而并非列入现金流入量项目。

(4) 各项税款的估算

在进行新建项目投资决策时,通常只估算所得税;更新改造项目还需要估算因变卖固定资产发生的营业税。也有人主张将所得税与营业税等流转税分开单独列示。

为了简化计算,本章所得税等于息税前利润与适用的企业所得税率的乘积。

必须指出的是,如果从国家投资主体的立场出发,就不能将企业所得税作为现金流出量项目看待。只有从企业或法人投资主体的角度才将所得税列作现金流出。

如果在确定现金流入量时,已将增值税销项税额与进项税额之差列入"其他现金流入量"项目,则本项内容中就应当包括应交增值税;否则就不应包括这一项。

3. 估算现金流量时应注意的问题

在估算现金流量时,为防止多算或漏算有关内容,需要注意以下几个问题:

(1) 必须考虑现金流量的增量

不论是现金流入量还是现金流出量,只有增量现金流量才是与项目相关的现金流量。所谓增量现金流量,是指接受或拒绝某个投资方案后,企业总现金流因此发生的变动。只有那些由于采纳某个项目引起的现金支出增加额,才是该项目的现金流出;只有那些由于采纳某个项目引起的现金流入增加额,才是该项目的现金流入。

(2) 尽量利用现有会计利润数据

尽管在估算现金流量时,不能直接用会计利润来代替现金流量,但由于在预计会计报表中比较容易获得利润的资料。因此,可以在会计利润的基础上进行一些调整,使之转化为净现金流量。这也是净现金流量简化公式存在的必要性所在。

(3) 不能考虑沉没成本因素

沉没成本指已经发生的不能收回的成本,不属于相关成本。因为对于正在评估的项目,无论采纳与否,沉没成本都已经发生过了,其数额不影响投资决策。

(4) 充分关注机会成本

机会成本指在决策过程中选择某个方案而放弃其他方案所丧失的潜在收益。资金或资产往往都具有多种用途,用在一个项目上,就不能同时用在另一个项目上。因此,一个投资项目的收益往往是建立在放弃另一个项目的收益的基础之上的。由此,尽管放弃的收益不构成公司真正的现金流出,也无须作为账面成本,但是必须作为选中项目的成本来加以考虑,否则就不能正确判断一个项目的优劣。

（5）考虑项目对企业其他部门的影响

在公司采纳某个项目之后，很可能会对公司的其他部门产生有利或不利的影响，在进行投资决策时也必须将这些影响视为项目的成本或收入，否则也不能正确地评价项目对公司整体产生的影响。如某物业公司决定在 A 地区开设第二家销售点，这很可能会减少已有销售点的销售量，在评价新的销售点的净现值时，就必须预计已有销售点销量下降带来的损失，并将这部分损失计入新设销售点的成本。

5.2.4 净现金流量的确定

1. 净现金流量的含义

净现金流量又称现金净流量，是指在项目计算期内由每年现金流入量与同年现金流出量之间的差额所形成的序列指标，它是计算项目投资决策评价指标的重要依据。

净现金流量具有以下两个特征：一是无论是在经营期内还是在建设期内都存在净现金流量；二是由于项目计算期不同阶段上的现金流入和现金流出发生的可能性不同，使得各阶段上的净现金流量在数值上表现出不同的特点：建设期内的净现金流量一般小于或等于零；在经营期内的净现金流量则多为正值。

2. 现金流量表的编制

在实务中，确定项目的净现金流量通常是通过编制现金流量表来实现的。

项目投资决策中的现金流量表，是一种能够全面反映某投资项目在其项目计算期内每年的现金流入量和现金流出量的具体构成内容，以及净现金流量水平的经济报表。

现金流量表在结构上可分为表头和主体格式两部分。以完整的工业投资项目为例，全部投资的现金流量表的具体格式见表 5.1。

表 5.1　现金流量表　　　　　　　　　　　　　　　单位：万元

项目计算期（第 t 年）	建设期		经营期							合计
	0	1	2	3	…	8	9	10	11	
1.0 现金流入量										
1.1 营业收入	0	0	1 000	1 000	…	1 000	1 000	1 000	1 000	10 000
1.2 回收固定资产余值	0	0	0	0	…	0	0	0	100.0	100
1.3 现金流入量合计	0	0	1 000	1 000	…	1 000	1 000	1 000	1 100	10 100
2.0 现金流出量										
2.1 固定资产投资	1 000	0	0	0	…	0	0	0	0	1 000
2.2 经营成本	0	0	600	600	…	600	600	600	600	6 000
2.3 所得税	0	0	50	50	…	50	50	50	50	500
2.4 现金流出量合计	1 000	0	650	650	…	650	650	650	650	6 500
3.0 净现金流量	−1 000	0	350.0	350.0	…	350.0	350.0	350.0	450.0	2600

3. 净现金流量的简化计算方法

为了简化净现金流量的计算,可以根据项目计算期不同阶段上现金流入量和现金流出量的具体内容,直接计算各阶段净现金流量。

总体来说,其计算公式为

$$某年净现金流量(NCF) = 该年现金流入量 - 该年现金流出量$$

在不同的阶段,年现金净流量也是有所区别的。

在建设期间,由于在这个阶段,没有现金流入,只有建设投资,现金流均属于流出,故在此阶段各年的净现金流量等于0,减去发生在当年的建设投资,即

$$某年净现金流量(NCF_t) = -建设投资$$

在经营期间,这个阶段既有现金流入,又有现金流出。某年净现金流量的计算有两种方法。

① 从 $s+1$ 点到 $n-1$ 点,某年净现金流量为

$$NCF_t = 当年的营业收入 - 当年的经营成本 - 当年发生的各项税费$$

n 点,当年净现金流量为

$$NCF_n = 当年的营业收入 - 当年的经营成本 - 当年发生的各项税费 + 回收额$$

② 从 $s+1$ 点到 $n-1$ 点,某年净现金流量为

$$NCF_t = 当年的利润或净利润 + 当年折旧额 + 当年摊销额$$

n 点,当年净现金流量为

$$NCF_n = 当年的利润或净利润 + 当年折旧额 + 当年摊销额 + 回收额$$

尽可能用第二种方法,特别是在有所得税的情况下。它可以直接看出利润或净利润对流量的影响。

[例 5.1] 某物业公司筹建一项目,投入自有资金100万元用于固定资产建设,建设期初,一次性投入,建设期1年,投产后可以经营10年,每年可以取得营业收入120万元,支付经营成本90万元,固定资产到期无余值。求方案的各年净现金流量(NCF_t)。

方案的计算期

$$n = s + p = 1 + 10 = 11$$

固定资产原值

$$固定资产建设投资 + 资本化利息 = (100 + 0) 万元 = 100 万元$$

各年折旧 (2 ~ 11)

$$\frac{固定资产原值 - 余值}{经营期} = \frac{100 - 0}{10} 万元 = 10 万元$$

各年利润 (2 ~ 11)

$$营业收入 - 总成本 = 营业收入 - 经营成本 - 折旧 - 摊销额$$
$$= (120 - 90 - 10 - 0) 万元 = 20 万元$$
$$NCF_0 = -100 万元$$
$$NCF_1 = 0 万元$$
$$NCF_{2\sim11} = (20 + 10) 万元 = 30 万元$$

[例 5.2] 某物业公司筹建一完整工业项目,投入自有资金200万元,其中,采购无形资产100万元,固定资产投资100万元,一次性投入。建设期2年,投产后可经营8年,经营之初,需要增加流动资产50万元,同时会增加自发性流动负债30万元。投产后每年可增加

营业收入180万元,支付经营成本140万元。固定资产到期有余值20万元,无形资产在经营期内摊销。求方案的各年现金流量(NCF_t)。

方案的计算期
$$n = s + p = 2 + 8 = 10$$

固定资产原值
$$固定资产建设投资 + 资本化利息 = (100 + 0)万元 = 100万元$$

各年折旧(3~10)
$$\frac{固定资产原值 - 余值}{经营期} = \frac{100 - 20}{8}万元 = 10万元$$

垫支流动资金(2)
$$增加流动资产 - 增加流动负债 = (50 - 30)万元 = 20万元$$

摊销额(3~10)
$$无形资产摊销 = (100 \div 8)万元 = 12.5万元$$

回收额(10)
$$回收固定资产余值 + 回收流动资金 = (20 + 20)万元 = 40万元$$

年利润(3~10)
$$营业收入 - 经营成本 - 折旧 - 摊销额 = (180 - 140 - 10 - 12.5)万元 = 17.5万元$$

$$NCF_0 = -建设投资 = -200万元$$
$$NCF_1 = 0万元$$
$$NCF_2 = -流动资金 = -20万元$$
$$NCF_{3\sim9} = 利润 + 折旧 + 摊销额 = (17.5 + 10 + 12.5)万元 = 40万元$$
$$NCF_{10} = 利润 + 折旧 + 摊销额 + 回收额 = (17.5 + 10 + 12.5 + 40)万元 = 80万元$$

[**例5.3**] 某物业公司借入资金100万元用于一锅炉项目建设,建设期2年,借款利率10%。100万元在建设期各期期初分期等额投入。投产后可经营10年,固定资产到期余值21万元。每年可获息税前利润20万元,所得税率25%,计算方案各年的NCF_t。

方案的计算期
$$n = s + p = 2 + 10 = 12$$

固定资产原值
$$固定资产建设投资 + 资本化利息 = [100 \times (1 + 10\%)^2]万元 = 121万元$$

各年折旧(3~12)
$$\frac{固定资产原值 - 余值}{经营期} = \frac{121 - 21}{10}万元 = 10万元$$

回收额(12)
$$回收固定资产余值 + 回收流动资金 = (21 + 0)万元 = 21万元$$

各年净利润(3~12):
$$[20 \times (1 - 25\%)]万元 = 15万元$$
$$NCF_0 = -固定资产投资 = -50万元$$
$$NCF_1 = -固定资产投资 = -50万元$$
$$NCF_2 = 0万元$$

经营期现金净流量

$$NCF_{3\sim 11} = 净利润 + 折旧 = (15 + 10) 万元 = 25 万元$$

$$NCF_{12} = 净利润 + 折旧 + 回收额$$
$$= (15 + 10 + 21) 万元 = 46 万元$$

更新改造项目

$$建设期某年净现金流量 = -\left(\begin{array}{c}该年发生的\\新固定资产投资\end{array} - \begin{array}{c}旧固定资产\\变价净收入\end{array}\right)$$

$$建设期末的净现金流量 = \begin{array}{c}因旧固定资产提前报废发生\\净损失而抵减的所得税额\end{array}$$

如果建设期为零,则运营期所得税税后净现金流量的简化公式为

$$\begin{array}{c}经营期第\\一年净现\\金流量\end{array} = \begin{array}{c}该年因更新\\改造而增加\\的净利润\end{array} + \begin{array}{c}该年因更新\\改造而增加\\的折旧额\end{array} + \begin{array}{c}因旧固定资产提前\\报废发生净损失而\\抵减的所得税额\end{array}$$

或

$$\begin{array}{c}更新设备比继续使用\\旧设备增加的投资额\end{array} = \begin{array}{c}新设备\\的投资\end{array} - \begin{array}{c}旧设备的\\变价净收入\end{array} = (180\,000 - 80\,000)元 = 100\,000元$$

$$\begin{array}{c}经营期其\\他各年净\\现金流量\end{array} = \begin{array}{c}该年因更新\\改造而增加\\的净利润\end{array} + \begin{array}{c}该年因更新\\改造而增加\\的折旧额\end{array} + \begin{array}{c}该年回收新固定资产净\\残值超过继续使用的旧\\固定资产净残值之差额\end{array}$$

在计算运营期第一年所得税税后净现金流量的公式中,"该年因更新改造而增加的息税前利润"不应当包括"因旧固定资产提前报废发生的净损失"。之所以要单独计算"因旧固定资产提前报废发生的净损失而抵减的所得税额",是因为更新改造不仅会影响到本项目自身,还会影响到企业的总体所得税水平,从而形成了"抵税效应"。

因旧固定资产提前报废发生的净损失而抵减的所得税额的计算公式为

$$\begin{array}{c}因旧固定资产提前报废发生的\\净损失而抵减的所得税额\end{array} = \begin{array}{c}旧固定资产\\清理净损失\end{array} \times \begin{array}{c}企业适用的\\所得税税率\end{array}$$

[例 5.4] 某物业公司打算变卖一套尚可使用 5 年的旧设备,另购置一套新设备来替换它,取得新设备的投资额为 180 000 元,旧设备的折余价值为 90 151 元,其变价收入为 80 000 元,到第五年末新设备与旧设备的预计净残值相等。新旧设备的替换在当年完成(建设期为零)。使用新设备可使企业在第 1 年增加营业收入 50 000 元,增加营业成本 25 000 元;从第 2 年到第 5 年每年增加营业收入 60 000 元,增加经营成本 30 000 元。设备采用直线法计提折旧。适用所得税税率 25%。计算项目期内各年的差额净现金流量(ΔNCF_t)。

$$\begin{array}{c}更新设备比继续使用\\旧设备增加的投资额\end{array} = \begin{array}{c}新设备\\的投资\end{array} - \begin{array}{c}旧设备的\\变价净收入\end{array} = (180\,000 - 80\,000)元 = 100\,000元$$

经营期第 1 年至第 5 年每年因更新改造而增加的折旧 $= \dfrac{121-21}{10}元 = 10元$

$$\begin{array}{c}运营期第 1 年不包括财务费\\用的总成本费用的变动额\end{array} = \begin{array}{c}该年增加的\\经营成本\end{array} + \begin{array}{c}该年增加\\的折旧\end{array} = (25\,000 + 20\,000)元 = 45\,000元$$

运营期第 2 年至第 5 年每年不包括财务费用的总成本费用的变动额 = (30 000 + 20 000)元 = 50 000 元

因旧设备提前报废发生的处理固定资产净损失为

旧固定资产折余价值 - 变价净收入 = (90 151 - 80 000)元 = 10 151 元

因旧固定资产提前报废发生净损失而抵减的所得税税额 = (10 151 × 25%)元 = 2 537.75 元

经营期第 1 年息税前利润的变动额 = (50 000 - 45 000)元 = 5 000 元

经营期第 2 年至第 5 年每年息税前利润变动额 = (60 000 - 50 000)元 = 10 000 元

按简化公式确定的建设期差量净现金流量为

$$\Delta NCF_0 = [-(180\ 000 - 80\ 000)]元 = -100\ 000 元$$

按简化公式计算的营运期差量净现金流量为

$$\Delta NCF_1 = [5\ 000 \times (1 - 25\%) + 20\ 000 + 2\ 537.75]元 = 26\ 287.75 元$$

$$\Delta NCF_{2\sim5} = [10\ 000 \times (1 - 25\%) + 20\ 000]元 = 27\ 500 元$$

5.2.5 项目投资评价指标

1. 投资决策评价指标及其类型

项目投资决策评价指标是指用于衡量和比较投资项目可行性、据以进行方案决策的定量化标准与尺度,是由一系列综合反映投资效益、投入产出关系的量化指标构成的。

项目投资决策评价指标比较多,本章主要从财务评价的角度介绍投资收益率、静态投资回收期、净现值、净现值率、获利指数、内部收益率 6 项指标。

评价指标可以按以下标准进行分类:

(1) 按是否考虑资金时间价值分类

评价指标按其是否考虑资金时间价值,可分为静态评价指标和动态评价指标两大类。静态评价指标是指在计算过程中不考虑资金时间价值因素的指标,又称为非折现评价指标,包括:静态投资回收期和投资收益率。与静态评价指标相反,在动态评价指标的计算过程中必须充分考虑和利用资金时间价值,因此动态评价指标又称为折现评价指标,包括净现值、净现值率、获利指数和内部收益率。

(2) 按指标性质不同分类

评价指标按其性质不同,可分为在一定范围内越大越好的正指标和越小越好的反指标两大类。投资收益率、净现值、净现值率、获利指数和内部收益率属于正指标,静态投资回收期属于反指标。

(3) 按指标数量特征分类

评价指标按其数量特征的不同,可分为绝对量指标和相对量指标。前者包括以时间为计量单位的静态投资回收期指标和以价值量为计量单位的净现值指标,后者除获利指数用指数形式表现外,大多为百分比指标。

(4) 按指标重要性分类

评价指标按其在决策中所处的地位,可分为主要指标、次要指标和辅助指标。净现值、内部收益率等为主要指标,静态投资回收期为次要指标,投资收益率为辅助指标。

2. 静态评价指标的含义、计算方法及特点
(1) 静态投资回收期

静态投资回收期又称为全部投资回收期,简称回收期,是指以投资项目经营净现金流量抵偿原始总投资所需要的全部时间。该指标以年为单位,包括以下两种形式:包括建设期的投资回收期(记作 PP)和不包括建设期的投资回收期(记作 PP')。

两者之间的关系式为

$$PP = PP' + S$$

式中　　S—— 建设期。

确定静态投资回收期指标有两种方法:一种是公式法,一种是列表法。

① 公式法。

如果一项长期投资决策方案满足以下特殊条件,即:投资均集中发生在建设期内,投产后,前若干年(设为 m 年)每年经营净现金流量相等,且其合计大于或等于原始总投资,则可按以下简化公式直接求出不包括建设期的投资回收期 PP'。

$$\text{不包括建设期的回收期}(PP') = \frac{\text{原始总投资}}{\text{投产后前若干年每年相等的净现金流量}}$$

[例 5.5]　某物业服务公司投资 100 万元,建设一供热锅炉房。建设期 1 年,投产后可以使用 10 年,经营期每年可以获取经营收入 52 万元,支付经营成本 27 万元,固定资产到期假定有余值 10 万。其回收期是多少?

依题意可知:原始总投资 $I = 100$ 万元,$NCF_{2 \sim 10} = 25$ 万元,$NCF_{11} = 35$ 万元,经营期相等的净现金流量的年数 $m = 9$,经营期前 M 年每年相等的现金净流量 $\times m = 25 \times 9 = 225$ 万元 $>$ 原始总投资 100 万元,可以使用简化公式计算:

$$\text{不包括建设期的投资回收期 } PP' = \frac{100}{25} \text{ 年} = 4 \text{ 年}$$

$$\text{包括建设期的投资回收期 } PP = PP' + S = (4 + 1) \text{ 年} = 5 \text{ 年}$$

公式法的应用条件是项目投产后开头的若干年内每年的净现金流量必须相等,且这些相等的经营净现金流量之和大于或等于原始总投资。

② 列表法。

所谓列表法是指通过列表计算"累计净现金流量"的方式,来确定包括建设期的投资回收期,进而再推算出不包括建设期的投资回收期的方法。因为不论在什么情况下,都可以通过这种方法来确定静态投资回收期,因此又称为一般方法。

该法的原理是:按照回收期的定义,包括建设期的投资回收期 PP 满足以下关系式

$$\sum_{t=0}^{pp} NCF_t = 0$$

这表明在财务现金流量表的"累计净现金流量"一栏中,包括建设期的投资回收期 PP 恰好是累计净现金流量为零的年限。在计算时,无非有两种可能。

第一,在"累计净现金流量"栏上可以直接找到零,那么零所在列的 t 值即为所求的包括建设期的投资回收期 PP。

第二,由于无法在"累计净现金流量"栏上找到零,必须按下式计算包括建设期的投资回收期 PP。

$$包括建设期的回收期(PP) = \frac{最后一项为负值的累计净现金流量对应的年数} + \frac{最后一项为负值的累计净现金流量绝对值}{下年净现金流量}$$

$$PP' = PP - S$$

[例5.6] 某物业公司财务现金流量表见表5.2。

表5.2 财务现金流量表 单位：万元

项目计算期	建设期		经营期				…			合计
（第 t 年）	0	1	2	3	4	5	…	10	11	
净现金流量	-1 000	0	360	360	200	320	…	250	350	2 370
累计净现金流量	-1 000	-1 000	-640	-280	-80	240	…	2 020	2 370	2 370

包括建设期的投资回收期 $PP = \left(4 + \frac{|-80|}{320}\right)$ 年 = 4.25 年

不包括建设期的投资回收期 $PP' = PP - S = (4.25 - 1)$ 年 = 3.25 年

静态投资回收期是一个静态的绝对量反指标，在实践中应用较为广泛。在评价方案可行性时，包括建设期的回收期比不包括建设期的回收期用途更为广泛。

它的优点是：①能够直观地反映原始投资的返本期限；②便于理解，计算简单；③可以直接利用回收期之前的净现金流量信息。

其缺点是：①没有考虑资金时间价值因素；②不能正确反映投资方式的不同对项目的影响；③不考虑回收期满后继续发生的净现金流量的变化情况。

在不考虑其他评价指标的前提下，只有当该指标小于或等于基准投资回收期的投资项目才具有财务可行性。

(2) 投资收益率

① 投资收益率指标的定义。

投资收益率又称投资报酬率（记作ROI），是指达产期正常年度息税前利润或年均息税前利润占投资总额的百分比。

② 投资收益率指标的计算方法。

$$投资收益率(ROI) = \frac{年息税前利润或年均息税前利润}{投资总额} \times 100\%$$

[例5.7] 某物业公司借入资金200万元，借款利率10%，用于某项目投资，建设期一年。其中，150万元购固定资产，40万元购无形资产，10万元支付开办费。另垫付流动资金40万元。投产后可使用10年，每年可获取息税前利润48万元。求方案的投资收益率。

依题意

$$息税前年利润 = 48 万元$$

$$投资总额 = (150 + 40 + 10 + 40) 万元 = 240 万元$$

$$投资收益率(ROI) = \frac{48}{240} \times 100\% = 20\%$$

投资收益率是一个静态的相对值正指标。它的优点是计算过程比较简单。

其缺点是：①没有考虑资金时间价值因素；②不能正确反映建设期的长短、投资方式的不同和回收额的有无等条件对项目的影响；③无法直接利用净现金流量信息；④计算公式的分子、分母的时间特征不同，不具有可比性。

只有投资收益率指标大于或等于无风险投资收益率的投资项目才具有财务可行性。

3. 动态评价指标的含义、计算方法及特点

(1) 净现值

净现值(记作 NPV) 是指在项目计算期内,按行业基准收益率或其他设定折现率计算的各年净现金流量现值的代数和。

其理论计算公式为

$$净现值(NPV) = \sum_{t=0}^{n} (第 t 年的净现金流量 \times 第 t 年的复利现值系数)$$

$$= \sum_{t=0}^{n} \frac{NCF_t}{(1+i_c)^t} = \sum_{t=0}^{n} [NCF_t \cdot (P/F, i_c, t)]$$

式中 i_c——行业的基准折现率。

计算净现值指标可以通过一般方法、特殊方法和插入函数法三种方法来完成。

① 净现值指标计算的一般方法。

本法是指无论在什么情况下都可以采取的方法,又称为最基本的计算方法,具体又包括公式法和列表法两种形式。

公式法是指根据净现值的定义,直接按理论计算公式来完成该指标计算的方法。

列表法是指通过在现金流量表计算净现值指标的方法,即在现金流量表上,根据已知的各年净现金流量,分别乘以各年的复利现值系数,从而计算出各年折现的净现金流量,最后求出项目计算期内折现的净现金流量的代数和,就是所求的净现值指标,见表5.3。

表 5.3　财务现金流量表　　　　　　　　　　　　　　　　　　单位:万元

项目计算期 (第 t 年)	建设期		经营期							合计
	0	1	2	3	4	5	…	10	11	
⋮	⋮	⋮	⋮	⋮	⋮	⋮	⋮	⋮	⋮	
净现金流量	-1 050	-200	270	320	370	420	…	550	900	3 290
10% 的复利 现值系数	1	0.909 1	0.826 4	0.751 3	0.683 0	0.620 9	…	0.385 5	0.350 5	—
折现的净 现金流量	-1 050.00	-181.82	223.13	240.42	252.71	260.78	…	212.03	315.45	1 103.14

② 净现值指标计算的特殊方法。

本法是指在特殊条件下,当项目投产后净现金流量表现为普通年金或递延年金时,可以利用计算年金现值或递延年金现值的技巧直接计算出项目净现值的方法,又称为简化方法。

由于项目各年的净现金流量 $NCF_t(t=0,1,2,\cdots,n)$ 属于系列款项,所以当项目的全部投资均于建设期投入,经营期不再追加投资,投产后的经营净现金流量表现为普通年金或递延年金的形式时,就可视以下不同情况分别按不同的简化公式计算净现值指标。

特殊方法一:当全部投资在建设起点一次投入,建设期为零,投产后 1~n 年每年净现金流量相等时,投产后的净现金流量表现为普通年金形式。

[例 5.8] 某项目投资,用自有资金100万全部用于固定资产建设,建设期0年,投产后可经营10年,固定资产到期无余值,经营期每年可获取息税前利润15万,不考虑企业所得税,企业的资金成本为10%,计算该方案的净现值 NPV。

依题意可知:$NCF_0 = -100$ 万元,$NCF_{1\sim10} = (15 + 100 \div 10)$ 万元 $= 25$ 万元,投产后的现金净流量为普通年金形式。可以用简化方法求 NPV:

$$NPV = NCF_0 + NCF_{1\sim n} \cdot (P/A, i_c, n)$$

$$NPV = -100 + 25 \times (P/A, 10\%, 10)$$

$$NPV = (-100 + 25 \times 6.1446) \text{ 万元} = 53.615 \text{ 万元}$$

特殊方法二:当全部投资在建设起点一次投入或分次投入,建设期 $s > 1$,投产后 $s + 1 \sim n$ 年每年净现金流量相等时,投产后的净现金流量表现为递延年金形式。

[例5.9] 某企业自有资金200万,全部用于固定资产建设,建设期2年,资金在建设期初一次投入。投产后可经营10年,固定资产到期无余值,每年可获取营业收入210万元,支付经营成本160万元,不考虑企业所得税。市场利率为10%,求方案的 NPV。

依题意可知:$NPV_0 = -200$ 万元,$NPV_{1\sim2} = 0$,$NPV_{3\sim12} = (210 - 160)$ 万元 $= 50$ 万元

$$NPV = NCF_0 + NCF_{(S+1)\sim n} \cdot [(P/A, i_c, n) - (P/A, i_c, s)]$$

$$NPV = -200 + 50 \times [(P/A, 10\%, 12) - (P/A, 10\%, 2)]$$

$$NPV = [-200 + 50 \times (6.8137 - 1.7355)] \text{ 万元} = 53.91 \text{ 万元}$$

特殊方法三:当全部投资在建设起点一次投入,建设期 $s > 1$,投产后 $s + 1 — n - 1$ 年每年净现金流量相等时,投产后的净现金流量表现为递延年金形式,但在 n 点上,由于回收额的存在,n 点的净现金流量与经营期其他点的净现金流量不同,对于 n 点上的净现金流量则采用复利现值的求法来进行。

[例5.10] 某物业公司借入资金100万元,利率10%,全部用于固定资产建设,建设期1年,投产前垫支流动资金20万元,可经营10年,每年可获取营业收入200万元,支付经营成本150万,到期固定资产余值10万元,所得税税率25%。当前的市场利率为8%,求该项方案的净现值 NPV。

依题意:固定资产原值是 $[100 \times (1 + 10\%)]$ 万元 $= 110$ 万元,年折旧 $\frac{110 - 10}{10}$ 万元 $= 10$ 万元,经营期年息税前利润为 $(200 - 150 - 10)$ 万元 $= 40$ 万元,净利润为息税前利润 $\times (1 - $ 所得税税率$) = [40 \times (1 - 25\%)]$ 万元 $= 30$ 万元。$NCF_0 = -100$ 万元,$NCF_1 = -20$ 万元,$NCF_{2\sim10} = (30 + 10)$ 万元 $= 40$ 万元,$NCF_{11} = (40 + 10 + 20)$ 万元 $= 70$ 万元。

$$NPV = NCF_0 + NCF_s(P/F, i_c, s) + NCF_{s+1\sim n-1} \cdot [(P/A, i_c, n-1) - (P/A, i_c, s)] + NCF_n \cdot (P/F, i_c, n)$$

$$= -100 - 20 \times (P/F, 8\%, 1) + 40 \times [(P/A, 8\%, 10) - (P/A, 8\%, 1)] + 70 \cdot (P/F, 8\%, 11)$$

$$= [-100 - 20 \times 0.9259 + 40 \times (6.7101 - 0.9259) + 70 \times 0.4289] \text{ 万元}$$

$$= 142.87 \text{ 万元}$$

③ 净现值指标计算的插入函数法。

本法是指在 Windows 系统的 Excel 环境下,通过插入财务函数 NPV,并根据计算机系统的提示正确地输入已知的基准折现率和电子表格中的净现金流量,来直接求得净现值指标的方法。

Excel 系统的设计者将项目建设期内发生的第一次投资定在第一年年末,即该系统只承认 $1 \sim n$ 期的 NCF_t,而不承认 $0 \sim n$ 期的 NCF_t。在 NCF_0 不等于零的情况下,该系统自动将 NCF_0 视为 NCF_1,按照 $NCF_{1\sim n+1}$ 来处理。在这种情况下,按插入函数法求得的净现值并不

是所求的第0年价值,而是第0年的前一年(即第 -1 年)的价值,两者之间相差一年,必须进行调整。

因此,在建设起点发生投资的情况下,必须在按插入函数法求得的净现值的基础上进行调整,才能计算出正确的净现值指标。

$$\text{调整后的净现值} = \text{按插入法求得的净现值} \times (1 + i_c)$$

如果建设起点不发生任何投资,则按本法计算的净现值就是所求的项目净现值,不需要应用上式调整。

在上述介绍的各种计算方法中,按公式法展开计算其过程太麻烦,列表法相对要简单一些;特殊方法虽然比一般方法简单,但要求的前提条件比较苛刻,需要记忆的公式也比较多;在计算机环境下插入函数最省事,但有时需要进行调整。

净现值是一个折现的绝对值正指标,是投资决策评价指标中最重要的指标之一,其计算形式又与净现值率、内部收益率的计算有关,因此,必须熟练掌握它的计算技巧。

它的优点是:充分考虑了资金时间价值;能够利用项目计算期内的全部净现金流量信息。其缺点在于:无法直接反映投资项目的实际收益率水平。

只有该指标大于或等于零的投资项目才具有财务可行性。

(2) 净现值率

① 净现值率指标的定义。

净现值率(记作 NPVR)是反映项目的净现值占原始投资现值的比率,亦可将其理解为单位原始投资的现值所创造的净现值。

② 净现值率指标的计算方法。

净现值率的计算公式为

$$\text{净现值率}(NPVR) = \frac{\text{项目的净现值}}{\text{原始投资的现值合计}}$$

[**例5.11**] 某物业企业用自有资金100万元建设一项目,建设期2年,固定资产投资于建设期各年初分别投入50万元,投产后可经营8年,每年可获取息税前利润10万元,到期固定资产无余值,不考虑企业所得税。投资人要求的最低报酬率为10%,求方案的净现值率 NPVR。

依题意:$NCF_{0\sim 1} = -50$ 万元,$NCF_2 = 0$,$NCF_{3\sim 10} = (10 + 100 \div 8)$ 万元 $= 22.5$ 万元

$NPV = -50 - 50 \times (P/F, 10\%, 1) + 22.5 \times (P/A, 10\%, 8) \times (P/F, 10\%, 2)$
$= 3.74$ 万元

原始投资的现值 $= 50 + 50 \times (P/F, 10\%, 1) = 95.455$ 万元

$$NPVR = \frac{3.74}{95.455} \times 100\% = 3.92\%$$

净现值率是一个折现的相对量评价指标。它的优点在于:① 可以从动态的角度反映项目投资的资金投入与净产出之间的关系;② 比其他折现相对数指标更容易计算。其缺点与净现值指标相似,同样无法直接反映投资项目的实际收益率,而且必须以已知净现值为前提。

只有当该指标大于或等于零的投资项目才具有财务可行性。

(3) 获利指数

① 获利指数指标的定义。

获利指数（记作 PI）又被称为现值指数，是指投产后按行业基准折现率或设定折现率折算的各年净现金流量的现值合计与原始投资的现值合计之比。

对该指标还有以下两种解释：① 获利指数是指投产后各年报酬的现值合计与原始投资的现值合计之比；② 获利指数是指项目计算期内现金流入量现值和与现金流出量现值和之间的比率。

② 获利指数指标的计算方法。

$$获利指数(PI) = \frac{投产后各年净现金流量的现值合计}{原始投资的现值合计}$$

$$= \frac{\sum_{t=s+1}^{n}[NCF_t \cdot (P/F, i_c, t)]}{\left|\sum_{t=0}^{s}[NCF_t \cdot (P/F, i_c, t)]\right|}$$

或：

$$获利指数(PI) = 1 + 净现值率 = 1 + NPVR$$

[例 5.12] 某企业用自有资金100万元建设一项目，建设期2年，固定资产投资于建设期各年初分别投入50万元，投产后可经营8年，每年可获取息税前利润15万元，到期固定资产无余值，不考虑企业所得税。投资人要求的最低报酬率为10%，求方案的获利指数 PI。

依题意：$NCF_{0\sim1} = -50$ 万元，$NCF_2 = 0$，$NCF_{3\sim10} = 22.5$ 万元

$NPV = -50 - 50 \times (P/F, 10\%, 1) + 22.5 \times (P/A, 10\%, 8) \times (P/F, 10\%, 2)$
$\quad\quad = 3.74$ 万元

原始投资的现值 $= 50 + 50 \times (P/F, 10\%, 1) = 95.455$ 万元

投产后的现金净流量 $= 22.5 \times (P/A, 10\%, 8) \times (P/F, 10\%, 2) = 99.197$ 万元

$$NPVR = \frac{3.74}{95.455} \times 100\% = 3.92\%$$

$$PI = \frac{99.197}{95.455} = 1.039$$

或

$$PI = 1 + NPVR = 1 + 3.92\% = 1.039$$

获利指数也是一个折现的相对量评价指标，可从动态的角度反映项目投资的资金投入与总产出之间的关系，其缺点除了无法直接反映投资项目的实际收益率外，计算起来比净现值率指标复杂，计算口径也不一致。

只有该指标大于或等于1的投资项目才具有财务可行性。

在实务中通常并不要求直接计算获利指数，如果需要考核这个指标，可在求得净现值率的基础上推算出来。

(4) 内部收益率

内部收益率（IRR）是指方案本身可以实现的收益率，也可以说是当方案的净现值为零时对应的折现率。IRR 满足下列等式

$$\sum_{t=0}^{n}[NCF_t \cdot (P/F, IRR, t)] = 0$$

计算内部收益率指标可以通过特殊方法、一般方法和插入函数法来完成。

① 特殊方法。

在项目投产后的净现金流量表现为普通年金时,可以直接利用年金现值系数计算内部收益率的方法。

该法所要求的充分必要条件是:项目的全部投资均于建设起点一次投入,建设期为零,建设起点第 0 期净现金流量等于原始投资的负值,即:$NCF_0 = -I$;投产后每年净现金流量相等,第 1 至第 n 期每期净现金流量为普通年金的形式。

在此法下,内部收益率 IRR 可按下式确定

$$(P/A, IRR, n) = \frac{I}{NCF}$$

式中,I 为在建设起点一次投入的原始投资;$(P/A, IRR, n)$ 是 n 期的,设定折现率为 IRR 的年金现值系数;NCF 是投产后 1 ~ n 年的每年相等的现金净流量。

特殊方法的具体程序如下:

首先,按上式计算 $(P/A, IRR, n)$ 的值,假定该值为 C,则 C 值必然等于该方案不包括建设期的回收期。

然后,根据计算出来的年金现值系数 C,查 n 年的年金现值系数表。

再次,若在 n 年系数表上恰好能找到等于上述数值 C 的年金现值系数 $(P/A, r_m, n)$,则该系数所对应的折现率 r_m 即为所求的内部收益率 IRR。

最后,若在系数表上找不到事先计算出来的系数值 C,则需要找到系数表上同期略大及略小于该数值的两个临界值 C_m 和 C_{m+1} 及相对应的两个折现率 r_m 和 r_{m+1},然后应用内插法计算近似的内部收益率。

如果以下关系式成立

$$(P/A, r_m, n) = C_m > C 且 (P/A, r_{m+1}, n) = C_{m+1} < C$$

那么

$$IRR = r_m + \frac{C_m - C}{C_m - C_{m+1}} \cdot (r_{m+1} - r_m)$$

为缩小误差,按照有关规定,两个折现率 r_{m+1} 和 r_m 之间的差不得大于 5%。

[例 5.13] 某项投资在建设起点一次性投入 100 万元,当年投产,投产后每年可获净现金流量 20 万元,经营期为 10 年。计算方案的内部收益率。

依题意:$NCF_0 = -100$ 万元,$NCF_{1~10} = 20$ 万元

因为,$NCF_0 = -100$,且投产后的净现金流量为普通年金形式,所以,可以使用特殊方法计算内部收益率。

$$(P/A, IRR, 10) = \frac{100}{20} = 5$$

查 10 年期年金现值系数表:

$$(P/A, 15\%, 10) = 5.0188 > 5$$

且

$$(P/A, 16\%, 10) = 4.8332 < 5$$

所以

$$IRR = 15\% + \frac{5.0188 - 5}{5.0188 - 4.8332} \times (16\% - 15\%) = 15.10\%$$

② 内部收益率指标计算的一般方法。

该法是指通过计算项目不同设定折现率的净现值,然后根据内部收益率的定义所揭示的净现值与设定折现率的关系,采用一定的技巧,最终找到能使方案的净现值为零的折现率,也称为逐步测试法。这种方法适合各种形式的净现金流量分布。

应用具体的步骤如下:

首先,计算一下方案的投资收益率(包括固定资产和无形资产的投资)以其近似值 r_1 为折现率求方案的净现值。

然后,若净现值 $NPV=0$,则内部收益率就是设定的折现率 r_1,计算结束;若计算的净现值 $NPV_1 > 0$,说明 $IRR > r_1$,应重新设定 $r_2 > r_1$,再次将 r_2 代入有关计算净现值公式,求出 NPV_2,继续进行下去,直至求出 $NPV < 0$;若计算的净现值 $NPV_1 < 0$,说明 $IRR < r_1$,应重新设定 $r_2 < r_1$,再次将 r_2 代入有关计算净现值公式,求出 NPV_2,继续进行下去,直至求出 $NPV > 0$。

最后,选择净现值大于和小于 0 的两个对应的折现率为参数,用内插法,求出净现值 $NPV=0$ 对应的折现率,即内部收益率 IRR。

[例 5.14] 某投资项目,固定资产投资 100 万元,建设期初一次性投入,建设期 1 年,投产后可经营 8 年,每年可获营业收入 80 万元,支付经营成本 50 万元,固定资产到期无余值,不考虑企业所得税。求方案的内部收益率 IRR。

依题意可知:计算期为 9 年,折旧为 12.5 万元,经营年息税前利润 17.5 万元,计算期内不考虑时间价值的息税前利润和为 $17.5 \times 8 = 140$ 万元,计算期内平均息税前利润 15.56 万元,平均投资收益率为 $15.56 \div 100 = 15.56\%$,近似值为 16%。

$$NCF_0 = -100 \text{ 万元}, NCF_1 = 0, NCF_{2\sim9} = (80-50) \text{ 万元} = 30 \text{ 万元}$$

设折现率为 16%,求

$$\begin{aligned} NPV_1 &= -100 + 30 \times (P/A, 16\%, 8) \times (P/F, 16\%, 1) \\ &= -100 + 30 \times 4.3436 \times 0.8621 \\ &= 12.339 > 0 \end{aligned}$$

说明 $IRR > 16\%$,再选 18% 为折现率,再次计算方案的净现值 NPV_2

$$\begin{aligned} NPV_2 &= -100 + 30 \times (P/A, 18\%, 8) \times (P/F, 18\%, 1) \\ &= -100 + 30 \times 4.0776 \times 0.8475 \\ &= 3.673 > 0 \end{aligned}$$

说明 $IRR > 18\%$,再选 20% 为折现率,再次计算方案的净现值 NPV_3

$$\begin{aligned} NPV_3 &= -100 + 30 \times (P/A, 20\%, 8) \times (P/F, 20\%, 1) \\ &= -100 + 30 \times 3.8372 \times 0.8333 \\ &= -4.074 < 0 \end{aligned}$$

说明 $IRR < 20\%$。IRR 就在 18% 和 20% 之间。

$$\begin{aligned} IRR &= 18\% + \frac{3.673 - 0}{3.673 - (-4.074)} \times (20\% - 18\%) \\ &= 18.95\% \end{aligned}$$

上面介绍的计算内部收益率的两种方法中,都涉及内插法的应用技巧,尽管具体应用条件不同,公式也存在差别,但该法的基本原理是一致的,即假定自变量在较小变动区间内,它与因变量之间的关系可以用线性模型来表示,因而可以采取近似计算的方法进行处理。

③ 内部收益率指标计算的插入函数法。

本法是指在 Windows 系统的 Excel 环境下,通过插入财务函数 IRR,并根据计算机系统的提示正确地输入已知的电子表格中的净现金流量,来直接求得内部收益率指标的方法。

如前所述,由于 Excel 系统的设计者将项目建设期内发生的第一次投资定义为第一年年末,即该系统只承认 $1\sim n$ 期的 NCF,而不承认 $0\sim n$ 期的 NCF。在 NCF_0 不等于零的情况下,该系统自动将 NCF_0 按照 NCF_1 来处理,就相当于该项目无论投资还是生产经营期都比原来晚了一年。在这种情况下,按插入函数法求得的内部收益率一定会小于项目的真实内部收益率,但在项目计算期不短于两年的情况下,误差通常会小于1个百分点。

与按插入函数法计算净现值不同,由于内部收益率指标本身计算上的特殊性,即使在建设起点发生投资的情况下,也无法将按插入函数法求得的内部收益率调整为项目的真实内部收益率。但这并不会妨碍应用内部收益率进行投资决策。因为内部收益率是一个正指标,如果根据计算所得的数值较低的真实内部收益率可以得出该投资项目具有财务可行性的判断的话,那么根据计算所得的数值较高的真实内部收益率也一定能得出同样的结论。

如果建设起点不发生任何投资,则按本法计算的内部收益率就是所求的项目真实内部收益率。

内部收益率是一个折现的相对量正指标。它的优点是:① 能从动态的角度直接反映投资项目的实际收益率水平;② 计算过程不受行业基准收益率高低的影响,比较客观。

其缺点是:① 在手工计算的环境下,应用特殊方法所要求条件往往很难达到;② 按一般方法逐次测试,导致该指标的计算过程十分麻烦;③ 采用插入函数法,虽然方法本身比较简单,但在建设起点发生投资时,其计算结果一定是不正确的,而且还无法调整修订;④ 当经营期内大量追加投资,导致项目计算期内的现金净流量出现正负交替的变动趋势时,即使按插入函数法也有可能计算出多个结果,有些 IRR 的数值偏高或偏低,缺乏实际意义。

只有该指标大于或等于行业基准折现率的投资项目才具有财务可行性。

(5) 动态指标之间的关系

净现值 NPV、净现值率 NPVR、获利指数 PI 和内部收益率 IRR 指标之间存在以下数量关系,即:

当 $NPV > 0$ 时,$NPVR > 0, PI > 1, IRR > I_c$;
当 $NPV = 0$ 时,$NPVR = 0, PI = 1, IRR = I_c$;
当 $NPV < 0$ 时,$NPVR < 0, PI < 1, IRR < I_c$。

此外,净现值率 NPVR 的计算需要在已知净现值 NPV 的基础上进行,内部收益率 IRR 在计算时也需要利用净现值 NPV 的计算技巧或形式。这些指标都会受到建设期的长短、投资方式,以及各年净现金流量的数量特征的影响。所不同的是 NPV 为绝对量指标,其余为相对数指标。计算净现值 NPV、净现值率 NPVR 和获利指数 PI 所依据的折现率都是事先已知的 I_c,而内部收益率 IRR 的计算本身与 I_c 的高低无关。

5.2.6 项目投资综合评价

评价项目投资方案是否具有财务可行性有以下四种情况:

当 $NPV \geq 0, NPVR \geq 0, PI \geq 1, IRR \geq I_c, PP \leq \frac{n}{2}, PP' \leq \frac{p}{2}, ROI \geq$ 基准收益率时,方

案完全具备财务可行性。

当 $NPV \geq 0, NPVR \geq 0, PI \geq 1, IRR \geq I_c, PP > \frac{n}{2}, PP' > \frac{p}{2}, ROI <$ 基准收益率时,方案基本具备财务可行性。

当 $NPV < 0, NPVR < 0, PI < 1, IRR < I_c, PP \leq \frac{n}{2}, PP' \leq \frac{p}{2}, ROI \geq$ 基准收益率时,方案基本不具备财务可行性。

当 $NPV < 0$ 时,$NPVR < 0, PI < 1, IRR < I_c, PP > \frac{n}{2}, PP' > \frac{p}{2}, ROI <$ 基准收益率时,方案完全不具备财务可行性。

在对独立方案进行评价时,除了要熟练掌握和运用上述条件外,还要注意以下事项:主要评价指标在评价财务决策中起主导作用,当次要指标的静态回收期和辅助指标的投资收益率的评价结论与净现值等到主要指标发生矛盾时,应当以主要指标的结论为准。利用动态指标对同一方案进行评价,会得出相同的结论,即净现值、净现值率、获利指数和内部收益率指标的评价结论是一致的。

[例5.15] 某固定资产项目投资只有一个方案,原始投资100万元,项目的建设期1年,经营期10年,基准收益率为9%,行业的基准折现率为10%。若经营期间每年可获经营收入120万元,支付经营成本95万元,固定资产到期无余值,不考虑企业所得税。评价该项方案的财务可行性。

依题意:原始投资 $I = 100$ 万元

计算期:$n = s + p = 1 + 10 = 11$

$$\text{固定资产原值} = 100 \text{ 万元}$$

$$\text{年折旧} = \frac{100}{10} \text{ 万元} = 10 \text{ 万元}$$

$$NCF_0 = -100(\text{万元}), NCF_1 = 0, NCF_{2\sim11} = (120 - 95) \text{ 万元} = 25 \text{ 万元}$$

不包括建设期的静态回收期 $PP' = \frac{100}{25}$ 年 $= 4$ 年

包括建设期的静态回收期 $PP = (4 + 1)$ 年 $= 5$ 年

投资收益率 $ROI = \frac{15}{100} \times 100\% = 15\%$

净现值 $NPV = -100 + 25 \times (P/A, 10\%, 10) \times (P/F, 10\%, 1)$
$= (-100 + 25 \times 6.144\,6 \times 0.909\,1) \text{ 万元}$
$= 39.65 \text{ 万元}$

净现值率 $NPVR = \frac{39.65}{100} = 0.396\,5$

获利指数 $PI = 1 + 0.396\,5 = 1.396\,5$

内部收益率 IRR:

$$\text{设折现率 } r_m = 16\%$$

$NPV = -100 + 25 \times (P/A, 16\%, 10) \times (P/F, 16\%, 1)$
$= -100 + 25 \times 4.833\,2 \times 0.862\,1$
$= 4.167\,5 > 0$

说明 $IRR > 16\%$,再设 $r_{m+1} = 18\%$

$$NPV = -100 + 25 \times (P/A, 18\%, 10) \times (P/F, 18\%, 1)$$
$$= -100 + 25 \times 4.4941 \times 0.8475$$
$$= -4.7813 < 0$$

$$IRR = 16\% + \frac{4.1675 - 0}{4.1675 - (-4.7813)} \times (18\% - 16\%)$$
$$= 16.93\%$$

因为 $NPV = 39.65 \geqslant 0$, $NPVR = 0.3965 \geqslant 0$, $PI = 1.3965 \geqslant 1$, $IRR = 16.93\% \geqslant 10\%$, $PP = 5 \leqslant \frac{11}{2}$, $PP' = 4 \leqslant \frac{10}{2}$, $ROI = 15\% \geqslant 9\%$,所以该项方案完全具备财务可行性。

5.3 物业企业其他投资

物业企业除进行房地产等对内的项目投资,在经济许可资金有剩余或为了谋求其他经济目的时,还可能进行其他形式的对外投资。如进行股票投资、债券投资及基金投资等证券投资。

5.3.1 证券投资的目的

证券投资是指投资者将资金投资于股票、债券、基金及其他金融性资产,从而获取收益的一种投资行为。投资的目的主要有以下几个方面:

1. 暂时存放闲置资金

证券投资在多数情况下是出于预防性的动机,以转化较多量的非盈利的现金余额。

2. 与筹集长期资金相配合

处于成长期或扩张期的物业服务公司一般每隔一段时间就会发行长期证券,所获取的资金往往不会一次用完,企业可将暂时闲置的资金投资于有价证券,以获取一定的收益。

3. 满足未来的财务需求

企业根据未来对资金的需求,可以将现金投资于期限和流动性较为恰当的证券,在满足未来财务需求的同时获取证券带来的收益。

4. 满足季节性经营对现金的需求

如北方的物业企业在冬季要实施供暖服务,而到夏季却无此行为。冬季为购燃料占用大量的资金,而到夏季却会出现大量的资金闲置。这时可以在资金有剩余时的月份进行证券投资,而在资金短缺的季节将证券变现,满足正常经营需要。

5. 获得对相关企业的控制权

通过购入相关企业的股票可以实现对该项企业的控制。

5.3.2 证券投资的特征

相对于实物投资而言,证券投资主要有以下特点:

1. 流动性强

证券资产的流动性明显地高于实物资产。

2. 价格不稳定

证券相对于实物资产,受人为因素的影响较大,且没有相应的实物作保证,其价值受政治、经济环境等各种因素的影响较大,具有价格不稳定,投资风险大的特点。

3. 交易成本低

证券交易过程快速、简捷,成本低。

5.3.3 主要证券投资的种类

金融市场上的证券很多,可供企业投资的主要有国债、短期融资券、可转让存单、企业股票与债券、投资基金以及期权、期货等。进行证券投资首先要选择合适的投资对象,这是证券投资最关键的一步。在证券投资时,要结合投资的目的,选择有利于投资目的,收益较好,风险适中,流动性适宜的证券进行投资。

1. 股票投资

股票投资的目的一是获利,二是控股。获利是获取股利收入及股票买卖价差;控股是通过购买股票实现对发行股票公司控制。总体来说,股票投资具有风险高、收益高、容易变现的特点,但相对于债券投资而言,它有以下特点:

（1）股票投资是权益性投资

股票是代表所有权的凭证,持有人作为发行公司的股东,有权参与公司的经营决策。

（2）投资风险大

投资人购买股票后,不能要求股份公司偿还本金,只能在证券市场上转让。投资人投资股票至少面临两方面的风险：一是股票发行公司经营不善所形成的风险；二是股票市场价格变动所形成的价差损失。

（3）收益率高,但不稳定

由于股票投资风险高,因此投资人要求的收益率也要高于其他证券的收益率,即风险越大,（要求）收益越高。相对于债券,股票的收益稳定性差,受投机等因素的影响,股票的价格波动性也会很大。

2. 债券投资

企业对短期债券投资的目的主要是为了合理利用暂时闲置资金,调节现金余额,获取收益。对长期债券投资的目的主要是获取稳定的收入。

债券投资具有以下特点：

（1）投资有期限

与股票投资相比,不论是短期债券还是长期债券,均有到期日。债券到期应当收回本金,投资应当考虑期限的影响。

（2）权利与义务

在各种证券投资方式中,债券的投资人的权利最小,无权参与被投资企业的经营管理,只有按约定取得利息、到期收回本金的权利。

（3）收益与风险

债券的收益通常是事前预定的,收益率一般没有股票高,但具有较强的稳定性,投资风险小。

3. 基金投资

投资基金是一种利益共享、风险共担的集合投资方式。它是通过发行基金股份或受益凭证等有价证券聚集众多的不确定投资者的出资,交由专业投资公司经营运作,以规避投资风险并谋取投资收益的证券投资工具。

投资基金按不同标准有着不同的分类。按基金的组织形式,可以分为契约型基金和公司型基金;根据变现方式的不同,可以分为封闭式基金和开放式基金;根据投资标的的不同,可以分为股票基金、债券基金、货币基金、期货基金、期权基金、认股权证基金、专门基金等。

基金投资涉及三个概念:基金的价值、基金单位净值、基金报价。

基金的价值取决于基金资产的现在价值,而不是像其他证券投资那样,如股票、债券等投资,取决于未来收益的现值。基金的价值主要由基金资产的现有市场价值决定。

基金单位净值也称为单位净资产值或单位资产净值,是在某一时点每一基金单位(或称基金股份)所具有的市场价值,是评价基金价值的最直观指标。

其计算公式为

$$基金单位净值 = \frac{基金净资产价值总额}{基金单位总份数}$$

式中:基金净资产价值总额等于基金资产总值减基金负债,即减去对外借款、应付投资人的分红、应付基金管理者经理费等负债。

基金的报价理论上是由基金的价值决定的,基金单位净值高,基金的单位价格也高。具体而言,封闭基金在二级市场上竞价交易,其价格由供求关系和基金业绩决定,围绕基金单位净值上下波动;开放基金的柜台交易价格则完全以基金单位净值为基础,通常采用两种报价形式:认购价(卖出价)和赎回价(买入价)。

$$基金认购价 = 基金单位净值 + 首次认购费$$
$$基金赎回价 = 基金单位净值 - 基金赎回费$$

认购时支付认购费的,赎回时不再支付赎回费。

【本章小结】

本章主要阐述了物业企业项目投资的含义与特点、项目投资的基本程序。项目投资的评估方法,主要包括现金流量的判断与估计,净现金流量的估算,应掌握各种项目投资评价指标的计算方法及特点,包括静态评价指标(包括投资收益率和投资回收期)和动态评价指标(包括净现值、净现值率、获利指数、内部收益率),以及如何综合利用这些财务指标判断投资项目的财务可行性等内容。本章还介绍了证券投资的相关内容,包括证券投资的目的、特征和种类等。

【课后习题】

一、单项选择题

1. 物业企业的下列各项支出中,不必实付现金流的是(　　)。
   A. 原始投资　　　B. 垫支流动资金　　　C. 营业成本　　　D. 折旧

2. 某房地产开发公司经营一建设项目,每年的营业收入为100万元,营业成本支出(不含折旧)为50万元,年折旧额为20万元,每年流动资产增加额为10万元,流动负债增加额为5万元,企业的所得税率为25%。则该项目的年营业净现金流量为(　　)万元。
   A. 55　　　　　　B. 50　　　　　　C. 37.5　　　　　　D. 52.5

3. 当企业某投资项目的 NPV > 0,则其获利指数(　　)。
A. 一定大于 0　　B. 一定大于 1　　C. 一定大于营业成本　D. 一定小于 1
4. 投资项目的现金是指(　　)。
A. 实际支付或取得的现金
B. 货币资金
C. 货币资金和非货币资源的账面成本
D. 货币资金和非货币资源的变现价值
5. 物业企业进行的项目投资大多近似于(　　)。
A. 单纯固定资产投资项目　　　　B. 固定资产投资项目
C. 更新改造投资项目　　　　　　D. 完整工业投资项目
6. 某企业原生产 A 产品,每年创造的现金流量为 50 万元,现在又开发出新的 B 产品,每年创造的现金流量为 100 万元,但由于与 A 产品属于同类型,使 A 产品每年减少 10 万元,则新产品给企业实际带来的年现金流量为(　　)万元。
A. 110　　　　　B. 90　　　　　C. 100　　　　　D. 150
7. 投资项目的净现值率与获利指数的关系是(　　)。
A. 获利指数 = 1 + 净现值率　　　B. 净现值率 = 1 + 获利指数
C. 净现值率一定大于获利指数　　D. 获利指数 + 净现值率 = 1

二、多项选择题

1. 项目投资的特点有(　　)。
A. 需要的投资额大,建设规模大
B. 变现能力差,回收资本的速度慢
C. 投资的风险大
D. 对企业的经营发展有深远影响
2. 下列现金流量中,(　　)是与项目决策相关的现金流量。
A. 将来一定会发生的成本　　　　B. 沉没成本
C. 账面成本　　　　　　　　　　D. 机会成本
3. 下列评价项目投资方案可行性的各种财务指标中,考虑了资金时间价值的有(　　)。
A. 净现值　　　　　　　　　　　B. 静态投资回收期
C. 获利指数　　　　　　　　　　D. 内部收益率
4. 当判断一个独立投资方案是否具有财务可行性,可采取的评价标准有(　　)。
A. 净现值 NPV > 0　　　　　　　B. 内部收益率 IRR > 0
C. 获利指数 PI > 1　　　　　　　D. 内部收益率 IRR > 企业的资金成本
5. 相对于项目投资而言,证券投资的特点有(　　)。
A. 流动性强　　B. 价格不稳定　　C. 投资风险大　　D. 交易成本低

三、计算题

1. 某物业服务公司投资 50 万元,建设一供水站。建设期一年,建成后可以使用 15 年,经营期每年可以获取供水收入 35 万元,耗费相关的运营成本 23 万元,该供水站到期后可变卖得净值 10 万元。问:该项目的回收期是多少年?
2. 某房地产开发公司进行一项目投资 500 万元,建设期初一次性投入,建设期一年,投产后可经营10年,每年可获营业收入150万元,支付经营成本50万元(不含折旧),项目到期余值为0。问:该项目的内部收益率 IRR 是多少(不考虑所得税)?

3. 宏达房地产开发公司准备新建一写字楼项目,已知该项目开始时需一次性投资2 000万元,建设期为两年,该写字楼开始运营时需要垫付流动资金200万元,预计写字楼每年可创造租金收入500万元,同时每年需耗费运营维护成本100万元和相关的物业管理支出100万元,每年可回收流动资金20万元。宏达公司准备在该写字楼运营10年后将其转让出售,预计转让的净收入为500万元,已知该企业适用的所得税税率25%,该项目的资金成本为10%(写字楼采用直线法计提折旧)。

要求:(1)计算该项目每年的营业净现金流量。

(2)计算该项目的净现值。

(3)判断该项目的财务可行性。

四、简答题

1. 简述房地产投资的程序。

2. 什么是项目的现金流量及其构成?

3. 物业企业在估算项目的现金流量时需要注意哪些问题?

4. 简述股票投资和债券投资的特点。

第6章 物业企业营运资金管理

【学习目标】

通过本章的学习,要求掌握营运资金和物业企业维修资金使用等财务管理基本知识,了解营运资金对物业企业财务管理的意义,掌握维修资金的使用方法,为物业企业规划日常资金方案、合理使用维修资金、科学决策奠定基础。

【本章导读】

营运资金是一个企业保持正常生产经营活动顺利实施的必备资金。在物业企业,营运资金所占的比重较大,且分布于物业经营和物业管理的各个阶段,因此,营运资金管理是物业企业财务管理活动中非常重要的内容,营运资金管理的目标是在保证营运资金的前提下,加速资金的运转,尽量减少资金的过度占用,利用商业信用,解决资金短期周转困难,提高资金运用的效率,从而降低资金的使用成本。那么,作为物业企业的财务管理人员,怎样才能搞好营运资金的管理呢?

6.1 营运资金概述

6.1.1 营运资金的含义

营运资金又称营运资本,是指流动资产减去流动负债后的余额。这里所说的流动资产是指可以在一年或者超过一年的一个营业周期内变现或耗用的资产,主要包括现金、有价证券、应收账款和存货等。这里所说的流动负债是指将在一年或者超过一年的一个营业周期内必须清偿的债务,主要包括短期借款、应付账款、应付票据、预收账款、应计费用等。

营运资金因其较强的流动性而成为企业日常生产经营活动的润滑剂和基础,在客观存在现金流入量与流出量不同步和不确定的现实情况下,企业持有一定量营运资金十分重要。企业应控制营运资金的持有数量,既要防止营运资金不足,也要避免营运资金过多。这是因为企业营运资金越大,企业经营风险越小,但收益率也越低;相反,营运资金越小,企业经营风险越大,但收益率也越高。企业需要在风险和收益率之间进行权衡,从而将营运资金的数量控制在一定范围之内。

6.1.2 营运资金的特点

为了有效地对企业的营运资金进行管理,必须研究营运资金的特点,以便有针对性地进行管理。

营运资金一般具有以下特点：

1. 周转时间短

不管是流动资产还是流动负债，周转一次所需时间都较短。通常会在1年或超过1年的一个营业周期内收回或归还，对企业影响的时间比较短。根据这一特点，可用占用时间在1年或超过1年的一个营业周期内的流动负债来解决流动资产的需要，使企业资源得到有效利用。

2. 非现金形态的营运资金容易变现

存货、应收账款、短期有价证券等流动资产一般具有较强的变现能力，如遇到意外情况，企业出现资金周转不灵、现金短缺时，可迅速变卖这些资产。这对于应付临时性资金需求具有重要意义。

3. 数量具有波动性

流动资产的数量会随企业内外条件的变化而变化，时高时低、波动很大。季节性企业如此，非季节性企业也如此。随着流动资产数量的变动，流动负债的数量也会相应发生变动。

4. 实物形态具有变动性

企业营运资金的实物形态是经常变化的，一般在现金、材料、在产品、产成品、应收账款之间顺序转化。企业筹集的资金最初以现金形式存在，为了保证生产正常进行，必须拿出一部分现金去购买原材料，这样有一部分现金转化为材料；材料投入生产后，初步加工形成在产品和自制半成品；进一步加工后成为产成品；产成品经销售可获得现金或应收账款，应收账款经过一段时间再转化为现金。因此，在进行营运资金管理时，应在各项营运资金上都合理配置资金数额，以便使资金周转顺利进行。

5. 来源具有多样性

企业可通过各种短期借款、短期融资券等协议筹资的方式和应付账款、预收账款、应付票据、应付工资、应付福利费、应交税金、应付利润等自然筹资的方式来解决营运资金的需要。

6.2 现金管理

6.2.1 现金

现金是指物业企业在经营和管理过程中暂时停留在货币形态的资金，包括库存现金、银行存款、银行本票和银行汇票等。

现金是变现能力最强的资产，可以用来满足生产经营开支的各种需要，也是还本付息和履行纳税义务的保证。因此，拥有足够的现金对于降低企业的风险，增强企业资产的流动性和债务的可清偿性有着重要的意义。但是，现金属于非盈利资产，即使是银行存款，其利率也非常低。现金持有量过多，它所提供的流动性边际效益便会随之下降，进而导致企业的收益水平降低。因此，物业企业必须合理确定现金持有量，使现金收支不但在数量上，而且在时间上相互衔接，以便在保证企业经营活动所需现金的同时，尽量减少企业闲置的现金数量，提高资金收益率。

6.2.2 现金的持有动机和成本

1. 持有现金的动机

现金的持有动机,是指企业持有一定数量现金的原因。一般来说,企业持有现金,主要基于以下3方面的动机:

(1) 交易动机

交易动机是指企业为满足日常业务的现金支付,必须持有一定数额的货币资金。尽管企业经常会收到现金,但现金的收付在时间及数额上往往是不同的,若不维持适当的现金余额,就难以保证企业的业务活动正常进行下去。一般来说,企业为满足交易动机所持有的现金余额主要取决于销售水平。企业销售量扩大,销售额增加,所需现金余额也会随之增加。

(2) 预防动机

预防动机是指企业为应付紧急情况而需要保持的现金支付能力。这种需求的大小与现金预算的准确性、突发事件发生的可能性及企业取得短期借款的难易程度有关。现金预算越准确、突发事件发生的概率越小、企业取得短期借款越容易,则所需预防性现金余额越小;反之,所需预防性现金余额越大。

(3) 投机动机

即企业为了抓住各种瞬息即逝的市场机会,获取较大的利益而准备的现金余额。如利用证券市价大幅度跌落购入有价证券,以期在价格反弹时卖出证券获取高额资本利得(价差收入)等。投机动机只是企业确定现金余额时所需考虑的次要因素之一,其持有量的大小往往与企业在金融市场的投资机会及企业对待风险的态度有关。

企业除以上3种原因持有现金外,也会基于满足将来某一特定要求或者为在银行维持补偿性余额等其他原因而持有现金。企业在确定现金余额时,一般应综合考虑各方面的持有动机。但要注意的是,由于各种动机所需的现金可以调节使用,企业持有的现金总额并不等于各种动机所需现金余额的简单相加,前者通常小于后者。另外,上述各种动机所需保持的现金,并不要求必须是货币形态,也可以是能够随时变现的有价证券以及能够随时转换成现金的其他各种存在形态,如可随时借入的银行信贷资金等。

2. 持有现金的成本

现金的成本通常由以下4部分组成:

(1) 机会成本

现金机会成本是指企业不能同时用该现金进行有价证券投资而放弃的再投资收益。企业持有现金时,必然不能获得将现金投放出去而获得的投资收益,从而形成持有现金的机会成本,其在数额上等于现金的持有量与相应的投资收益率的乘积。在投资收益率一定的情况下,现金的机会成本与现金持有量成正比例关系。现金持有量越多,机会成本越大,反之则越少。

(2) 管理成本

管理成本是指企业保留现金并对现金进行管理所发生的管理费用。如管理人员工资及必要的安全措施费用等。这部分费用具有固定成本的性质,它在一定范围内与现金持有量的多少关系不大,是现金决策无关成本。

(3) 转换成本

转换成本是指企业用现金购入有价证券以及转让有价证券换取现金时付出的交易费用,即现金同有价证券之间相互转换的成本,如委托买卖佣金、委托手续费、证券过户费、实物交割手续费等。严格地讲,转换成本并不都是固定费用,有的具有变动成本的性质,如委托买卖佣金或手续费,这种费用通常是按照委托成交金额计算的。在证券总额既定的条件下,无论变现次数怎样变动,所需支付的委托成交金额是相同的。因此,那些依据委托成交额计算的转换成本与证券变现次数关系不大,属于决策无关成本。这样,与证券变现次数密切相关的转换成本便只包括其中的固定性交易费用。固定性转换成本与现金持有量成反比例关系。

(4) 短缺成本

现金短缺成本是指在现金持有量不足而又无法及时通过有价证券变现加以补充而给企业造成的损失,包括直接损失与间接损失。现金的短缺成本与现金持有量呈反方向变动关系。

明确与现金有关的成本及其各自的特性,有助于从成本最低的角度出发确定现金最佳持有量。

6.2.3 最佳现金持有量

基于交易、预防、投机等动机的需要,企业必须保持一定数量的现金余额。确定最佳现金持有量的模式主要有成本分析模式、存货模式和随机模式。

1. 成本分析模式

成本分析模式是通过分析持有现金的成本,寻找使持有成本最低的现金持有量的一种方法。该模式考虑的持有成本包括:持有现金的机会成本、短缺成本和管理成本。使3项成本之和最小的现金持有量,就是最佳现金持有量,如图6.1所示。

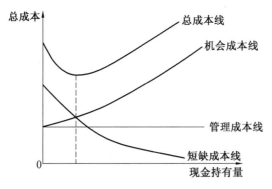

图6.1 成本模式的最佳现金持有量图

最佳现金持有量的确定,可以先分别计算出各种方案的机会成本、管理成本、短缺成本和三者之和(总成本),再从中选出总成本最低的现金持有量,即为最佳现金持有量。

[例6.1] 某物业公司有5种现金持有方案,它们各自的机会成本、管理成本和短缺成本见表6.1。

表 6.1　现金持有方案　　　　　　　　　　　　　　　　　　　单位:元

方案	A	B	C	D	E
现金持有量	1 000	2 000	5 000	10 000	20 000
机会成本($i = 10\%$)	100	200	500	1 000	2 000
管理成本	80	80	80	80	80
短缺成本	1 000	500	30	1	0

这五种方案的总成本计算结果见表6.2。

表 6.2　现金持有总成本　　　　　　　　　　　　　　　　　　单位:元

方案	A	B	C	D	E
现金持有量	1 000	2 000	5 000	10 000	20 000
机会成本 $i = 10\%$	100	200	500	1 000	2 000
管理成本	80	80	80	80	80
短缺成本	1 000	500	30	1	0
总成本	1 180	780	610	1 081	2 080

将以上各方案的总成本加以比较可知,现金持有量为 5 000 元时,现金的持有成本为 610 元,是各方案中最低的,因此,该企业现金最佳持有量为 5 000 元。

2. 存货模式

现金管理的存货模式最早是由美国经济学家威廉·鲍莫(William J. Baumol)于1952年提出的,故又称为鲍莫模式。根据这种模式,企业的现金持有量非常类似于存货,因此,可以借用存货的经济批量模型来确定企业的最佳现金持有量。

存货模式的着眼点也是现金相关总成本最低。在这些成本中,管理费用因其相对稳定,同现金持有量的多少关系不大,因此在存货模式中将其视为决策无关成本而不予考虑。由于现金是否会发生短缺、短缺多少、概率多大以及各种短缺情形发生时可能的损失如何,都存在很大的不确定性和无法计量性。因而,在利用存货模式计算现金最佳持有量时,对短缺成本也不予考虑。在存货模式中,只对机会成本和固定性转换成本予以考虑。前已述及,机会成本和固定性转换成本随着现金持有量的变动而呈现出相反的变动趋向,因而能够使现金管理的机会成本与固定性转换成本之和保持最低的现金持有量,即为最佳现金持有量。

运用存货模式确定最佳现金持有量时,是以下列假设为前提的:① 企业所需要的现金可通过证券变现取得,且证券变现的不确定性很小;② 企业预算期内现金需要总量可以预测;③ 现金的支出过程比较稳定、波动较小,而且每当现金余额降至零时,均通过部分证券变现得以补足;④ 证券的利率或报酬率以及每次固定性交易费用可以获悉。如果这些条件基本得到满足,企业便可以利用存货模式来确定现金的最佳持有量。

在这4个假设前提下,物业企业的现金流量可以用图6.2来表示。

设 T 为一个周期内现金总需求量;F 为每次转换有价证券的固定成本;Q 为最佳现金持有量(每次证券变现的数量);K 为有价证券利息率(机会成本);TC 为现金相关总成本。则

现金相关总成本 = 持有机会成本 + 固定性转换成本

$$TC = (Q/2) \times K + (T/Q) \times F$$

对该式进行求导,得

$$TC' = K/2 - TF/Q^2$$

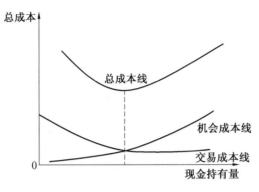

图 6.2　存货模式的最佳现金持有量图

令 $TC' = 0$，可得最佳现金持有量

$$Q = \sqrt{\frac{2TF}{K}}$$

将上式代入总成本计算公式得出最低现金管理相关总成本

$$TC = \sqrt{2TFK}$$

该计算现金相关总成本的公式，只有在现金持有量为最佳持有量时才可以使用，若现金持有量不是最佳现金持有量只能使用最初的公式计算。

[**例 6.2**]　某物业企业的现金流量稳定，预计全年现金需求总量为 100 000 元，现金与有价证券的转换成本每次为 200 元，有价证券的利息率为 10%。要求采用存货模式确定该企业的最佳现金持有量。

根据存货模式确定最佳现金持有量 Q 的公式为

$$Q = \sqrt{\frac{2TF}{K}} = \sqrt{\frac{2 \times 100\ 000 \times 200}{10\%}} = 20\ 000 \text{ 元}$$

现金持有量的存货模式是一种简单、直观的确定最佳现金持有量的方法。但它也有缺点，主要是它假定现金的流出量均匀发生，而且现金的持有成本和转换成本比较容易确定，只有满足了上述条件，才可以使用存货模型来确定最佳现金持有量。

3. 随机模式

随机模式又称米勒 - 奥模式，它是由美国经济学家 Merton Mill 和 Deniel Orr 首先提出来的。该模型适用于现金需求量难以预知的情况下进行现金持有量的控制。

该方法要求企业根据自身特点测算出一个企业现金持有量的控制范围，即现金持有量的上限和下限，当现金持有量在该控制范围之内，企业不需要对现金持有量进行调整，如果现金持有量超过了上限，企业则需要买入有价证券，降低现金持有量。如果现金持有量低于下限，则要求企业抛售持有的有价证券以保证企业对现金的需求。该方法的关键在于确定一条最优现金返回线 R（即最佳现金持有量），当企业的现金持有量一旦超越了上限或下限时，企业需要通过买入或卖出有价证券调整现金持有量，使现金持有额达到最优现金返回线，如图 6.3 所示。

图 6.3 中，虚线 H 为现金余额的上限，虚线 L 为现金余额的下限，返回线 R 为现金最佳持有量目标控制线。当现金余额升至 H 时，购进 ($H - R$) 金额的有价证券，使现金余额回落到 R 线上；当现金余额降到 L 时，出售 ($R - L$) 金额的有价证券，使现金余额上升到 R 线上。

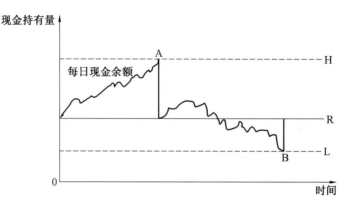

图 6.3 随机模式下的最佳现金持有量

目标现金余额 R 可按下面的公式确定：

$$R = \sqrt[3]{\frac{3k\sigma^2}{4i}} + L$$

$$H = 3R - 2L$$

式中　F——有价证券每次的转换成本；
　　　K——有价证券的日利率；
　　　σ——预期每日现金余额变化的标准差（可根据历史资料测算）；
　　　L——现金持有额下限；
　　　H——现金持有额上限。

[**例 6.3**]　某物业公司有价证券的年利率为 9%，固定转换成本为 50 元，该企业的现金持有量下限为 2 500 元，根据以往经验测算得出的每日现金余额变化的标准差为 800 元。试计算最佳现金返回线 R 和现金持有上线 H。

$$\text{有价证券的日利率} = \frac{9\%}{360} = 0.025\%$$

$$R = \left(\sqrt[3]{\frac{3 \times 50 \times 800^2}{4 \times 0.025\%}} + 2\,500\right) \text{元} = 7\,079 \text{元}$$

$$H = (3 \times 7\,079 - 2 \times 2\,500) \text{元} = 16\,237 \text{元}$$

6.2.4　现金日常管理

企业在确定了最佳现金持有量后，还应采取各种措施，加强现金的日常管理，以保证现金的安全、完整，最大限度地发挥其效用。现金日常管理的基本内容主要包括以下几个方面：

1. 现金回收管理

为了提高现金的使用效率，加速现金周转，企业应尽量加速账款的收回。一般来说，企业账款的收回需要经过 4 个时点，即客户开出付款票据、企业收到票据、票据交存银行和企业收到现金。

企业账款收回的时间包括票据邮寄时间、票据在企业停留时间以及票据结算的时间。前两个阶段所需时间的长短不但与客户、企业、银行之间的距离有关，而且与收款的效率有关。在实际工作中，缩短这两段时间的方法一般有邮政信箱法、银行业务集中法等。

(1) 邮政信箱法

邮政信箱法又称锁箱法,是西方企业加速现金流转的一种常用方法。企业可以在各主要城市租用专门的邮政信箱,并开立分行存款户,授权当地银行每日开启信箱,在取得客户票据后立即予以结算,并通过电汇再将货款拨给企业所在地银行。在锁箱法下,客户将票据直接寄给客户所在地的邮箱而不是企业总部,不但缩短了票据邮寄时间,还免除了公司办理收账、货款存入银行等手续,因而缩短了票据邮寄以及在企业的停留时间。但采用这种方法成本较高,因为被授权开启邮政信箱的当地银行除了要求扣除相应的补偿性余额外,还要收取办理额外服务的劳务费,导致现金管理成本增加。因此,是否采用邮政信箱法,需视提前回笼现金产生的收益与增加的成本的大小而定。

(2) 银行业务集中法

这是一种通过建立多个收款中心来加速现金流转的方法。在这种方法下,企业指定一个主要开户行(通常是总部所在地)为集中银行,并在收款额较集中的若干地区设立若干个收款中心;客户收到账单后直接汇给当地收款中心,中心收款后立即存入当地银行;当地银行在进行票据交换后立即转给企业总部所在银行。这种方法可以缩短客户邮寄票据所需时间和票据托收所需时间,也就缩短了现金从客户到企业的中间周转时间。但是,采用这种方法须在多处设立收账中心,从而增加了相应的费用支出。

因此,企业应在权衡利弊得失的基础上,做出是否采用银行业务集中法的决策,这需要计算分散收账收益净额。

分散收账收益净额=(分散收账前应收账款投资额－分散收账后应收账款投资额)×企业综合资金成本率－因增设收账中心每年增加费用额

除上述方法外,还可以采取电汇、大额款项专人处理、企业内部往来多边结算、集中轧抵、减少不必要的银行账户等方法加快现金回收。

2. 现金支出管理

与现金收入的管理相反,现金支出管理的主要任务是尽可能延缓现金的支出时间。当然这种延缓必须是合理合法的,否则企业延期支付账款所得到的收益将远远低于由此而遭受的损失。延期支付账款的方法一般有以下几种:

(1) 合理利用"浮游量"

所谓现金的浮游量是指企业账户上银行存款余额与银行账户上所示的存款余额之间的差额。有时,企业账户上的银行存款余额已为零或负数,而银行账上的该企业的银行存款余额还有很多,这是因为有些企业已经开出的付款票据尚处在传递中,银行尚未付款出账。如果能正确预测浮游量并加以利用,可节约大量现金。但这需要很精确地计算,如计算不准确,出现"空头"则会给企业带来损失。

(2) 推迟支付应付款

企业可在不影响信誉的情况下,尽可能推迟应付款的支付。

(3) 采用汇票付款

在使用支票付款时,只要受款人将支票存入银行,付款人就要无条件地付款。但汇票不是"见票即付"的付款方式,在受款人将汇票送达银行后,银行要将汇票送交付款人承兑,并由付款人将一笔相当于汇票金额的资金存入银行,银行才会付款给受款人,这样就有可能合法地延期付款。

(4) 改进工资支付方式

有的企业在银行单独开设一个账户专供支付职工工资。为了最大限度地减少这一存款余额,企业可预先估计出开出支付工资支票到银行兑现的具体时间。例如,某企业在每月5日支付工资,根据经验,5日、6日、7日及7日以后的兑现率分别为20%、25%、30%和25%。这样,企业就不需在5日存足支付全部工资所需要的工资额。而可将节余下的部分现金用于其他投资。

3. 闲置现金投资管理

企业在筹资和经营时,会取得大量的现金,这些现金在用于资本投资或其他业务活动之前,通常会闲置一段时间。这些现金头寸可用于短期证券投资以获取利息收入或资本利得,如果管理得当,可为企业增加相当可观的净收益。

企业现金管理的目的首先是保证日常生产经营业务的现金需求,其次才是使这些现金获得最大的收益。这两个目的要求企业把闲置资金投入到流动性高、风险性低、交易期限短的金融工具中,以期获得较多的收入。在货币市场上,财务人员通常使用的金融工具主要有国库券、可转让大额存单、回购协议等。

6.3 应收账款管理

应收账款是物业企业因对外销售产品、材料、供应劳务及其他原因,应向购货或接受劳务的单位及其他单位收取的款项,包括应收账款、其他应收款、应收票据等。

6.3.1 应收账款管理的目标

发生应收账款的原因。主要有以下两种:

1. 市场竞争

这是发生应收账款的主要原因。在社会主义市场经济条件下,存在着激烈的市场竞争。市场竞争迫使企业以各种手段扩大销售。企业除了依靠产品质量、价格、服务等手段促销外,赊销也是扩大销售的重要手段。对于同等质量的产品,相同的价格,一样的售后服务,实行赊销的产品的销售额将大于现金销售的产品销售额。实行赊销,无疑给客户购买产品带来了更多的机会,相当于给客户一笔无息或低息贷款,所以对客户的吸引力极大。正因为如此,许多企业都广泛采取赊销方式进行产品销售,同时应收账款便应运而生。市场竞争是应收账款产生的根本原因,应收账款又反过来加剧了市场竞争。

2. 销售和收款的时间差距

销售时间与收款时间常常不一致,因为货款结算需要时间。结算手段越是落后,结算需要的时间越长,应收账款收回所需的时间就越长,销售企业只能承认这种现实并承担由此引起的资金垫支。由于销售和收款的时间差而造成的应收账款,不属于商业信用,也不是应收账款的主要内容,不再对它进行深入讨论,本章只讨论属于商业信用的应收账款的管理。

6.3.2 应收账款的成本

物业企业出现应收账款的主要原因是为了扩大销售或服务,实现收入,增强企业的竞争力,所以它是一种资金投放,也必然产生成本,主要表现为以下几种成本:

1. 机会成本

应收账款的机会成本是指因资金投放在应收账款上而丧失的其他收入,如投资于有价证券便会有利息收入。机会成本的大小通常与企业应收账款占用资金的数额成正向关系,即应收账款占用资金数额越大,机会成本越高,反之越低。这种成本一般按有价证券的利息率或资本成本率来计算,计算公式为

$$应收账款的机会成本 = 应收账款占用资金 \times 资本成本率(或有价证券利息率)$$

其中

$$应收账款占用资金 = 应收账款平均余额 \times 变动成本率(或销售成本率)$$
$$应收账款平均余额 = 日平均赊销收入净额 \times 平均收款期$$

2. 管理成本

应收账款的管理成本是指企业对应收账款进行管理而耗费的开支,主要包括对客户的资信调查费用、收账费用和其他费用。

3. 坏账成本

应收账款基于商业信用而产生,存在无法收回的可能性,由此而给应收账款持有企业带来的损失,即为坏账成本。这一成本一般与应收账款数量同方向变动,即应收账款越多,坏账成本也越多。

6.3.3 应收账款信用政策

制定合理的信用政策,是加强应收账款管理,提高应收账款投资效益的重要前提。信用政策即应收账款的管理政策,是指物业企业为对应收账款投资进行规划与控制而确立的基本原则与行为规范,包括信用标准、信用条件和收账政策三部分内容。

1. 信用标准

信用标准是客户获得物业企业商业信用所应具备的最低条件,通常以预期的坏账损失率表示。把信用标准定得过高,将使许多客户因信用品质达不到所设的标准而被企业拒之门外,其结果尽管有利于降低违约风险及收账费用,但不利于企业市场竞争能力的提高和销售收入的扩大。相反,如果企业接受较低的信用标准,虽然有利于企业扩大销售,提高市场竞争力和占有率,但同时也会导致坏账损失风险加大和收账费用增加。

信用标准可以从客户的五个方面进行考核,又称为信用的"5C"系统。"5C"系统中的"5C"是指信用品质、偿付能力、资本、抵押品、经济状况。

(1) 信用品质

信用品质是指客户履约或赖账的可能性,这是决定是否给予客户信用的首要因素,主要通过了解客户以往的付款履约记录进行评价。

(2) 偿付能力

客户偿付能力的高低,取决于资产特别是流动资产的数量、质量(变现能力)及其与流动负债的比率关系。一般而言,企业流动资产的数量越多,流动比率越大,表明其偿付债务的物质保证越雄厚,反之,则偿债能力越差。当然,对客户偿付能力的判断,还需要注意对其资产质量,即变现能力以及负债的流动性进行分析。资产的变现能力越大,企业的偿债能力就越强;负债的流动性越大,企业的偿债能力也就越小。

(3) 资本

资本反映了客户的经济实力与财务状况的优劣,是客户偿付债务的最终保证。

(4) 抵押品

即客户提供的可作为资信安全保证的资产。能够作为信用担保的抵押财产,必须为客户实际所有,并且应具有较高的市场性,即变现能力。对于不知底细或信用状况有争议的客户,只要能够提供足够的高质量的抵押财产(最好经过投保),就可以向它们提供相应的商业信用。

(5) 经济状况

是指不利经济环境对客户偿付能力的影响及客户是否具有较强的应变能力。

通过上述五种信用标准的分析,基本上可以判断客户的信用状况,为物业企业最终决定是否向客户提供信用做准备。具体分析时各种信息资料可通过下列渠道取得:① 商业代理机构或资信调查机构所提供的客户信息资料及信用等级标准资料;② 委托往来银行信用部门向与客户有关联业务的银行索取信用资料;③ 同与相同客户有信用关系的其他企业相互交换该客户的信用资料;④ 客户的财务报告资料;⑤ 企业自身的经验与其他可取得的资料等。

[例6.4] 某物业公司原来的信用标准是只对预计坏账损失率低于4%的客户提供商业信用。该企业的销售利润率为20%,变动成本率为60%,同期有价证券的利息率为10%。面对激烈的市场竞争,该企业为扩大销售,拟放松信用标准,有关资料见表6.3。

表6.3 两种不同的信用标准所产生的结果

项目	改变前	改变后
信用标准(预计坏账损失率)	4%	8%
赊销收入净额	100 000 元	240 000 元
应收账款的平均收款期	45 天	60 天
应收账款的管理成本	1 000 元	1 500 元

要求:根据上述资料,计算两种不同信用标准对企业利润的影响,并判断企业是否应改变原有的信用标准。

解:两种不同的信用标准对企业利润的影响见表6.4。

表6.4 两种不同的信用标准对企业利润影响的计算　　　单位:元

项目	改变前	改变后	差额
销售利润	100 000 × 20% = 20 000	240 000 × 20% = 48 000	28 000
应收账款的机会成本	100 000 ÷ 360 × 45 × 60% × 10% = 750	240 000 ÷ 360 × 60 × 60% × 10% = 2 400	1 650
应收账款的管理成本	1 000	1 500	500
坏账损失	100 000 × 4% = 4 000	240 000 × 8% = 19 200	15 200
应收账款的成本总额	5 750	23 100	17 350
净利润	20 000 − 5750 = 14 250	48 000 − 23 100 = 24 900	10 650

从上面计算结果可知,改变信用标准后该企业的净利润增加了10 650元,在这种情况下应改变原来的信用标准。

2. 信用条件

信用标准是企业评价客户等级,决定给予或拒绝客户信用的依据。一旦企业决定给予客户信用优惠时,就需要考虑具体的信用条件。因此,所谓信用条件就是指业主或客户应物业企业的要求支付应付账款的条件,主要由信用期限、折扣期限及现金折扣三部分内容组成。

(1) 信用期限

信用期限是指物业企业给顾客或业主规定的最长付款时间。例如:若某物业企业允许客户在某服务项目完成后 10 天内付款,则信用期限为 10 天。通常,延长信用期限,可以使企业营业额上升,但不适当地延长信用期限,会给企业带来不良后果:一是使平均收账期延长,占用在应收账款上的资金相应增加,引起机会成本增加;二是引起坏账损失和收账费用的增加。因此,企业是否给客户延长信用期限,应视延长信用期限增加的边际收入是否大于增加的边际成本而定。

[例 6.5] 某物业公司采用 30 天按发票全额付款的信用规定,现准备将信用期限放宽至 60 天仍按发票金额付款,如投资收益率为 15%,则信用期限应采用 30 天还是 60 天对企业有利。有关数据见表 6.5。

表 6.5 两种不同的信用期限产生的影响

项目 \ 信用期	30 天	60 天
营业量/个	50 000	60 000
销售额/元(每个 5 元)	250 000	300 000
变动成本/元(每个 4 元)	200 000	240 000
固定成本/元	25 000	25 000
毛利/元	25 000	35 000
可能的收账费用/元	1 500	2 000
可能的坏账损失/元	2 500	4 500

在分析时,先计算放宽信用期得到的收益,然后计算增加的成本,最后根据两者比较的结果做出判断。

① 信用条件变化对收益的影响。

$$\text{收益的增加} = \text{销售量的增加} \times \text{单位边际贡献}$$
$$= [(30\ 000 - 25\ 000) \times (5 - 4)] \text{元} = 5\ 000\ \text{元}$$

② 信用条件变化对应收账款机会成本的影响。

$$\text{应收账款机会成本} = \text{应收账款占用资金} \times \text{资金成本率}$$
$$\text{应收账款占用资金} = \text{应收账款平均余额} \times \text{变动成本率}$$
$$\text{应收账款平均余额} = \text{日平均赊销收入净额} \times \text{平均收款期}$$

$$30\ \text{天信用期应计利息} = \left(\frac{250\ 000}{360} \times 30 \times \frac{200\ 000}{250\ 000} \times 15\%\right) \text{元} = 2\ 500\ \text{元}$$

$$60\ \text{天信用期应计利息} = \left(\frac{300\ 000}{360} \times 60 \times \frac{240\ 000}{300\ 000} \times 15\%\right) \text{元} = 6\ 000\ \text{元}$$

$$\text{机会成本增加额} = (6\ 000 - 2500) \text{元} = 3\ 500\ \text{元}$$

③ 信用条件变化对收账费用和坏账损失的影响。

$$\text{收账费用增加} = (2\ 000 - 1\ 500) \text{元} = 500\ \text{元}$$
$$\text{坏账损失增加} = (4\ 500 - 2\ 500) \text{元} = 2\ 000\ \text{元}$$

④ 信用期限变化的净收益或净损益。

$$\text{信用期限变化的净损益} = [5\ 000 - (3\ 500 + 500 + 2\ 000)] \text{元} = -1\ 000\ \text{元}$$

因此,企业若采用 60 天信用期限,可以减少收益 1 000 元。

(2) 现金折扣和折扣期限

折扣期限是物业企业给予客户折扣的期限,通常用天数来表示。现金折扣是物业企业为鼓励业主或客户早日付款而给予其在商品价格上所做的扣减。折扣的主要目的是吸引业主或客户为享受优惠政策而提前付款,缩短企业应收账款的平均收账期。现金折扣的表示方法一般采用"2/10,1/20,N/30"这样一些符号形式。分子代表的是折扣期。其含义是:3/10 表示在 10 天内付款,可享受 3% 的优惠,即只需要原价的 97%;1/20 表示在 20 天内付款,可享受 1% 的优惠,即只需要原价的 99%;N/30 表示在付款的最后期限,此时无任何优惠条件。

物业企业是否采用折扣及折扣条件如何确定,关键还是要看折扣所能带来的收益与应收账款的成本孰高孰低,权衡决断。确定折扣的方法和程序与确定信用期限的方法和程序一致,只不过把所提供的延期付款时间和折扣综合起来,看各方案的延期与折扣能取得多大的收益增量,再计算各方案带来的成本变化,最终确定最佳方案。

3. 收账政策

一般而言,企业在为客户提供商业信用时,就应该考虑到客户是否会拖欠或拒付,一旦发生拖欠或拒付,企业应采取怎样的措施应对。因此,制定完善的收账政策是保证应收账款及时收回的前提和保证。所谓收账政策,是指当客户或业主违反信用条件,拖欠甚至拒付账款时,物业企业所采取的收账策略或措施。

物业企业收账的措施很多,如打电话、写信或下催缴通知单、派专人登门面谈催收、采用法律手段等,企业可视具体情况酌情而定。一般对有良好信用记录的超过付款期限较短的客户或业主,不予过多打扰,以免将来失去这一市场。对于过去缴费记录情况一直良好突然某个月欠缴的业主或客户,要核实清楚,再用电话提醒业主尽快缴费。对经常性欠缴费用的业主或客户,除打电话催收,还可下发催缴单,对长期不缴费的业主或客户应派专人登门面谈催收,如谈判不成,最后诉诸法律,采取强硬措施。需要注意的是,物业企业不要对所有的拖欠客户或业主均通过法律途径解决,因为企业的目的,不是争论谁是谁非,而是在于怎样最有效地将客户或业主所欠的账款收回。实际上,每个客户拖欠或拒付账款的原因是不尽相同的,如果能够同客户商量拿出折衷的方案,或许会有意外的收获,甚至有可能将大部分账款收回。

企业对拖欠的应收账款,无论采用何种方式进行催收,都需要付出一定的代价,即收账费用,如收款所花的邮电通讯费、派专人收款的差旅费和不得已时的法律诉讼费等。有时收账费用相当高。因此收账政策的制定,还要考虑收账费用的支出与坏账损失的减少两个因素,要在增加收账费用与减少坏账损失、减少应收账款机会成本之间进行权衡,若前者小于后者,则说明制定的收账政策是可取的。

6.3.4 应收账款日常管理

1. 应收账款的管理原则

应收账款发生之后,企业应加强对应收账款的日常管理,争取及时收回,减少坏账损失。当然,影响应收账款的因素很多,在控制过程中应按以下原则进行:

(1) 追求收益最大化的原则

应收账款是在信用条件的情况下产生的,应收账款的控制不是使信用条件越低越好,更不是使坏账损失越少越好,而是以收益最大化作为追求的目标。因此,在实行信用过程中,不应过分回避风险,而是要全面权衡,既要考虑坏账损失、机会成本的大小,也要考虑企业利润的大小,以收益最大为决策的原则。

(2) 区别对待客户的原则

对发生应收账款的客户或业主,企业要区别对待,集中精力用于信用差、可靠性较低的客户的调查分析,对其严格控制,而不是把精力平均分摊到每一个客户或业主上。

(3) 从长远利益出发的原则

企业在应收账款的控制过程中,要注重长远利益,以便在市场上占有一席之地,要同客户或业主建立良好的工作关系及工作关系网络,这对物业企业在市场上的生存和发展至关重要。

2. 应收账款的账龄分析

企业已发生的应收账款时间长短不一,有的尚未超过信用期,有的则已逾期拖欠。一般来讲,逾期拖欠时间越长,账款催收的难度越大,成为坏账的可能性也就越大。因此,企业应对应收账款回收情况进行严密的监督。一般可通过编制账龄分析表进行。

账龄分析表是一张能显示应收账款在外天数(账龄)长短的报告。其格式见表6.6。

表6.6 账龄分析表

应收账款账龄	账户数量	金额/万元	百分率/%
信用期内	200	8	40
超过信用期 1~20 天	100	4	20
超过信用期 21~40 天	50	2	10
超过信用期 41~60 天	30	2	10
超过信用期 61~80 天	20	2	10
超过信用期 81~100 天	15	1	5
超过信用期 100 天以上	5	1	5
合计	420	20	100

利用账龄分析表,企业可以了解到以下情况:

① 有多少欠款尚在信用期内。表6.6显示,有价值80 000元的应收账款处在信用期内,占全部应收账款的40%。这些欠款是正常的,但届时能否收回不能肯定,所以及时监管非常重要。

② 有多少欠款超过了信用期限,各时间段分别有多少款项,有多少欠款会因拖欠时间太久而可能成为坏账。表6.6显示,有价值120 000元的应收账款已超过了信用期,占全部应收账款的60%。不过,其中拖欠时间较短的(20天内)有40 000元,占全部应收账款的20%,这部分欠款收回的可能性很大,拖欠时间较长的(21~100天)有70 000元,占全部应收账款的35%,这部分欠款回收有一定难度;拖欠时间很长的(100天以上)有10 000元,占全部应收账款的5%,这部分欠款有可能成为坏账。对不同拖欠时间的客户,企业应采取不同的收账方法,制定经济、可行的收账政策,对可能发生的坏账损失,则应提前做好准备,充分估计这一因素对企业损益的影响。

6.4 存货管理

存货在流动资产总额中占有一定的比重,存货的管理就是指物业企业对存货要合理安排储备量,避免因存货不足而影响物业经营和服务,或因积压而占用过多的资金,以及存货的保管、维护和安全管理工作。因此,加强存货的管理,是物业企业的一项重要内容。

6.4.1 存货概述

1. 存货的内容

存货是物业企业在经营管理和服务过程中为销售或耗用而储存的各种材料、用具、工具等流动资产,一般包括原材料、燃料、低值易耗品、物料用品和库存商品等。加强存货管理,是企业理财的一项重要内容。

2. 存货的特点

① 物业企业的存货体现了物业企业具有服务性的特点。物业企业的存货的库存量可根据公共设备设施质量及已使用年限来核定。库存不必占用太多的资金,能满足日常维修需要即可。

② 物业企业的库存存货数量不大,但品种规格较多,要求有严格的管理制度。

③ 物业企业的主要库存为维修常用材料、工具备品、清洁剂及清洁用的各种用具、办公用品。

3. 存货管理的目标

鉴于物业企业存货的特点,物业企业存货既要保证物业经营活动得以顺利进行,又要以最低的成本及时向企业各部门提供所需的材料物资,以保证整个物业的各项公共设备、设施的正常运行,满足业主的正常生活秩序的要求。因此,物业企业存货管理的目标就是在各种存货成本与收益之间进行利弊权衡,达到两者的最佳结合。

6.4.2 存货成本

为了保证物业企业的经营管理服务活动正常进行,企业必须储备一定量的存货,但也会由此而发生各项支出,这就是存货成本。主要包括以下内容:

1. 取得成本

取得成本是企业为取得某种存货而发生的成本,由订货成本和购置成本组成。

(1) 订货成本

订货成本是指取得订单的成本,如办公费、差旅费、邮资、电报电话费等支出。订货成本中有一部分与订货次数无关,如专设采购机构的经费等,称为订货的固定成本,用 F_1 表示;另一部分与订货次数有关,如差旅费、邮资等,称为订货的变动成本,每次订货的变动成本用 K 表示,假设 K 固定不变,用 D 表示存货的年需要量,用 Q 表示每次进货量,则存货的年采购次数可表示为 $\dfrac{D}{Q}$,订货的变动成本可表示为 $\dfrac{D}{Q} \cdot K$。订货成本的计算公式为

$$订货成本 = F_1 + \dfrac{D}{Q} \cdot K$$

因为变动订货成本与订货次数有关,而与订货数量无关,所以,物业企业应尽量减少订货次数,以降低订货成本。

(2) 购置成本

购置成本是指存货本身的价值,经常用采购数量与采购单价的乘积来确定此成本。在一定时期进货总量既定的条件下,无论企业采购次数如何变动,存货的进价成本通常是保

持相对稳定的(假设物价不变且无采购数量折扣),因而属于决策无关成本。单位存货的采购成本用 U 表示,则全年采购成本为 DU。

根据上面分析,全年存货的取得成本(TC_a)为

取得成本 = 订货成本 + 购置成本

$$TC_a = F_1 + \frac{D}{Q} \cdot K + DU$$

2. 储存成本

储存成本指存货在储存过程中发生的有关费用,主要包括:存货资金占用费(以贷款购买存货的利息成本)或机会成本(以现金购买存货而同时损失的证券投资收益等)、仓储费用、保险费用、存货残损霉变损失等。储存成本也分为变动成本和固定成本。其中,固定成本与存货储存数额的多少没有直接的联系,如仓库折旧费、仓库职工的固定月工资等,用 F_2 表示;而变动成本则随着存货储存数额的增减成正比例变动关系,如存货资金的应计利息、存货残损和变质损失、存货的保险费用等,单位变动成本用 K_C 表示。假设 K_C 不变,则全年存货的储存成本可表示为

储存成本 = 固定储存成本 + 变动储存成本

$$TC_C = F_2 + \frac{Q}{2} \cdot K_C$$

对于物业企业而言,只有减少库存数量才有可能降低储存成本。

3. 缺货成本

缺货成本是因存货不足而给物业企业造成的损失,包括由于材料供应中断造成的停工损失或高价购进材料物资而增加的成本。用 TC_s 表示缺货成本。物业企业在选择确定采购批量时应注意到缺货成本。

用 TC 表示企业持有存货的总成本,则计算公式可表示为

$$TC = TC_a + TC_C + TC_s = F_1 + \frac{D}{Q} \cdot K + DU + F_2 + \frac{Q}{2} \cdot K_C + TC_s$$

6.4.3 存货经济进货批量模型

1. 存货经济进货批量的含义

经济进货批量是指能够使一定时期存货的相关总成本达到最低点的进货数量。通过上述对存货成本分析可知,决定存货经济进货批量的成本因素主要包括变动性进货费用(简称进货费用)、变动性储存成本(简称储存成本)以及允许缺货时的缺货成本。不同的成本项目与进货批量呈现着不同的变动关系。减少进货批量,增加进货次数,在使储存成本降低时,也会导致进货费用与缺货成本的提高;相反,增加进货批量,减少进货次数,尽管有利于降低进货费用与缺货成本,但同时也会使储存成本提高。因此,如何协调各项成本间的关系,使其总和保持最低水平,是物业企业组织进货过程需解决的主要问题。

2. 经济进货批量基本模型

经济进货批量基本模型需要设立以下假设条件:

① 企业一定时期的订货总量可以较为准确地予以预测。

② 存货的耗用或者销售比较均衡。

③ 存货的价格稳定,且不存在数量折扣,进货日期完全由企业自行决定,并且每当存货

量降为零时,下一批存货均能马上一次到位。

④ 仓储条件及所需现金不受限制。

⑤ 不允许出现缺货情形。

⑥ 所需存货市场供应充足,不会因买不到所需存货而影响其他方面。

由于企业不允许缺货,即每当存货数量降至零时,下一批存货便会随即全部购入,故不存在缺货成本。此时与存货订购批量、批次直接相关的就只有进货费用和储存成本两项。

在满足上述假设前提下,存货总成本(TC)的计算公式为

$$\text{存货相关总成本} = \text{采购成本} + \text{存储成本}$$

$$TC = F_1 + \frac{D}{Q} \cdot K + DU + F_2 + \frac{Q}{2} \cdot K_C$$

根据假设前提,F_1、F_2、D、K、K_C、U 均为常数,所以 TC 的大小由 Q 决定。通过求 TC 对 Q 的一阶导数,可求出 TC 的最小值。

令

$$\frac{dTC}{dQ} = -\frac{D}{Q^2} \cdot K + \frac{K_C}{2} = 0 \text{(此时 } TC \text{ 最小)}$$

得

$$Q^* = \sqrt{\frac{2KD}{K_C}} \quad (Q^* \text{ 为经济订货批量})$$

依次可求得

每年最佳订货次数 $N^* = \dfrac{D}{Q^*} = \sqrt{\dfrac{DK_C}{2K}} = \dfrac{1}{2} \cdot \sqrt{\dfrac{2DK_C}{K}}$

与批量有关的存货总成本 $TC(Q^*) = \sqrt{2KDK_C}$

最佳订货周期(天)$t^* = \dfrac{360}{N^*} = 360 \times \sqrt{\dfrac{2K}{DK_C}}$

经济订货批量占用资金 $I^* = \dfrac{Q^*}{2} U = \dfrac{1}{2} \cdot \sqrt{\dfrac{2KD}{K_C}} \cdot U$

[例6.6] 某物业公司每年耗用某种材料3 600千克,该材料单位成本10元,单位变动储存成本为2元,一次订货成本25元。则

$$Q^* = \sqrt{\frac{2KD}{K_C}} = \sqrt{\frac{2 \times 25 \times 3\,600}{2}} \text{千克} = 300 \text{千克}$$

$$N^* = \frac{D}{Q^*} = \frac{3\,600}{300} \text{次} = 12 \text{次}$$

$$TC(Q^*) = \sqrt{2KDK_C} = \sqrt{2 \times 25 \times 3\,600 \times 2} \text{元} = 600 \text{元}$$

$$t^* = \frac{1}{N^*} = \frac{1}{12} \text{年} = 1 \text{个月}$$

$$I^* = \frac{Q^*}{2} U = (300 \div 2 \times 10) \text{元} = 1\,500 \text{元}$$

经济进货量也可以用图解法求得:先计算出一系列不同批量的各有关成本,然后在坐标图上描出由各有关成本构成的订货成本线、储存成本线和总成本线,总成本线的最低点(或者是订货成本线和储存成本线的交接点)相应的批量,即经济订货量。

不同批量下的有关成本指标见表6.7。

表6.7 不同批量下的有关成本指标

订货批量/件	100	200	300	400	500	600
平均存量/件	50	100	150	200	250	300
储存成本/元	100	200	300	400	500	600
订货次数/次	36	18	12	9	7.2	6
订货成本/元	900	450	300	225	180	150
总成本/元	1 000	650	600	625	680	750

不同批量的有关成本变动情况如图6.4所示。从以上成本指标的计算和图形中可以清楚地看出,当订货批量为300千克时总成本最低,小于或大于这一批量都是不合理的。

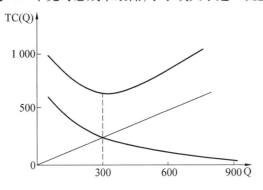

图6.4 不同批量下的有关成本指标

6.4.4 存货日常管理

存货日常管理的目标是在保证物业企业经营管理服务正常进行的前提下,尽量减少库存,防止积压。物业企业的存货品种规格繁多,有的材料价格昂贵,如果管理不善,将给企业造成极大的损失。而有的存货虽然品种数量较多,但价格较低,即使在管理中出现一些问题,也不至于对企业产生较大的影响。为此我们在存货日常管理过程中要分清主次,采取ABC分类管理法实现存货日常管理的目标。

ABC分类管理是由意大利经济学家巴雷特于19世纪首创的,经过一个多世纪的发展和完善,现已广泛用于存货管理、成本管理和生产管理,是企业管理中常用的一种方法。ABC分类管理就是按照一定的标准,将企业的存货划分为A、B、C三类,分别实行分品种重点管理、分类别一般控制和按总额灵活掌握的存货管理方法。其目的在于使企业分清主次,突出重点,以提高存货资金管理的整体效果。

ABC分类管理方法的一般程序是:首先计算每种存货所占用的资金占全部存货资金占用额的比重,并按大小排序;其次按照金额标准和品种数量标准,将企业的存货划分为A、B、C三类。通常情况是:品种少但资金占用较多的存货为A类,此类存货的品种数量约占全部存货品种数量的5% ~ 20%,但其资金占用比例为60% ~ 80%;种类繁多但资金占用不多的存货为C类,此类存货的品种数量约占全部存货品种数量的60% ~ 70%,但其资金占用比例为5% ~ 15%;介于A类和C类之间的存货是B类存货,此类存货的品种数量约占全部存货品种数量的20% ~ 30%,但其资金占用比例为15% ~ 30%;最后针对不同类别的存货,实施不同的管理。对A类存货进行重点规划和控制,对B类存货作次重点管理,对C类存货只进行一般管理。

6.5 维修资金管理

6.5.1 物业维修资金的定义

物业维修资金是依据有关法规筹集的用于新商品房(包括经济适用住房)和公有住房出售后的共用部位、共用设施设备维修之用的专门款项。

共用部位是指住宅主体承重结构部位(包括基础、内外承重墙体、柱、梁、楼板、屋顶等)、户外墙面、门厅、楼梯间、走廊通道等。共用设施设备是指住宅小区或单幢住宅内,建设费用已分摊进入住房销售价格的共用的上下水管道、落水管、水箱、加压水泵、电梯、天线、供电线路、照明、锅炉、暖气线路、煤气线路、消防设施、绿地、道路、路灯、沟渠、池、井、非经营性车场车库、公益性文体设施和共用设施设备使用的房屋等。

为加强住宅共用部位、共用设施设备维护基金的管理,维护房屋产权人和使用人的合法权益,保障住宅正常的维修、使用,根据建设部、财政部所发布的自2008年2月1日起实施的《住宅专项维修资金管理办法》等有关规定,各城市都建立了各自的住房维修资金缴存使用的具体实施办法。

6.5.2 物业维修资金的管理

1. 交存

根据有关规定,开发商和购房者均应在签订房屋买卖合同时缴纳物业维修资金。在前期物业管理期间(业主委员会成立之前),开发商应将物业维修资金以业主委员会的名义存入金融机构,设立专门账户,任何人不得动用。业主委员会成立之后,开发商应将物业维修资金移交给业主委员会,由业主委员会委托物业管理单位管理,专项用于物业维修,不得挪作他用。业主交存的住宅专项维修资金属于业主所有。业主大会应当委托所在地一家商业银行作为本物业管理区域内住宅专项维修资金的专户管理银行,并在专户管理银行开立住宅专项维修资金专户。开立住宅专项维修资金专户,应当以物业管理区域为单位设账,按房屋户门号设分户账。业主大会应当建立住宅专项维修资金管理制度。业主大会开立的住宅专项维修资金账户,应当接受所在地省(直辖市)、市、县人民政府建设(房地产)主管部门的监督。业主分户账账面住宅专项维修资金余额不足首期交存额30%的,应当及时续交。

2. 使用

业主大会成立前,住宅专项维修资金由所在地政府建设(房地产)主管部门代管;业主大会成立后,业主可以向相关部门提出申请,通过召开业主大会的方式,经该物业管理区域内专有部分占建筑物总面积2/3以上、人数占总人数2/3以上的业主同意,由业主大会授权业主委员会负责专项维修资金的日常管理。业主大会可以委托所在地一家商业银行作为专户管理银行,开立住宅专项维修资金专户。在保证维修资金正常使用的前提下,可按照国家有关规定将专项维修资金用于购买国债。

可由物业企业根据维修、更新和改造项目提出使用建议,没有物业企业的,由相关业主提出使用建议(在住宅专项维修资金列支范围内由专有部分占建筑物总面积2/3以上、人数占总人数2/3以上的业主讨论通过使用建议)。

根据《住宅专项维修资金管理办法》的明确规定，以下4项费用不得从住宅专项维修资金中列支：

① 依法应当由建设单位或者施工单位承担的住宅共用部位、共用设施设备维修、更新和改造费用。

② 依法应当由相关单位承担的供水、供电、供气、供热、通信、有线电视等管线和设施设备的维修、养护费用。

③ 应当由当事人承担的因人为损坏住宅共用部位、共用设施设备所需的修复费用。

④ 根据物业服务合同约定，应当由物业企业承担的住宅共用部位、共用设施设备的维修和养护费用。

【本章小结】

本章主要阐述了营运资金管理的基本内容、概念、特点以及维修资金的管理和使用；介绍了物业企业持有现金的目的和成本、最佳现金持有量的确定以及现金的日常管理；明确了应收账款信用成本的确定、管理政策以及日常管理；阐述了存货成本的内容以及存货控制方法、经济进货批量的基本模型和方法；最后介绍了物业维修资金的使用和管理。

【课后习题】

一、单项选择题

1. 所谓营运资金指的是（　　）。
   A. 流动资产减去流动负债后的余额
   B. 增加的流动资产减去增加的流动负债后的余额
   C. 减少的流动资产减去减少的流动负债后的余额
   D. 增加的流动负债减去增加的流动资产后的余额

2. 在确定最佳现金持有量时，成本分析模式和存货模式均需考虑的因素是（　　）。
   A. 持有现金的机会成本　　　B. 固定性转换成本
   C. 现金短缺成本　　　　　　D. 现金保管费用

3. 企业为满足交易动机而持有现金，所需考虑的主要因素是（　　）。
   A. 企业销售水平的高低　　　B. 企业临时举债能力的大小
   C. 企业对待风险的态度　　　D. 金融市场投机机会的多少

4. 企业在进行现金管理时，可利用的现金浮游量是指（　　）。
   A. 企业账户所记存款余额　　B. 银行账户所记企业存款余额
   C. 企业账户与银行账户所记存款余额之差
   D. 企业实际现金余额超过最佳现金持有量之差

5. 设企业年耗用某种材料3 600件，材料单价为4元，一次订货的订货成本为10元，单位存货的年储存成本为0.8元，那么该企业一年订货（　　）次最经济。
   A. 6　　　　　　B. 12　　　　　　C. 24　　　　　　D. 36

二、多项选择题

1. 企业的最佳现金持有量是（　　）之和最小的现金持有规模。
   A. 短缺成本　　B. 管理成本　　C. 机会成本　　D. 沉没成本

2. 物业企业持有现金的动机在于（　　）。

A. 交易性需要　　B. 预防性需要　　C. 管理性需要　　D. 投机性需要

3. 确定企业最佳现金持有量的方法有(　　)。

A. 成本分析模式　B. 随机模式　　C. 存货模式　　D. 现金周转期模式

4. 应收账款的成本主要有(　　)。

A. 机会成本　　B. 管理成本　　C. 短缺成本　　D. 坏账损失

5. 物业企业发生应收账款的原因有(　　)。

A. 商业竞争　　B. 客户未付款　　C. 客户延期付款　　D. 销售和收款的时间差距

三、计算题

1. 某物业公司现金收支平稳，预计全年（按360天计算）现金需要量为250 000元，现金与有价证券的转换成本为每次500元，有价证券年利率为10%。要求：

(1) 计算最佳现金持有量。

(2) 计算最佳现金持有量下的全年现金管理总成本、全年现金转换成本和全年现金持有机会成本。

2. 某物业公司年耗用乙材料72 000千克，单位采购成本为200元，储存成本为4元，平均每次进货费用为40元，假设该材料不存在缺货情况。要求：

(1) 计算乙材料的经济进货批量。

(2) 计算经济进货批量下的相关总成本。

(3) 计算经济进货批量下的平均占用资金。

(4) 计算年度最佳进货批次。

四、简答题

1. 现金管理的内容有哪些？如何确定现金的最佳持有量？

2. 应收账款产生的原因是什么？其成本包括哪些方面？

3. 存货成本有哪些？存货管理的目标是什么？

4. 如何确定存货的经济进货批量？经济进货批量模型的建立需要哪些假设前提？

第 7 章　物业企业财务预算

【学习目标】

通过本章的学习,掌握财务预算等财务管理基本知识,了解财务预算对物业企业财务管理的意义,为物业企业规划资金方案、合理使用资金、科学决策奠定基础。

【本章导读】

俗话说"预则立,不预则废",这体现在企业财务管理上再恰当不过了,但财务预算在具体编制时,就不那么简单了,很多企业的预算管理存在类似现象。"许多人感慨,预算管理的弊病是管得不好还不如不管,比如,今年的招待费花了 10 万元,明年预算,财务打算给我多少招待费? 怎么也得给 12 万元吧? 到了 11 月份花了 9 万元,剩下 3 万元怎么办? 年底肯定花掉,年初抢指标,年末抢花钱,预算不但没有起到控制费用的目的,反而成为诱导费用扩张的重要手段。"物业企业本身的特点是存货成本很少,耗费大多集中在人力资源成本和管理成本上,这就给企业财务预算的编制和财务控制的实施带来了一定的难度,那么如何才能构建一个完善的财务预算体系,使企业的预算指标真正起到目标导向作用呢?

7.1　财务预算的含义与体系

7.1.1　财务预算的含义

财务预算是一系列专门反映企业未来一定预算期内预计财务状况和经营成果,以及现金收支等价值指标的各种预算的总称,具体包括现金预算、财务费用预算、预计利润表、预计利润分配表和预计资产负债表等内容。

财务预算具有以下功能:

(1) 规划

使管理阶层在制订经营计划时更具前瞻性。

(2) 沟通和协调

通过预算编制让各部门的管理者更好地扮演纵向与横向沟通的角色。

(3) 资源分配

由于企业资源有限,通过财务预算可将资源分配给获利能力相对较高的相关部门、项目和产品。

(4) 营运控制

预算可视为一种控制标准,若将实际经营成果与预算相比较,可让管理者找出差异,分析原因,改善经营。

(5) 绩效评估

通过预算建立绩效评估体系,可帮助各部门管理者做好绩效评估工作。故编制财务预算是企业财务管理的一项重要工作。

财务预算的编制需要以财务预测的结果为根据,并受到财务预测质量的制约。财务预算必须服从决策目标的要求,使决策目标具体化、系统化、定量化。

7.1.2 财务预算在全面预算体系中的地位

全面预算是根据企业目标所编制的经营、资本、财务等年度收支总体计划,包括特种决策预算、日常业务预算与财务预算三大类内容。

特种决策预算又称为专门决策预算,是指企业不经常发生的、需要根据特定决策临时编制的一次性预算。特种决策预算包括经营决策预算和投资决策预算两种类型。

日常业务预算又称为经营预算,是指与企业日常经营活动直接相关的经营业务的各种预算。主要包括:

① 销售预算。
② 生产预算。
③ 直接材料耗用量及采购预算。
④ 应交增值税、销售税金及附加预算。
⑤ 直接人工预算。
⑥ 制造费用预算。
⑦ 产品成本预算。
⑧ 期末存货预算。
⑨ 销售费用预算。
⑩ 管理费用预算等内容。

这类预算通常与企业利润表的计算有关,大多以实物量指标和价值量指标分别反映企业收入与费用的构成情况。这些预算前后衔接,相互勾稽,既有实物量指标,又有价值量和时间量指标。

财务预算作为全面预算体系中的最后环节,可以从价值方面总括地反映经营期决策预算与业务预算的结果,亦称为总预算,其余预算则相应称为辅助预算或分预算。显然,财务预算在全面预算体系中占有举足轻重的地位。

7.1.3 财务预算编制的方法

1. 固定预算方法与弹性预算方法

编制预算的方法按其业务量基础的数量特征不同,可分为固定预算方法和弹性预算方法两大类。

(1) 固定预算方法

固定预算方法简称固定预算,又称静态预算,是指在编制预算时,只根据预算期内正常的、可实现的某一固定业务量(如生产量、销售量)水平作为唯一基础来编制预算的一种方法。

[例7.1] A公司采用完全成本法,该公司某产品的预计产量为1 000件,按固定预算

编制的产品成本预算见表7.1。

预计产量:1 000 件

表7.1　A公司产品成本预算(按固定预算方法编制)　　　　单位:元

成本项目	总成本	单位成本
直接材料	5 000	5
直接人工	1 000	1
制造费用	2 000	2
合计	8 000	8

该产品预算期内的实际产量为1 400 件,实际发生成本11 000 元。实际成本资料与预算成本资料编制的成本业绩报告见表7.2。

预算产量:1 000 件

实际产量:1 400 件

表7.2　A公司成本业绩报告　　　　单位:元

成本项目	实际成本	预算成本		实际成本与预算成本差额	
		未按产量调整	按产量调整	未按产量调整	按产量调整
直接材料	7 500	5 000	7 000	+ 2 500	+ 500
直接人工	1 200	1 000	1 400	+ 200	− 200
制造费用	2 300	2 000	2 800	+ 300	− 500
合计	11 000	8 000	11 200	+ 3 000	− 200

从业绩表中可以看出:实际成本与未按产量调整的预算成本相比,超支较多;实际成本与按产量调整后的预算成本相比,又节约了许多。

一旦产量变动,无论是按变动后的产量对预算成本调整,还是未按变动后的产量对预算成本调整,都会出现一些问题,都不能准确地说明企业预算执行的情况。

(2)弹性预算方法

弹性预算方法简称弹性预算,又称变动预算或滑动预算,是指为克服预算方法的缺点而设计的,以业务量、成本和利润之间的依存关系为依据,以预算期可预见的各种业务量水平为基础,编制能够适应多种情况的预算的一种方法。

编制弹性预算所依据的业务量可以是产量、销售量、直接人工工时、机器工时、材料消耗量或直接人工工资等。

① 弹性成本预算的编制。

a. 弹性成本预算的基本公式。

编制弹性成本预算,关键是进行成本性态分析,将全部成本最终区分为变动成本和固定成本两大类。变动成本主要根据单位业务量来控制,固定成本则按总额控制。其成本的预算公式为

成本的弹性预算 = 固定成本预算数 + $\sum$ (单位变动成本预算数 × 预计业务量)

在此基础上,按事先选择的业务量计量单位和确定的有效变动范围,根据该业务量与有关成本费用项目之间的内在关系即可编制弹性成本预算。

b. 业务量的选择。

选择业务量包括选择业务量计量单位和业务量变动范围两部分内容。业务量计量单位应根据企业的具体情况进行选择。一般来说,生产单一产品的部门,可以选用产品实物

量;生产多品种产品的部门,可以选用人工工时、机器工时等;修理部门可以选用修理工时等。以手工操作为主的企业应选用人工工时;机械化程度较高的企业选用机器工时更为适宜。

业务量变动范围是指弹性预算所适用的业务量变动区间。业务量变动范围的选择应根据企业的具体情况而定。一般来说,可定在正常生产能力的70%～120%,或以历史上最高业务量或最低业务量为其上下限。

c.弹性成本预算的具体编制方法。

弹性成本预算的具体编制方法包括公式法和列表法两种。

公式法是通过确定成本公式 $y_i = a_i + b_i x_i$ 中的 a_i 和 b_i 来编制弹性预算的方法。

在成本性态分析的基础上,可将任何成本项目近似地表示为 $y_i = a_i + b_i x_i$(当 a_i 为零时,$y_i = b_i x_i$ 为变动成本;当 b_i 为零时,$y_i = a_i$ 为固定成本;当 a_i 和 b_i 均不为零时,y_i 为混合成本;x_i 可以为多种业务量指标如产销量、直接人工工时等)。

在公式法下,如果事先确定了有关业务量的变动范围,只要根据有关成本项目的 a_i 和 b_i 参数,就可以很方便地推算出业务量在允许范围内任何水平上的各项预算成本。

[例7.2] A公司按公式法编制的制造费用弹性预算,其中较大的混合成本已经被分解,见表7.3。

表7.3 A公司预算期制造费用弹性预算(公式法) 单位:元

项目	a_i	b_i
管理人员工资	15 000	—
保险费	5 000	—
设备租金	8 000	—
维修费	6 000	0.25
水电费	500	0.15
辅助材料	4 000	0.30
辅助工工资	—	0.45
检验员工资	—	0.35
合计	38 500	1.50

从表7.3可知,可以利用 $y_i = a_i + b_i x_i$,即:$y = 38\ 500 + 1.5x$,计算出人工工时在70 000～120 000的范围(正常生产能力为100 000小时)内的任何一业务量基础上的制造费用预算总额。也可以计算出制造费用中某一费用项目的预算额,如水电费 $y = 500 + 0.15x$。

这种方法的优点是在一定范围内不受业务量波动影响,编制预算的工作量较小;缺点是在进行预算控制和考核时,不能直接查出特定业务量下的总成本预算额,而且按细目分解成本比较麻烦,同时又有一定误差。

在实际工作中可以将公式法与列表法结合起来应用。

列表法是指通过列表的方式,在相关范围内每隔一定业务量范围计算相关数值预算,来编制弹性成本预算的方法。

[例7.3] A公司按列表法编制的制造费用弹性预算,见表7.4。

表7.4　A公司预算期制造费用弹性预算(列表法)

直接人工/h	70 000	80 000	90 000	100 000	110 000	120 000
生产能力利用/%	70	80	90	100	110	120
1. 变动成本项目/元	56 000	64 000	72 000	80 000	88 000	96 000
辅助工人工资	31 500	36 000	40 500	45 000	49 500	54 000
检验员工资	24 500	28 000	31 500	35 000	38 500	42 000
2. 混合成本项目/元	59 500	66 500	73 500	80 500	87 500	94 500
维修费	23 500	26 000	28 500	31 000	33 500	36 000
水电费	11 000	12 500	14 000	15 500	17 000	18 500
辅助材料	25 000	28 000	31 000	34 000	37 000	40 000
3. 固定成本项目/元	28 000	28 000	28 000	28 000	28 000	28 000
管理人员工资	15 000	15 000	15 000	15 000	15 000	15 000
保险费	5 000	5 000	5 000	5 000	5 000	5 000
设备租金	8 000	8 000	8 000	8 000	8 000	8 000
制造费用预算/元	143 500	158 500	173 500	188 500	203 500	218 500

表中的业务量间距为10%,在实际工作中可选择更小的间距(如5%,读者可以自行计算)。显然,业务量的间距越小,实际业务量水平出现在预算表中的可能性就越大,但工作量也就越大。

列表法的主要优点是,可以直接从表中查得各种业务量下的成本预算,便于预算的控制和考核,但这种方法工作量较大,且不能包括所有业务量条件下的费用预算,故适用面较窄。

② 弹性利润预算的编制。

弹性利润预算是根据成本、业务量和利润之间的依存关系,为适应多种业务量变化而编制的利润预算。弹性利润预算是以弹性成本预算为基础编制的,其主要内容包括销售量、价格、单位变动成本和固定成本。

弹性利润预算的编制主要有以下两种方法:

第一种,因素法。该方法是指根据受业务量变动影响的有关收入、成本等因素与利润的关系,列表反映在不同业务量条件下利润水平的预算方法。

[例7.4]　A公司年度产品的销量在7 000～12 000件之间变动,售价100元,单位变动成本86元,固定成本总额80 000元。以1 000件为销量间隔单位编制该项产品的弹性利润预算见表7.5。

表7.5　A公司弹性利润预算

销售量/件	7 000	8 000	9 000	10 000	11 000	12 000
单价/元	100	100	100	100	100	100
单位变动成本/元	86	86	86	86	86	86
销售收入/元	700 000	800 000	900 000	1 000 000	1 100 000	1 200 000
减:变动成本/元	602 000	688 000	774 000	860 000	946 000	1 032 000
贡献边际/元	98 000	112 000	126 000	140 000	154 000	168 000
减:固定成本/元	80 000	80 000	80 000	80 000	80 000	80 000
营业利润/元	18 000	32 000	46 000	60 000	74 000	88 000

如果销售价格、单位变动成本、固定成本发生变动,也可参照此方法,分别编制在不同销售价格、不同单位变动成本、不同固定成本水平下的弹性利润预算,从而形成一个完整的

弹性利润预算体系。

这种方法适于单一品种经营或采用分算法处理固定成本的多品种经营的企业。

第二种,百分比法。本法又称销售额百分比法,是指按不同销售额的百分比来编制弹性利润预算的方法。

一般来说,许多企业都经营多个品种或服务,在实际工作中,分别按品种或服务项目逐一编制弹性利润预算是不现实的,这就要求我们用一种综合的方法——销售额百分比法对全部经营商品或服务大类编制弹性利润预算。

[**例7.5**] A公司公司年度的销量达到100%时的收入为1 000 000元,变动成本为860 000元,固定成本为80 000元。如表7.6所示,按10%为间隔,按百分比法编制弹性利润预算。

表7.6 A公司弹性利润预算(百分比法)   单位:元

销售收入百分比(1)	70%	80%	90%	100%	110%	120%
销售收入(2) = 1 000 000 × (1)	700 000	800 000	900 000	1 000 000	1 100 000	1 200 000
销售收入(3) = 860 000 × (1)	602 000	688 000	774 000	860 000	946 000	1 032 000
贡献边际(4) = (2) - (3)	98 000	112 000	126 000	140 000	154 000	168 000
固定成本(5)	80 000	80 000	80 000	80 000	80 000	80 000
利润总额(6) = (4) - (5)	18 000	32 000	46 000	60 000	74 000	88 000

应用百分比法的前提条件是销售收入必须在相关范围内变动,即销售收入的变化不会影响企业的成本水平(单位变动成本和固定成本总额)。此法主要适用于多品种经营的企业。

2.增量预算方法与零基预算方法

编制成本费用预算的方法按其出发点的特征不同,可分为增量预算方法和零基预算方法两大类。

(1)增量预算方法

①增量预算方法的含义。

增量预算方法简称增量预算,又称调整预算方法,是指以基期成本费用水平为基础,结合预算期业务量水平及有关影响成本因素的未来变动情况,通过调整有关原有费用项目而编制预算的一种方法。

传统的预算编制方法基本上采用的是增量预算方法,即以基期的实际预算为基础,对预算值进行增减调整。这种预算方法比较简便。

②增量预算方法的假定。

增量预算方法源于以下3方面的假定:

首先,现有的业务活动是企业所必需的。只有保留企业现有的每项业务活动,才能使企业的经营过程得到正常发展。

其次,原有的各项开支都是合理的。既然现有的业务活动是必需的,那么原有的各项费用开支就一定是合理的,必须予以保留。

再次,未来预算期的费用变动是在现有费用的基础上调整的结果。

(2)零基预算方法

零基预算方法的全称为"以零为基础编制计划和预算的方法",简称零基预算,又称零底预算,是指在编制成本费用预算时,不考虑以往会计期间所发生的费用项目或费用数额,而是将所有的预算支出均以零为出发点,一切从实际需要与可能出发,逐项审议预算期内各项费用的内容及开支标准是否合理,在综合平衡的基础上编制费用预算的一种方法。

零基预算方法打破了传统的编制预算观念,不再以历史资料为基础进行调整,而是一切以零为基础。编制预算时,首先要确定各个费用项目是否应该存在,然后按项目的轻重缓急,安排企业的费用预算。

[例7.6] A公司为降低成本,准备对历年超支的业务招待费、劳动保护费、办公费、广告费和保险费按零基预算方法编制预算。经过讨论确定预算年度报告开支水平见表7.7。

表7.7 A公司预计费用项目及开支金额　　　　　　　　　　　　单位:元

费用项目	开支金额
① 业务招待费	180 000
② 劳动保护费	150 000
③ 办公费	100 000
④ 广告费	300 000
⑤ 保险费	120 000
合计	850 000

经过论证,只有业务招待费和广告费可以压缩。根据历史资料对招待费和广告费进行成本－效益分析,得出数据见表7.8。

表7.8 A公司成本－效益分析表　　　　　　　　　　　　单位:元

成本项目	成本金额	收益金额
业务招待费	1	4
广告费	1	6

劳动保护费、办公费和保险费,必不可少,列第一层,广告费虽然可以酌情增减,但它的效益较高,放在第二层,业务招待费效益最低,列为第三层次。

假定公司可动用的财力只有700 000元,根据以上排列的层次和顺序,最终预算如下:

确定不可避免项目的预算金额(150 000 + 100 000 + 120 000)元 = 370 000元

确定可分配的资金 = (700 000 − 370 000)元 = 330 000元

广告费可分配资金 = [330 000 × (6 ÷ 10)]元 = 198 000元

业务招待费分配资金 = [330 000 × (4 ÷ 10)]元 = 132 000元

在实际工作中,某些成本项目的成本－效益的关系不容易确定,按零基预算方法编制预算时,不能机械地平均分配资金,要根据企业的实际情况,有重点、有选择地确定。

3. 定期预算方法与滚动预算方法

编制预算的方法按其预算期的时间特征不同,可分为定期预算方法和滚动预算方法两大类。

(1) 定期预算方法

定期预算方法简称定期预算,是指在编制预算时以不变的会计期间(如日历年度)作为预算期的一种编制预算的方法。

(2) 滚动预算方法

① 滚动预算方法的含义。

滚动预算方法简称滚动预算,又称连续预算或永续预算,是指在编制预算时,将预算期与会计年度脱离,随着预算的执行不断延伸补充预算,逐期向后滚动,使预算期永远保持为一个固定期间的一种预算编制方法。

②滚动预算的方式及其特征。

滚动预算按其预算编制和滚动的时间单位不同可分为逐月滚动、逐季滚动和混合滚动三种方式。

逐月滚动方式是指在预算编制过程中,以月份为预算的编制和滚动单位,每个月调整一次预算的方法。按照逐月滚动方式编制的预算比较精确,但工作量太大。

逐季滚动方式是指在预算编制过程中,以季度为预算的编制和滚动单位,每个季度调整一次预算的方法。逐季滚动编制的预算比逐月滚动的工作量小,但预算精确度较差。

混合滚动方式是指在预算编制过程中,同时使用月份和季度作为预算的编制和滚动单位的方法。它是滚动预算的一种变通方式。

这种预算方法的理论依据是:人们对未来的把握程度不同,对近期的预计把握较大,对远期的预计把握较小。为了做到长计划短安排,远略近详,在预算编制过程中,可以对近期预算提出较高的精度要求,使预算的内容相对详细;对远期预算提出较低的精度要求,使预算的内容相对简单,这样可以减少预算工作量。

在实际工作中,采用哪一种滚动预算方式应视企业的实际需要而定。

7.2 财务预算的编制

7.2.1 日常业务预算

为了说明现金预算的编制依据,本节先简要介绍一部分日常业务预算和特种决策预算的编制方法。

1. 销售预算的编制

销售预算是指为规划一定预算期内因组织销售活动而引起的预计销售收入而编制的一种日常业务预算。

销售预算需要在销售预测的基础上,根据企业年度目标利润确定的预计销售量和销售价格等参数进行编制。其编制程序如下:

(1) 计算各种产品的预计销售收入

按照各种产品的预计单价和预计销售量计算各种产品的预计销售收入,其计算公式为

$$某种产品预计销售收入 = 该种产品预计单价 \times 该产品预计销售量$$

式中,单价可根据市场供求关系并通过价格决策来决定;预计销售量则需要根据市场预测或销售合同并结合企业生产能力来确定。

(2) 预计预算期所有产品的预计销售收入总额

$$销售收入总额 = \sum 某种产品预计销售收入$$

(3) 预计在预算期发生的与销售收入相关的增值税销项税额

$$某期增值税的销项税额 = 该期预计销售收入总额 \times 该期适用的增值税税率$$

(4) 预计预算期含税销售收入

$$某期含税销售收入 = 该期预计销售收入 + 该期预计销项税额$$

为了便于编制财务预算,还应在编制销售预算的同时,编制与销售收入有关的经营现金收入预算表,以反映全年及各季销售所得的现销含税收入和回收以前期应收账款的现金

收入。

某预算期的经营现金收入的计算公式为

某预算期经营现金收入 = 该期现销含税收入 + 该期回收以前期的应收账款

式中,现销含税收入和回收前期应收账款的计算公式为

某期现销含税收入 = 该期含税销售收入 × 该期预计现销率

某期回收以前期的应收账款 = 本期期初应收账款 × 该期的预计应收账款回收率

式中,现销率是指一定时期现销含税收入占该期含税收入的百分比;应收账款回收率是以前期应收账款在本期回收数占相关的应收账款的百分比。一般,现销率和回收率常为已知数或经验数据。

预算期期末的应收账款余额的计算公式为

预算期期末应收账款余额 = 预算期期初应收账款余额 + 该期含税销售收入 − 本期经营现金收入

[例 7.7] A 公司 2015 年度的预算销售单价、预计销售量和其他资料见表 7.9。

表 7.9 2015 年度 A 公司的预计销售单价、预计销售量和其他资料

季度		1	2	3	4	年初应收账款	增值税率	收现率	
								首期	二期
甲产品	销售单价/(元·件$^{-1}$)	65	65	65	70	19 000 元	17%	60%	40%
	预计销售量/件	800	1 000	1 200	1 000				
乙产品	销售单价/(元·件$^{-1}$)	80	80	80	75	12 000 元			
	预计销售量/件	500	800	1 000	1 200				

根据资料编制该项公司销售预算,见表 7.10。

表 7.10 20×8 年度 A 公司的销售预算

季度		1	2	3	4	全年
销售单价/(元·件$^{-1}$)	甲产品	65	65	65	70	66.25
	乙产品	80	80	80	75	78.75
预计销售量/件	甲产品	800	1 000	1 200	1 000	4 000
	乙产品	500	800	1 000	1 200	3 500
预计销售收入/元	甲产品	52 000	65 000	78 000	70 000	265 000
	乙产品	40 000	64 000	80 000	90 000	274 000
	合计	92 000	129 000	158 000	160 000	539 000
增值税销项税额/元		15 640	21 930	26 860	27 200	91 630
含税销售收入/元		107 640	150 930	184 860	187 200	630 630

根据资料编制该公司现金收入预算,见表 7.11。

表 7.11 2015 年度 A 司的经营现金收入预算   单位:元

季度	1	2	3	4	全年
含税销售收入	107 640	150 930	184 860	187 200	630 630
期初应收账款	31 000				31 000
第一季度经营现金收入	64 584	43 056			107 640
第二季度经营现金收入		90 558	60 375		150 930

续表7.11　　　　　　　　　　　　　　　　　　　　　　　　　　　　单位:元

季度	1	2	3	4	全年
第三季度经营现金收入			110 916	73 944	184 860
第四季度经营现金收入				112 320	112 320
经营现金收入合计	95 584	133 614	171 288	186 264	586 750

某期经营现金收入 = 当期含税销售收入 × 首期收现率 + 前期含税销售收入 × 二期收现率

年末应收账款余额 = (31 000 + 630 630 − 586 750)元

或 = (187 200 × 40%)元 = 74 880 元

2. 生产预算的编制

生产预算是指为规划一定预算期内预计生产量水平而编制的一种日常业务预算。

该预算是所有日常业务预算中唯一一个使用实物计量单位的预算,可以为进一步编制有关成本和费用预算提供实物量数据。

生产预算需要根据预计的销售量按品种分别编制。由于企业的生产和销售不能做到"同步同量",必须设置一定量的存货,以保证均衡生产。因此,预算期间除必须备有充足的产品以供销售外,还应考虑预计期初存货和预计期末存货的因素。

[例7.8]　沿用以上各例数据,A 公司 2015 年度的存货资料见表7.12。

表7.12　2015 年度 A 公司的存货资料

品种	年初产成品存货量/件	年末产成品存货量/件	年初在产品存货量/件	年末在产品存货量/件	预计期末产成品占下期销量的百分比	年初产成品成本单位额/元	年初产成品成本总额/元
甲产品	80	120	0	0	10%	40	3 200
乙产品	50	130	0	0	10%	62	3 100

根据资料编制该公司的生产预算,见表7.13。

表7.13　2015 年度 A 公司的生产预算　　　　　　　　　　　　　　　单位:件

品种	季度	1	2	3	4	全年
甲产品	预计销售量(销售预算)	800	1 000	1 200	1 000	4 000
	加:预计期末存货量	100	120	100	120	120
	减:期初存货量	80	100	120	100	80
	预计生产量	820	1 020	1 180	1 020	4 040
乙产品	预计销售量(销售预算)	500	800	1 000	1 200	3 500
	加:预计期末存货量	80	100	120	130	130
	减:期初存货量	50	80	100	120	50
	预计生产量	530	820	1 020	1 210	3 580

3. 直接材料预算的编制

直接材料预算是指为规划一定预算期内因组织生产经营活动和材料采购活动预计发生的直接材料需用量、采购数量和采购成本而编制的一种经营预算。

本预算以生产预算、材料消耗定额和预计材料采购单价等信息为基础,并考虑期初、期末材料存货水平。

直接材料预算包括需用量预算和采购预算两个部分。

(1) 直接材料需用量预算的编制程序。

① 按照各种产品的材料消耗定额和生产量计算预算期某种直接材料的需用量

$$\text{某产品或某服务消耗某种直接材料预计需要量} = \frac{\text{该产品或该服务消耗该材料的消耗定额}}{} \times \text{该产品或该服务预计产量}$$

② 预计预算期某种直接材料的全部需用量。

$$\text{预算期某种直接材料全部需用量} = \sum \text{某产品或某服务消耗该种直接材料预计需用量}$$

(2) 直接材料采购预算的编制程序

① 预计预算期某种直接材料的全部采购量。

某种直接材料的预计采购量 = 该种材料的预计需用量 + 该种材料的预计期末库存量 − 该种材料的预计期初库存量

② 预计预算期某种直接材料的采购成本。

某种材料预计采购成本 = 该种材料单价 × 该材料预计采购量

③ 确定预算期企业直接材料采购总成本。

$$\text{预算期企业直接材料采购总成本} = \sum \text{某种材料预计采购成本}$$

④ 计算在预算期发生的与直接材料采购总成本相关的增值税进项税额。

某期增值税的进项税额 = 预算期企业直接材料采购总成本 × 该期适用的增值税税率

⑤ 计算预算期预计采购金额。

$$\text{某期预计采购金额} = \text{预算期企业直接材料采购总成本} + \text{该期预计进项税额}$$

同编制生产预算一样,编制直接材料采购预算应注意材料的采购量、耗用量和库存量保持合理的比例关系,以避免材料的供应不足或超储积压。

为了便于以后编制现金预算,通常要编制与材料采购有关的各季度预计材料采购现金支出预算。

$$\text{某期采购材料现金支出} = \text{某期预计采购金额} \times \text{该期预计付现率}$$

式中的付现率是指一定期间现购材料现金支出占该期含税采购金额的百分比指标。

$$\text{某期支付以前期的应付账款} = \text{本期期初应付账款} \times \text{该期的预计应付账款支付率}$$

式中的应付账款支付率为以前期应付账款在本期支付的现金额占相关的应付账款的百分比指标。

在全面预算中,付现率和支付率通常为已知的经验数据。

此外,根据下列公式还可以计算出企业预算期末的应付账款余额:

$$\text{预算期期末应付账款余额} = \text{预算期期初应付账款余额} + \text{该期预计采购金额} − \text{某预算期采购现金支出}$$

[例7.9] 沿用以上各例数据,A 公司 2015 年度的材料消耗定额及采购单价资料见表 7.14,材料存货量与其他资料见表 7.15。

表 7.14 2015 年度 A 公司的材料消耗定额及采购单价资料

产品品种	季度	1	2	3	4
甲产品材料消耗定额/(千克·件$^{-1}$)	A 材料	3	3	3	4
	B 材料	2	2	2	2
乙产品材料消耗定额/(千克·件$^{-1}$)	A 材料	5	5	5	4.5
	C 材料	2	2	2	2
材料采购单价/元	A 材料	4	4	4	4
	B 材料	5	5	5	5
	C 材料	6	6	6	5
	D 材料				10

表 7.15 2015 年度 A 公司的材料存货量与其他资料

材料名称	年初存货量/件	年末存货量/件	预计期末存货量占下期需用量的百分比	增值税税率	年初余额/元 应付账款	年初余额/元 库存材料	付现率 首期	付现率 二期
A 材料	1 500	1 800	30%	17%	14 400	10 200	60%	40%
B 材料	480	720	30%					
C 材料	300	500	30%					
D 材料	0	1 000	为下一年度开发丙产品做准备,于第 4 季度购买					

根据资料编制该公司的直接材料需用量预算,见表 7.16。

表 7.16 2015 年度 A 公司的直接材料需用量预算

产品品种	项目	季度	1	2	3	4	全年
甲产品	材料单耗/(千克·件$^{-1}$)	A 材料	3	3	3	4	3.2525
		B 材料	2	2	2	2	2.00
	预计生产量/件		820	1 020	1 180	1 020	4 040
	预计生产需用量/千克	A 材料	2 460	3 060	3 540	4 080	13 140
		B 材料	1 640	2 040	2 360	2 040	8 080
乙产品	材料单耗/(千克·件$^{-1}$)	A 材料	5	5	5	4.5	4.831
		C 材料	2	2	2	2	2.00
	预计生产量/件		530	820	1 020	1 210	3 580
	预计生产需用量/千克	A 材料	2 650	4 100	5 100	5 445	17 295
		C 材料	1 060	1 640	2 040	2 420	7 160

根据资料编制该公司的直接材料采购预算,见表 7.17。

表 7.17 2015 年度 A 公司的直接材料采购预算   单位:千克

材料品种	季度	1	2	3	4	全年
A材料	材料采购单价/元	4	4	4	4	4
	甲产品耗用量	2 460	3 060	3 540	4 080	13 140
	乙产品耗用量	2 650	4 100	5 100	5 445	17 295
	材料总耗用量 +	5 110	7 160	8 640	9 525	30 435
	期末材料存量 -	2 148	2 592	2 857.5	1 800	1 800
	期初材料存量本期	1 500	2 148	2 592	2 857.5	1 500
	采购量	5 758	7 604	8 905.5	8 467.5	30 735
	材料采购成本/元	23 032	30 416	35 622	33 870	122 940
B材料	材料采购单价/元	5	5	5	5	5
	甲产品耗用量	1 640	2 040	2 360	2 040	8 080
	乙产品耗用量	0	0	0	0	0
	材料总耗用量 +	1 640	2 040	2 360	2 040	8 080
	期末材料存量 -	612	708	612	720	720
	期初材料存量	480	612	708	612	480
	本期采购量	1 772	2 136	2 264	2 148	8 320
	材料采购成本/元	8 860	10 680	11 320	10 740	41 600
C材料	材料采购单价/元	6	6	6	5	6
	甲产品耗用量	0	0	0	0	0
	乙产品耗用量	1 060	1 640	2 040	2 420	7 160
	材料总耗用量 +	1 060	1 640	2 040	2 420	7 160
	期末材料存量 -	492	612	726	500	500
	期初材料存量	300	492	612	726	300
	本期采购量	1 252	1 760	2 154	2 194	7 360
	材料采购成本/元	7 512	10 560	12 924	10970	41966
D材料	材料采购单价/元				10	10
	本期采购量				1 000	1 000
	材料采购成本/元	0	0	0	10 000	10 000

根据资料编制该公司的直接材料采购现金支付预算,见表 7.18。

表 7.18 2015 年度 A 公司的直接材料采购现金支付预算   单位:元

季度	1	2	3	4	全年
预计采购金额合计	46 102.7	60 437.5	70 043.2	76 728.6	253 312
期初应付账款	14 400.0				14 400.0
第 1 季度采购现金支出	27 661.6	18 441.1			46 102.7
第 2 季度采购现金支出		36 262.5	24 175.0		60 437.5
第 3 季度采购现金支出			42 025.9	28 017.3	70 043.2
第 4 季度采购现金支出				46 037.2	46 037.2
现金支出合计	42 061.6	54 703.6	66 200.9	74054.5	237 020.6

4. 应交税金及附加预算的编制

应交税金及附加预算是指为规划一定预算期内预计发生的应交增值税、营业税、消费税、资源税、城市维护建设税和教育费附加金额而编制的一种经营预算。

物业企业主要是营业税,城市维护建设税和教育费附加。

本预算中不包括预交所得税和直接计入管理费用的印花税。由于税金需要及时清缴，为简化预算方法，可假定预算期发生的各项应交税金及附加均于当期以现金形式支付。应交税金及附加预算需要根据销售预算、材料采购预算的相关数据和适用税率资料来编制，有关指标的估算公式为

$$\text{某期预计发生的应交税金及附加} = \text{某期预计发生的销售税金及附加} + \text{该期预计应交增值税}$$

$$\text{某期预计发生的销售税金及附加} = \text{该期预计应交营业税} + \text{该期预计应交消费税} + \text{该期预计应交资源税} + \text{该期预计应交城市维护建设税} + \text{该期预计应交教育费附加}$$

$$\text{某期预计应交增值税} = \text{某期预计销售收入} \times \text{应交增值税估算率}$$

$$\text{某期预计应交增值税} = \text{该期预计应交增值税销项税额} - \text{该期预计应交增值税进项税额}$$

[**例 7.10**] 沿用以上各例数据，A 公司 2015 年度的应交税金及附加预算见表 7.19。

表 7.19　2015 年度 A 公司的应交税金及附加预算

单位：元

季度	1	2	3	4	全年	资料来源
增值税销项税额	15 640	21 930	26 860	27 200	91 630	销售预算
增值税进项税额	6 698.7	8 781.5	10 177.2	11 148.6	36 806	采购预算
应交增值税	8 941.3	13 148.5	16 682.8	16 051.4	54 824	销项－进项
销售税金及附加	894.1	1 314.9	1 668.3	1 605.1	5 482.4	
现金支出合计	9 835.4	14 463.4	18 351.1	17 656.5	60 306.4	

5. 直接人工预算的编制

直接人工预算是指为规划一定预算期内人工工时的消耗水平和人工成本水平而编制的一种经营预算。

直接人工成本包括直接工资和按直接工资的一定比例计算的其他直接费用（应付福利费等）。

编制直接人工预算的主要依据是已知的标准工资率、标准单位直接人工工时、其他直接费用计提标准和生产预算中的预计生产量等资料。

直接人工预算的编制程序如下：

（1）预计每种产品的直接人工工时总数

$$\text{某种产品直接人工工时总数} = \text{单位产品工时定额} \times \text{预计该产品生产量}$$

式中，单位产品工时定额与特定产品的生产流程有关，需要由企业根据经验数据事先分析确定，不同的产品可能有不同的工时定额；预计生产量数据可从生产预算中取得。

（2）预计每种产品耗用的直接工资

$$\text{预计某种产品耗用直接工资} = \text{单位工时工资率} \times \text{某种产品直接人工工时总数}$$

式中，单位工时工资率又称标准小时工资率，该指标是企业根据一定时期全厂直接工资总额和同期全厂直接人工工时总数确定的，各种产品的单位工时工资率完全相同。

（3）预计每种产品计提的其他直接费用

$$\text{预计某种产品计提其他直接费用} = \text{预计某种产品耗用直接工资} \times \text{其他直接费用计提标准}$$

(4) 计算预算期每种产品的预计直接人工成本

$$\begin{matrix}预计某种产品\\直接人工成本\end{matrix} = \begin{matrix}预计该种产品\\耗用直接工资\end{matrix} + \begin{matrix}预计某种产品计\\提其他直接费用\end{matrix}$$

(5) 预计预算期企业的直接人工成本合计

$$\begin{matrix}预计企业直接\\人工成本合计\end{matrix} = \sum \begin{matrix}预计某种产品\\直接人工成本\end{matrix}$$

由于各期直接人工成本中的直接工资一般均由现金开支,因此在西方,通常不单独编制列示与此相关的预计现金支出预算。在我国企业中,由其他直接费用形成的职工福利支出则不一定在提取的当期用现金开支,应当进行适当的调整,以反映预计的福利费开支情况。

$$\begin{matrix}预计某期直接人\\工成本现金支付\end{matrix} = \begin{matrix}该期预计直\\接工资总额\end{matrix} + \begin{matrix}该期预计的职工福\\利现金支出\end{matrix}$$

$$\begin{matrix}某期预计的职工福\\利现金支出\end{matrix} = \begin{matrix}预计某种产品计\\提其他直接费用\end{matrix} \times \begin{matrix}预计职工福利\\支付率\end{matrix}$$

[例7.11] 沿用以上各例数据,A公司2015年度的单位工时工资率和工时定额资料见表7.20。

表7.20 2015年度A公司的单位工时工资率和工时定额资料

季度		1	2	3	4	其他直接费用计提标准	预计职工福利支用率
单位工时工资率/(元·h⁻¹)		4	4	4	5	14%	80%
单位产品工时定额/h	甲产品	3	3	3	2.8		
	乙产品	5	5	5	4.6		

根据资料编制该公司的直接人工预算如表7.18。

表7.21 2015年度A公司的直接人工预算

品种	季度	1	2	3	4	全年
	全公司单位工时工资率	4%	4%	4%	5%	—
甲产品	单位产品工时定额/h	3	3	3	2.8	2.949 5
	预计生产量/件	820	1 020	1 180	1 020	4 040
	直接人工工时总数/h	2 460	3 060	3 540	2 856	11 916
	预计直接工资/元	9 840	12 240	14 160	14 280	50 520
	其他直接费用/元	1 378	1 714	1 982	1 999	7 073
	直接人工成本合计/元	11 218	13 954	16 142	16 279	57 593
	单位工时直接人工成本/元	4.56	4.56	4.56	5.70	4.833 2
乙产品	单位产品工时定额/h	5	5	5	4.6	4.864 8
	预计生产量/件	530	820	1 020	1 020	3 580
	直接人工工时总数/h	2 650	4 100	5 100	5 566	17 416
	预计直接工资/元	10 600	16 400	20 400	27 830	75 230
	其他直接费用/元	1 484	2 296	2 856	3 896	10 532
	直接人工成本合计/元	12 084	18 696	23 256	31 726	85 762
	单位工时直接人工成本/元	4.56	4.56	4.56	5.70	4.924 3

续表 7.21

品种	季度	1	2	3	4	全年
合计	直接工资总额/元	20 440	28 640	34 560	42 110	125 750
	其他直接费用总额/元	2 862	4 010	4 838	5 895	17 605
	直接人工成本合计/元	23 302	32 650	39 398	48 005	143 355
预计职工福利现金支出/元		2 289.6	3 208	3 870.4	4 716	14 084
直接人工成本现金支出合计/元		22 729.6	31 848	38 430.4	46 826	139 834

6. 制造费用预算

制造费用预算是指为规划一定预算期内除直接材料和直接人工预算以外预计发生的其他生产费用水平而编制的一种日常业务预算。

当以变动成本法为基础编制制造费用预算时,可按变动性制造费用和固定性制造费用两部分内容分别编制。

变动性制造费用则根据单位产品预定分配率乘以预计的生产量进行预计,其中,变动性制造费用预算分配率的计算公式为

$$\text{变动性制造费用预算分配率} = \frac{\text{变动性制造费用预算总额}}{\text{相关分配标准预算总数}}$$

式中,分母可在预算生产量或预算直接人工工时总数中选择,多品种条件下,一般按后者进行分配。

固定性制造费用可在上年的基础上根据预期变动加以适当修正进行预计,并作为期间成本直接列入利润表内作为收入的扣除项目。

制造费用预算也应包括一个预算现金支出部分,以便为编制现金预算提供必要的资料。由于固定资产折旧费是非付现成本项目,在计算时应予剔除。有关公式为:

$$\text{某季度预计制造费用现金支出} = \text{该季度预计变动性制造费用现金支出} + \text{该季度预计固定性制造费用现金支出}$$

$$\text{某季度预计变动性制造费用现金支出} = \sum \left(\text{变动性制造费用预算分配率} \times \text{该季度某种产品预计直接人工工时} \right)$$

$$\text{某季度预计固定性制造费用现金支出} = \frac{\text{该年度预计的固定制造费用} - \text{该年度折旧费}}{4}$$

[例 7.12] 沿用以上各例数据,A 公司 2015 年度的制造费用预算见表 7.22。

表 7.22 2015 年度 A 公司的制造费用预算

变动性制造费用/元		固定性制造费用/元	
1. 间接材料	10 000	1. 管理人员工资	9 100
2. 间接人工成本	7 600	2. 折旧费	15 347
3. 维修费	6 145	3. 办公费	6 500
4. 水电费	7 280	4. 保险费	3 200
5. 其他	4 173	5. 租赁费	3 000
		6. 其他	1 000
合计	35 198	合计	38 147
直接人工工时总数/h	29 332	减:折旧费	15 347

续表 7.22

变动性制造费用	固定性制造费用
预算分配率 = 35 198 ÷ 29 332 ≈ 1.20	现金支出合计　22 800 各季支出数 = 22 800 ÷ 4 = 5 700

根据资料编制该公司的制造费用按产品分配的预算，见表 7.23。

表 7.23　2015 年度 A 公司的制造费用现金支出按产品分配的预算　　单价：元

季度		1	2	3	4	全年
变动性制造费用分配率		1.20	1.20	1.20	1.20	1.20
直接人工工时	甲产品	2 460	3 060	3 540	2 856	11 916
	乙产品	2 650	4 100	5 100	5 566	17 416
	小计	5110	7160	8640	8422	29332
变动性制造费用	甲产品	2 952	3 672	4 248	3 427.2	14 299.2
	乙产品	3 180	4 920	6 120	6 679.2	20 899.2
	小　计	6 132	8 592	10 368	10 106.4	35 198.4
固定性制造费用		5 700	5 700	5 700	5 700	22 800
现金支出合计		11 832	14 292	16 068	15 806.4	57 998.4

7. 产品成本预算

产品成本预算是根据服务成本、生产成本、销售成本等项内容而编制的一种日常业务预算。

本预算需要在生产预算、直接材料预算、直接人工预算和制造费用预算的基础上编制，同时，也可为编制预计利润表和预计资产负债表提供数据。

（1）估算每种产品预算期预计发生的单位生产成本

其计算公式为

$$\begin{matrix}\text{某种产品某期预计} \\ \text{发生单位生产成本}\end{matrix} = \begin{matrix}\text{该产品该期单位} \\ \text{直接材料成本}\end{matrix} + \begin{matrix}\text{该产品该期单位} \\ \text{直接人工成本}\end{matrix} + \begin{matrix}\text{该产品该期单位} \\ \text{变动性制造费用}\end{matrix}$$

式中，单位产品直接材料成本等于单位产品预计耗用各种直接材料成本之和，后者的计算公式为

$$\begin{matrix}\text{某期单位产品耗用} \\ \text{某种直接材料成本}\end{matrix} = \begin{matrix}\text{该种材料该期} \\ \text{平均采购单价}\end{matrix} \times \begin{matrix}\text{单位产品该期平均} \\ \text{消耗该材料的数量}\end{matrix}$$

式中的单位产品某期平均消耗该材料的数量又称为单位产品消耗某种材料的平均定额，它与某种材料的平均采购单价都可以在直接材料采购预算中找到。式中，单位产品的直接人工成本和变动性制造费用的计算方法，与单位产品直接材料成本的计算过程相类似，所不同的是：单位产品直接人工成本等于平均单位工时直接人工成本与平均产品工时定额的乘积（见直接人工预算）；单位产品变动性制造费用等于变动性制造费用预算分配率与平均产品工时定额的乘积（见制造费用预算）。

(2) 估算每种产品预算期预计发生的生产成本

其计算公式为

$$\begin{matrix}\text{某种产品某期} \\ \text{预计发生的产} \\ \text{品生产成本}\end{matrix} = \begin{matrix}\text{该产品该期预} \\ \text{计耗用全部直} \\ \text{接材料成本}\end{matrix} + \begin{matrix}\text{该产品该期} \\ \text{预计耗用直} \\ \text{接人工成本}\end{matrix} + \begin{matrix}\text{该产品该期预} \\ \text{计耗用变动} \\ \text{性制造费用}\end{matrix}$$

式中,该产品该期预计耗用全部直接材料成本等于该产品预计耗用各种直接材料成本之和,后者的计算公式为

$$\begin{matrix}\text{某期预计耗用某} \\ \text{种直接材料成本}\end{matrix} = \begin{matrix}\text{该期单位产品耗} \\ \text{用该材料的成本}\end{matrix} \times \begin{matrix}\text{该期该产品} \\ \text{预计产量}\end{matrix}$$

同样道理,式中的产品耗用直接人工成本和变动性制造费用的计算方法,与产品耗用直接材料成本的计算过程相类似,所不同的是:产品耗用直接人工成本等于单位产品直接人工成本与产品预计产量的乘积;产品耗用变动性制造费用等于单位产品变动性制造费用与产品预计产量的乘积。

(3) 估算每种产品预算期的预计产品生产成本

其计算公式为

$$\begin{matrix}\text{某种产品某期预} \\ \text{计产品生产成本}\end{matrix} = \begin{matrix}\text{该种产品该期预计} \\ \text{发生产品生产成本}\end{matrix} + \begin{matrix}\text{该期该在产品} \\ \text{成本期初余额}\end{matrix} - \begin{matrix}\text{该产品在产品} \\ \text{成本期末余额}\end{matrix}$$

为简化预算编制过程,可假定上式中的在产品成本期初和期末余额均为零,或均为已知数。在这种情况下,某产品预算期的预计产品生产成本与该产品预算期预计发生的生产成本相等,该产品的单位产品生产成本等于预计发生的单位生产成本。

(4) 估算每种产品预算期预计的产品销售成本

其计算公式为

$$\begin{matrix}\text{本期预计产} \\ \text{品销售成本}\end{matrix} = \begin{matrix}\text{本期预计产} \\ \text{品生产成本}\end{matrix} + \begin{matrix}\text{产成品成本} \\ \text{期初余额}\end{matrix} - \begin{matrix}\text{产成品成本} \\ \text{期末余额}\end{matrix}$$

上式中的产成品期初余额等于期初单位产成品成本与产成品期初存货量的乘积;产成品期末余额等于单位产品生产成本与产成品期末存货量的乘积。

此外,为简化程序,假定企业只编制全年的产品成本预算,不编制分季度预算。

[例7.13] 沿用以上各例数据,A公司2015年度甲产品和乙产品的成本计划见表7.24和表7.25。

产量:4 040 件

表7.24 2015年度A公司的甲产品成本计划 单位:元

成本项目	单价	单位用量	单位成本	存货量	总成本
直接材料					
A材料	4.00	3.252 5	13.01	4 040	52 560.4
B材料	5.00	2.00	10.00	4 040	40 400
小计	—	—	23.01	4 040	92 960.4
直接人工	4.833 2	2.949 5	14.255 6	4 040	57 592.6
变动性制造费用	1.20	2.949 5	3.539 4	4 040	14 299.2
合计			40.805	4 040	164 852
加:在产品及自制半成品的期初余额			0		0.0

续表7.24 单位:元

成本项目	单价	单位用量	单位成本	存货量	总成本
减:在产品及自制半成本的期末余额			0		0.0
预计产品生产成本			40.805	4 040	164 852
加:产成品期初余额			40	80	3 200
减:产成品期末余额			40.805	120	4 896.6
预计产品销售成本			40.805	4 000	163 155

产量:3 580 件

表7.25 2015年度A公司的乙产品成本预算计划 单位:元

成本项目	单价	单位用量	单位成本	存货量	总成本
直接材料	4.00	4.831	19.324	3 580	69 179.92
A材料	5.7	2.00	11.404	3 580	40 826.32
C材料	—	—	30.728	3 580	110 006.24
小计	4.924 3	4.864 8	23.956	3 580	85 762
直接人工	1.20	4.864 8	5.837 76	3 580	20 899.2
变动性制造费用					
合计			60.521 8	3 580	216 668
加:在产品及自制半成品的期初余额			0		0.0
减:在产品及自制半成品的期末余额			0		0.0
预计产品生产成本			60.521 8	3 580	216 668
加:产成品期初余额			62	50	3 100
减:产成品期末余额			60.521 8	130	7 867.8
预计产品销售成本			60.521 8	3 500	211 900

注:材料预计采购单价 = $\sum$(该材料当期各季度预计采购量×该季度预计采购单价)÷全年采购总量

8.期末存货预算的编制

期末存货预算是指为规划一定预算期末的在产品、产成品和原材料预计成本水平而编制的一种日常业务预算。

由于该预算受到存货计价方法的影响,同时与产品成本预算密切相关,所以,存货应按照其具体项目分别编制预算。存货包括在产品、产成品和原材料。

$$\text{某期期末存货余额} = \text{该期在产品存货期初余额} + \text{该期产成品存货期末余额} + \text{该期原材料存货期末余额}$$

$$\text{该产品的期末存货成本} = \text{该产品单位成本} \times \text{该产品期末存货量}$$

通常期末存货也只编制年末预算,不编制分季预算。

[例7.14] 沿用以上各例数据,A公司2015年度的产品成本预算见表7.26。

表7.26 2015年度A公司的产品成本预算　　　　　　　　　　　单位:元

项目		单位成本	期末存货量	期末存货成本
在成品存货	甲产品	0	0	0
	乙产品	0	0	0
	小　　计			0
产成品存货	甲产品	40.805	120	4 896.6
	乙产品	60.521 8	130	7 867.83
	小　　计			12 764.4

材料存货	年初材料成本	本年材料采购成本	本期耗用材料成本		期末存货成本
			甲产品	乙产品	
A 材料	6 000	122 940	52 560	69 180	7 200
B 材料	2 400	41 600	40 400	0	3 600
C 材料	1 800	41 966	0	40 825.6	2 940.4
D 材料	0	10 000	0	0	10 000
小计	10 200	216 506	92 960	110 006	23 740.4
期末存货合计					36 504.8

9. 销售费用预算的编制

销售费用预算是指为规划一定预算期内企业在销售阶段组织产品销售预计发生的各项费用水平而编制的一种日常业务预算。

销售费用预算的编制方法与制造费用的编制方法非常接近,也可将其划分为变动性和固定性两部分费用。但对随销售量成正比例变动的那部分变动性销售费用,只需要反映各个项目的单位产品费用分配额即可。对于固定性销售费用,只需要按项目反映全年预计水平。

销售费用预算也要编制相应的现金支出预算。

预算期变动性销售费用的现金支出等于该期各种产品的相应现金支出之和,一定时期某种产品预计发生的变动性销售费用的现金支出的计算公式为

$$\text{某期某种产品预计的变动性销售费用现金支出} = \text{该种产品单位变动性销售费用分配额} \times \text{该期该产品预计销售量}$$

对于固定性销售费用的现金支出可以采取两种处理方法:第一种方法是根据全年固定性销售费用的预算总额扣除其中的非付现成本(如销售机构的折旧费)的差额后在年内各季度内平均分摊。第二种方法不主张将其在年内各季度内平均分摊,而是根据具体的付现成本项目的预计发生情况分季度编制预算。这是因为固定性销售费用中存在有部分内容属于年内待摊或预提的性质,如一次性支付的全年广告费和销售保险费等,这些开支的时间与受益期间不一致,对于这些跨期分摊的项目来说,任何平均费用都不等于实际支出,必须逐项按预计支出情况编制预算。本书采用第一种方法。

[例7.15] 沿用以上各例数据,A公司2015年度的销售费用见表7.27。

表 7.27 2015 年度 A 公司销售费用 单位:元

变动性销售费用			固定性销售费用	
项　目	单位产品标准费用额		项目	全年费用额
	甲产品	乙产品	管理人员工资	6 000
			专设销售机构办公费	15 000
			宣传广告费	5 000
			保险费	2 600
			其他	1 400
销售佣金	2.5	3	合计 30 000	
销售运杂费	1.2	1.5		
其　他	0.3	0.5		
合　计	4	5	平均各季数 = 30 000 ÷ 4 = 7 500	

根据资料编制该公司的销售费用现金支出预算,见表 7.28。

表 7.28 2015 年度 A 公司销售费用现金支出预算

季度		1	2	3	4	全年
单位产品标准费用额/元	甲产品	4	4	4	4	4
	乙产品	5	5	5	5	5
预计销售量/件	甲产品	800	1 000	1 200	1 000	4 000
	乙产品	500	800	1 000	1 200	3 500
变动性销售费用/元	甲产品	3 200	4 000	4 800	4 000	16 000
	乙产品	2 500	4 000	5 000	6 000	17 500
	小　计	5 700	8 000	9 800	10 000	33 500
固定性销售费用/元		7 500	7 500	7 500	7 500	30 000
现金支付合计/元		13 200	15 500	17 300	17 500	63 500

10. 管理费用预算的编制

管理费用预算是指为规划一定预算期内因管理企业预计发生的各项费用水平而编制的一种日常业务预算。

本预算的编制可采取以下两种方法:第一种方法是按项目反映全年预计水平。这是因为管理费用大多为固定成本;第二种方法类似于制造费用预算或销售费用预算的编制方法,即将管理费用划分为变动性和固定性两部分费用,对前者再按预算期的变动性管理费用分配率(等于一定时期变动性管理费用除以同期销售业务量)和预计销售业务量进行测算。为简化预算编制,本书采用第一种方法。

在编制管理费用总额预算的同时,还需要分季度编制管理费用现金支出预算。在假定管理费用均为固定成本的条件下,某季度预计管理费用现金支出为全年付现支出的平均数,其计算公式为

$$\text{某季度预计管理费用现金支出} = \frac{\text{该年度预计管理费用} - \text{预计年度折旧费} - \text{预计年摊销费}}{4}$$

管理费用总额及其现金预算可以合并在一张预算表中。

[例 7.16] A 公司 2015 年度的管理费用现金支出预算见表 7.29。

表7.29　2015年度A公司管理费用现金支出预算　　　　　　　　单位:元

费用项目	金额
1.公司经费	4 000
2.工会经费	1 500
3.办公费	1 900
4.董事会费	800
5.折旧费	1 000
6.无形资产摊销	700
7.职工培训费	800
8.其他	1 000
合计	11 700
减:折旧费	1 000
无形资产摊销费	700
现金支出	10 000
平均每季支付数 = 10 000 ÷ 4 = 2 500	

11.财务费用预算的编制

财务费用预算是指反映预算期内因筹资而发生的财务费用水平的一种预算。就其本质而言,它也属于日常业务预算,但该预算必须根据现金预算中的资金筹集及运用的相关数据来编制,所以也将其纳入财务预算之中。

[例7.17]　A公司2015年度的财务费用预算见表7.30。

表7.30　2015年度A公司财务费用预算　　　　　　　　单位:元

季度	1	2	3	4	全年
应计并支付短期借款利息	0	0	165	540	705
应计并支付长期贷款利息	2 400	4 475	1 650	1 650	10 175
应计并支付公司债券利息	0	0	0	2 400	2 400
支付利息合计	2 400	4 475	1 815	4 590	13 280
减:资本化利息	0	0	0	2 400	2 400
预计财务费用	2 400	4 475	1 815	2 190	10 880

12.经营决策预算的编制

经营决策预算是指与短期经营决策密切相关的特种决策预算。该类预算的主要目标是通过制定最优生产经营决策和存货控制决策来合理地利用或调配企业经营活动所需要的各种资源。

本类预算通常是根据短期经营决策确定的最优方案编制的,因而需要直接纳入日常业务预算体系,同时也将影响现金预算等财务预算。譬如,企业耗用的某种零件的取得方式决策方案一旦确定,就要相应调整材料采购预算、生产预算或产品成本预算。

13.投资决策预算的编制

投资决策预算是指与项目投资决策密切相关的特种决策预算,又称资本支出预算。由于这类预算涉及长期建设项目的投资投放与筹集等,并经常跨年度,因此,除个别项目外一般不纳入日常业务预算,但应计入与此有关的现金预算与预计资产负债表。

[例7.18]　A公司2015年度D产品生产线项目投资及资金筹集方案见表7.31。

表 7.31　2015 年度 A 公司 D 产品生产线项目投资及资金筹集方案　　　　单位:元

季　　度	1	2	3	4	全　年
固定资产投资:					
勘察设计费	950	1 000			1 950
土建工程	2 000	4 000			6 000
设备购置			24 000	20 000	44 000
安装工程				6 000	6 000
其他			1 000	2 000	3 000
合　　计	2 950	5 000	25 000	28 000	60 950
流动资金投资:					
D 材料采购(下年度使用)				10 000	10 000
投资支出总计	2 950	5 000	25 000	38 000	70 950
投资资金筹集:					
发行公司债券(票面利率为8%)	30 000				30 000
增加发行普通股		40 000			40 000
合　　计	30 000	40 000	0	0	70 000

14. 现金预算的编制

现金预算是根据经营现金收入预算、直接材料采购现金支出预算、应交税金及附加预算、直接人工预算、制造费用现金支出预算、销售费用和管理费用现金支出预算等数据进行编制的。

它需要掌握两个关系式

　　　　　某期现金余缺 = 该期现金收入 − 该期现金支出

　　　　　期末现金余额 = 现金余缺 − 现金的筹集与运用

[例 7.19]　沿用以上各例数据,A 公司 2015 年度现金预算见表 7.32。

表 7.32　2015 年度 A 公司现金预算　　　　单位:元

季度	1	2	3	4	全年	资料来源
① 期初现金余额	4 000	4 576	4 908	4 031	4 000	年初数等于第1季度数
② 经营现金收入	95 584	133 614	171 288	186 264	586 750	
③ 可运用现金合计	99 584	138 190	176 196	190 295	590 750	① + ②
④ 经营现金支出	106 658	137 806	163 351	178 844	586 659	
采购直接材料	42 062	54 704	66 201	74 054	237 021	
支付直接人工	22 729	31 848	38 431	46 826	139 834	
支付制造费用	11 832	14 292	16 068	15 806	57 998	
支付销售费用	13 200	15 500	17 300	17 500	63 500	
支付管理费用	2 500	2 500	2 500	2 500	10 000	
支付增值税、销售税金及附加	9 835	14 463	18 351	17 657	60 306	
预交所得税	2 500	2 500	2 500	2 500	10 000	估算预交 10 000
预分股利	2 000	2 000	2 000	2 000	8 000	估计数 8 000
⑤ 资本性现金支出	2 950	5 000	25 000	28 000	60 950	
购置固定资产	2 950	5 000	25 000	28 000	60 950	

续表7.32 单位:元

季度	1	2	3	4	全年	资料来源
⑥现金支出合计	109 608	142 806	188 351	206 844	647 609	④+⑤
⑦现金余缺	-10 024	-4 616	-12 155	-16 549	-56	③-⑥
⑧资金筹集及运用	14 600	9 525	16 185	21 410	859	
加:短期借款			11 000	25 000	61 720	每期期初借款
发行普通股		40 000			36 000	
发行公司债券	30 000				40 000	
减:支付短期借款利息			165	540	30 000	$I=6\%$,每季末支付利息
支付长期借款利息	2 400	4 475	1 650	1 650	705	$I=10\%$,每季末支付利息
支付公司债券利息				2 400	10 175	
归还长期贷款本金	13 000	17 000			2 400	票面$I=8\%$,每年末付息
购买有价证券		9 000	-7 000	-1 000	30 000 1 000	30 000元上半年到期临时调剂
⑨期末现金余额	4 576	4 909	4 030	4 861	4 861	⑨=⑦+⑧

7.2.2 预计财务报表的编制

财务预算中的预计财务报表包括预计利润表和预计资产负债表。

1. 预计利润表的编制

预计利润表是指以货币形式综合反映预算期内企业经营活动成果(包括利润总额、净利润)计划水平的一种财务预算。

该预算需要在销售预算、产品成本预算、应交税金及附加预算、销售费用预算、管理费用预算和财务费用预算等日常业务预算的基础上编制。

[**例7.20**] A公司2015年度的预计利润表见表7.33。

表7.33 2015年度A公司预计利润表 单位:元

项目	金额
销售收入	539 000
减:变动销售成本	375 054
销售税金及附加	5 483
贡献边际(生产阶段)	158 463
减:变动性销售费用	33 500
贡献边际(销售阶段)	124 963
减:固定性制造费用	38 147
固定性销售费用	30 000
管理费用	11 700
财务费用	10 880
利润总额	34 236
减:所得税(25%)	8 559
净利润	25 677.3

根据资料编制该公司的利润分配表,见表 7.28。

表 7.34 2015 年度 A 公司利润分配表   单位:元

项　　目	金　　额	资料来源及计算依据
年初未分配利润	18 000	
加:本年实现净利润	25 677	提取比例 10%
减:提取法宝盈余公积	2 568	提取比例 0%
提取任意盈余公积	0	
提盈余公积合计	2 568	
可供投资者分配的利润	41 109	股利分配率 25%
减:向投资者分配股利	10 277.25	
年末未分配利润	30 831.75	

2. 预计资产负债表的编制

预计资产负债表是指用于总括反映企业预算期期末财务状况的一种财务预算。

预计资产负债表中除上年期末数已知外,其余项目均应在前述各项日常业务预算和专门决策预算的基础上分析填列。

[例 7.21]　A 公司 2015 年度的预计资产负债表见表 7.35。

表 7.35 2015 年度 A 公司预计资产负债表(2015 年 12 月 31 日)　　　单位:元

资　　产	年初数	年末数	期末资料来源及计算过程
流动资产			
货币资金	4 000	4 861	
应收账款	31 000	74 880	
存货	16 500	36 505	
流动资产合计	51 500	116 246	
固定资产			
固定资产原值	198 699	262 049	198 699 + 60 950 + 2 400
减:累计折旧	10 000	26 347	
固定资产净值	188 699	235 702	
固定资产合计	188 699	235 702	
无形资产及其他长期资产			
无形资产	1 700	1 000	1 700 − 700
无形资产及其他长期资产合计	1 700	1 000	
长期资产合计	190 399	236 702	0 + 9 000 − 7 000 − 1 000
短期有价证券投资	0	1 000	
资产总计	241 899	353 948	
负债及所有者权益	年初数	年末数	
流动负债			
短期借款	0	36 000	
未交所得税(多交以"−"号填列)	0	−1 441	
应付账款	14 400	30 691.4	253 312 + 14 400 − 237 020.6 (表 7.18)
应付股利	0	2 277.25	
应付职工薪酬	3 900	7 421	3 900 + 17 605 − 14 084(表 7.21)
流动负债合计	18 300	74 948.7	

续表 7.35 单位:元

资产	年初数	年末数	期末资料来源及计算过程
长期负债			
长期借款	96 000	66 000	
应付公司债	0	30 000	
长期负债合计	96 000	96 000	
负债合计	114 300	170 948.7	
所有者权益			
实收资本	100 000	140 000	
资本公积	5 799	5 799	
盈余公积	3 800	6 368	
未分配利润	18 000	30 831.8	
所有者权益合计	127 599	182 998.8	
负债所有者权益总计	241 899	353 948	

7.2.3 物业费收缴预算

经营性物业管理资金来源有 3 个方面:业主、租户以及多元化经营。

1. 业主承担

业主是物业管理最主要受益人——按时收租和物业增值,理所应当承担物业管理费用,其管理费的计算方法有两种。

(1) 定额法

业主每年承担一定数额的管理费,管理者用之完成合约规定的义务。管理费一般按物业建筑面积或使用面积计算,一座建筑面积 5 万平方米的物业,每平方米年管理费 3.6 元,那么业主每年应承担 18 万元。但该法没能同管理者的效益(租金)联系起来,管理者缺乏经济激励,实际应用具有一定局限性。

(2) 比例法

业主为物业管理者制定最低的年租金收入指标和物业修缮养护指标,完成后按租金收入的一定比例支付物业管理费。超出部分业主支付额外的管理费。一般地,比例为 3%~5%,可视物业现状条件和管理难易确定。这样就把业主和管理者的利益紧密联系起来,充分调动管理者的经营积极性和创造性。

[例 7.22] 某物业服务公司 2015 年度 A 楼物业费收缴预算见表 7.36。

表 7.36 某物业服务公司物业费收缴预算 A 楼(2015 年度) 单位:元

业主名称	门牌号	面积/平方米	收费标准	费用小计	预交收费	应收费用	备注
王一	1—1—1	70	5	350	200	150	130××××0123
李二	1—1—2	80	5	400	200	200	138××××1202
陈三	1—2—1	70	5	350	200	150	132××××4688
张四	1—2—2	80	5	400	200	200	136××××2058
⋮	⋮	⋮	⋮	⋮	⋮	⋮	⋮
一单元合计		1 200	5	6 000	3 200	2 800	
⋮	⋮	⋮	⋮	⋮	⋮	⋮	⋮
二单元合计		1 500	5	7 500	3 200	4 300	
⋮	⋮	⋮	⋮	⋮	⋮	⋮	⋮
A 楼合计		8 000	5	40 000	22 000	18 000	

2. 租户承担

租户也是物业管理的受益者,享受着管理者提供的保安、卫生清洁、设备维修、信息传递等项服务带来的利益,租户能全身心地投入工作,提高了工作效率,减少了不必要的勤杂人员工资支出。租户上交的管理费一般按使用面积收取,商业铺位一般按柜台计算。如我国香港特别行政区甲级写字楼管理费标准为 2.4～3.5 港币／平方英尺。

商业铺位的出租在全国各大城市的大型商场、购物中心都在实施。如北京赛特购物中心 2013 年每平方米日租金为 7 美元,2014 年为 9 美元左右,租约条件为"采用销售倒分成方式租赁,回扣 30%,超过保底销售额部分回扣 25%";燕莎友谊商场租约条件为"商场分成回扣 30%,超额部分回扣 30%"。无论何种租赁方式,租值中均含有一定比例的物业管理费。至于物业管理费占租金的具体比例,目前国内还没有经验数据供物业服务公司制定管理费比例,这有待在实践中进一步探索。

[例 7.23] 某物业服务公司 2015 年 × 月 ABC 商场物业租金收入预算如表 7.37。

表 7.37 某物业服务公司物业租金收入预算 ABC 商场(2015 年 × 月) 单位:元

业主	柜台号	面积/平方米	收费标准	预交数			补交数	合计
				商场分成回扣	超额部分回扣	小计		
甲	1—1—1—1	12	100	300	200	500	700	1 200
乙	1—1—1—2	10	110	400	200	600	500	1 100
丙	1—1—1—3	20	100	700	300	1 000	1 000	2 000
⋮	⋮	⋮	⋮	⋮	⋮	⋮	⋮	⋮
小型百货	⋮	1 000		35 000	20 000	55 000	65 000	120 000
⋮	⋮	⋮	⋮	⋮	⋮	⋮	⋮	⋮
家电类		1 200		40 000	35 000	75 000	110 000	185 000
⋮	⋮	⋮	⋮	⋮	⋮	⋮	⋮	⋮
合计		5 000		200 000	140 000	340 000	410 500	750 000

3. 其他专项服务收入

除了视提供服务的内容和深度不同收取的管理费外,物业服务公司还根据租户的实际需求提供各种专项服务,这类收入包括公司自行经营的商场购物服务收入、餐饮服务收入、商务中心服务收入、交通服务收入以及各种委托代办服务收入等。对于经营性物业管理来说,专项服务收入在整个收入中占有较大的比重。预算可参考上述预算编制。

【本章小结】

本章主要阐述了物业企业财务预算的含义与体系,包括财务预算编制的方法、日常业务预算和特种决策预算的编制方法、预计资产负债表和预计利润表的编制方法、物业管理费收缴的预算等内容。

【课后习题】

一、单项选择题

1. 经营性物业管理费收入主要来源于业主,如果想把业主和管理者的利益紧密联系起来,充分调动管理者的经营积极性和创造性,应该采用的计算方法是(   )。

A. 定额法   B. 比例法   C. 成本法   D. 综合法

2. 增量预算方法的假定条件不包括(　　)。
A. 现有业务活动是企业必需的
B. 原有的各项开支都是合理的
C. 未来预算期的费用变动是在现有费用的基础上调整的结果
D. 所有的预算支出以零为出发点

3. 销售预算中"某期经营现金收入"的计算公式正确的是(　　)。
A. 某期经营现金收入 = 该期期初应收账款余额 + 该期现销含税收入 - 该期期末应收账款余额
B. 某期经营现金收入 = 该期含税收入 × 该期预计现销率
C. 某期经营现金收入 = 该期预计销售收入 + 该期销项税额
D. 某期经营现金收入 = 该期期末应收账款余额 + 该期现销含税收入 - 该期期初应收账款余额

4. (　　)是只使用实物量计量单位的预算。
A. 产品成本预算　　　　　　B. 生产预算
C. 管理费用预算　　　　　　D. 直接材料预算

5. 某企业编制"直接材料预算",预计第四季度期初存量600千克,该季度生产需用量2 400千克,预计期末存量为400千克,材料单价(不含税)为10元,若材料采购货款有60%在本季度内付清,另外40%在下季度付清,增值税税率为17%,则该企业预计资产负债表年末"应付账款"项目为(　　)元。
A. 8 800　　　B. 10 269　　　C. 10 296　　　D. 13 000

6. 某企业编制"销售预算",已知第一期的含税销售收入为600万元,第二期的含税销售收入为800万元,预计第三期含税销售收入为1 000万元,含税销售收入的20%于当期收现,60%于下期收现,20%于下下期收现,假设不考虑其他因素,则本期期末应收账款的余额为(　　)万元。
A. 760　　　B. 860　　　C. 660　　　D. 960

7. (　　)编制的主要目标是通过制定最优生产经营决策和存货控制决策来合理地利用或调配企业经营活动所需要的各种资源。
A. 现金预算　　B. 生产预算　　C. 投资决策预算　　D. 经营决策预算

8. (　　)就其本质而言属于日常业务预算,但是由于该预算必须根据现金预算中的资金筹集及运用的相关数据来编制,因此也将其纳入财务预算范畴。
A. 管理费用预算　　　　　　B. 经营决策预算
C. 投资决策预算　　　　　　D. 财务费用预算

二、多项选择题
1. 下列各项中属于日常业务预算的是(　　)。
A. 投资决策预算　　　　　　B. 销售预算
C. 产品成本预算　　　　　　D. 生产预算

2. 弹性成本预算的编制方法包括(　　)。
A. 公式法　　B. 因素法　　C. 列表法　　D. 百分比法

3. 关于零基预算方法,说法正确的有(　　)。
A. 在编制成本费用预算时,不考虑以往会计期间所发生的费用项目或费用数额

B. 可分为定期预算方法和滚动预算方法两大类
C. 不再以历史资料为基础进行调整,而是将所有的预算支出均以零为出发点
D. 以历史资料为零基出发点

4. 滚动预算按照预算编制和滚动的时间单位不同可分为(　　)。
   A. 逐月滚动　　　　　　　　B. 逐季滚动
   C. 逐年滚动　　　　　　　　D. 混合滚动

5 现金预算的编制基础包括(　　)。
   A. 经营现金收入预算　　　　B. 直接人工预算
   C. 销售费用预算　　　　　　D. 预计利润表

6. 下列各项中,(　　)是在生产预算的基础上编制的。
   A. 直接材料预算　　　　　　B. 直接人工预算
   C. 产品成本预算　　　　　　D. 管理费用预算

三、简答题

1. 财务预算具有哪些功能?
2. 什么是特种决策预算、日常业务预算与财务预算?

第8章 物业企业利润管理

【学习目标】

通过本章的学习,理解并掌握物业企业利润分配的原则与具体政策,熟悉物业企业利润形成的过程,掌握物业企业利润的法定分配程序。

本章导读

众所周知,中国资本市场向来以"不强制分红"为特色。但仍然有一些上市公司的利润分配方案令人大跌眼镜。

2016年4月4日晚间,宇通客车发布2015年年报,年报信息显示,2015年宇通客车实现归属于上市公司股东的净利润35.35亿元,同比增长35.31%。与此同时,宇通客车还公布其分红方案,公司拟每10股派发现金红利15元(含税)。其高达7.4%的股息率"豪气"令人咋舌!以宇通客车股本22.13亿股来计算,每10股分红15元,最后分红将分掉33.2亿元,这一数字将达到其2015年净利润35.35亿元的93.94%。换句话说,也就是宇通客车将其2015年净利润几乎全部用于分红,不得不说对投资者是十分慷慨的。一位在4月5日参加了宇通客车业绩电话会的私募人士告诉媒体:"我们也在打听为什么会有这么大比例的分红预案,同时我们预计这是公司管理层的管理思路的转变,也或表明目前公司现金流状态良好,对利润留存并不强烈。"4月5日,宇通客车以涨幅7.31%高开,此后略为回落,最后报收20.33元/股,涨幅4.79%,成交额11.2亿元。将全年净利润的94%拿出来现金分红,这一魄力非任何公司都可为之。上述私募人士对此表示:"大比例的分红,是成熟型的企业在日常经营、正常投资等不依赖于此前的利润积累,而是靠当期收入和经营现金流就能够覆盖的情况下,具备给予投资者更多分红的能力。而这样做,也会使得其股价更有吸引力,也更具有价值投资潜力,使得投资者长期持有。"

8.1 物业企业利润的形成

8.1.1 物业企业收入的概念

物业企业收入是指物业企业从事物业管理和其他经营活动所获取的收入,包括主营业务收入、其他业务收入、投资收益等。

8.1.2 物业企业收入的构成

物业企业的经营内容包括对房屋建筑物及其附属设施设备进行维修、管理,为物业产权人和使用人提供服务,以使房产物业完好无损,达到社会效益和环境效益的和谐统一。根据物业企业的经营特点,可按下列原则对物业企业的营业收入进行分类:凡是为物业产权人、使用人提供服务,为保持房屋建筑物及其附属设备完好无损而进行的维修、管理所得,作为主营业务收入;凡主营业务以外,从事交通运输,饮食服务、商业贸易等经营活动所取得的收入,作为其他业务收入。

1. 物业企业主营业务收入

物业企业主要是为物业产权人、使用人提供维修管理和服务,以保证住宅小区和商业楼宇等物业的正常运转。我国物业企业为物业产权人、使用人一般提供如下服务:

①物业企业利用自身的专业技术为物业产权人、使用人提供专业化服务,如利用企业的维修管理等专业技术对住宅小区和商业楼宇的设施设备提供专业维修服务等。

②为物业产权人、使用人提供社会化服务,如企业利用住宅小区和商业楼宇的一些公共设施、设备为物业产权人、使用人提供的服务。

③为方便物业产权人、使用人而提供特约服务,如在业主上班时间看管小孩等。

④接受物业产权人、使用人的委托,对房屋建筑物及其附属设施设备进行大修理等工程施工活动。

2. 物业企业主营业务收入的种类

根据物业企业的经营特点,可以将物业企业的主营业务收入定义为:物业企业在从事物业管理活动中,为物业产权人、使用人提供维修、管理和服务所取得的收入,包括物业管理收入、物业经营收入和物业大修收入。

(1) 物业管理收入

物业管理收入是指物业企业利用自身的专业技术,为物业产权人、使用人提供服务,为保持房产物业完好无损而从事日常维修管理活动而取得的收入。

(2) 物业经营收入

物业经营收入是指物业企业经营业主委员会和物业产权人、使用人提供的房屋建筑物及其附属设备取得的收入。

(3) 物业大修收入

物业大修收入是指物业企业接受业主委员会或物业产权人、使用人的委托,对房屋共用部位、公共设施设备进行大修等工程施工活动而取得的收入。

3. 其他业务收入

其他业务收入是指物业企业从事主营业务以外的其他业务活动取得的收入,包括房屋中介代销手续费收入、材料物资销售收入、废品回收收入等。

8.1.3 物业企业利润的构成

根据企业会计准则的规定,利润是指企业在一定会计期间的经营成果。利润包括收入减去费用后的净额、直接计入当期利润的利得和损失等。企业利润包括营业利润、利润总额和净利润三个层次。其中:

营业利润=营业收入−营业成本−营业税金及附加−销售费用−管理费用−财务费用−资产减值损失+公允价值变动收益(−公允价值变动损失)+投资收益(−投资损失)

利润总额=营业利润+营业外收入−营业外支出

净利润=利润总额−所得税费用

利润总额是一个综合性的财务指标,也称税前利润;净利润是企业所获总利润减去所得税后的金额,也称税后利润。

1. 营业利润

物业企业的营业利润,是指物业企业在一定时期内从事物业管理经营活动实现的利润。

物业企业营业利润按经营业务的主次可划分为主营业务利润和其他业务利润。

(1) 主营业务利润

主营业务利润是指物业企业从事主营业务,包括物业管理服务、物业经营服务、物业大修理服务等所取得的利润。主营业务利润的计算公式为

主营业务利润=主营业务收入-主营业务成本-营业税金及附加-管理费用-销售费用-财务费用

(2) 其他业务利润

其他业务利润是指主营业务以外的其他业务活动所取得的利润。其计算公式为

其他业务利润=其他业务收入-其他业务成本

2. 投资净收益

投资净收益,是指物业企业对外投资活动所获得的投资收益减去投资损失后的净额。其计算公式为

投资净收益=投资收益-投资损失

3. 营业外收支净额

营业外收支净额是指物业企业的营业外收入减去营业外支出后的差额。其计算公式为

营业外收支净额=营业外收入-营业外支出

营业外收入是相对于营业收入而言的。它是与物业企业整体经营有联系,但与企业经营活动没有直接关系的收入,因此也应视为物业企业利润的一部分。

营业外支出是相对于经营性耗费而言的。它是与物业企业整体经营活动有联系,但与企业的生产经营活动没有直接联系的支出,因此也应视为企业利润的扣减部分。

物业企业的利润总额是一项综合反映物业企业在一定时期内全部财务成果的重要指标,是物业企业一定时期全部收入抵偿全部支出后的余额,是物业企业最终的财务成果,在一定程度上可以评价企业的经营效益,衡量物业企业经营管理的水平,并据此进行利润分配。如果计算企业的税后利润,还应减去企业应缴纳的所得税。其计算公式为

税后利润=利润总额-所得税费用

8.2 物业企业利润的分配

8.2.1 物业企业利润分配的基本原则

利润分配是财务管理的重要内容,有广义的利润分配和狭义的利润分配两种,广义的利润分配是指对企业收入和利润进行分配的过程;狭义的利润分配则是指对企业净利润的分配。本书所讨论的利润分配是指对净利润的分配,即狭义的利润分配概念。

一个企业的利润分配不仅会影响企业的筹资和投资决策,而且涉及国家、企业、投资

者、职工等多方面的利益关系,涉及企业长远利益与近期利益、整体利益与局部利益等关系的处理与协调。为合理组织企业财务活动和正确处理财务关系,企业在进行利润分配时应遵循以下原则:

1. 依法分配原则

企业的利润分配必须依法进行,这是正确处理各方面利益关系的关键。为规范企业的利润分配行为,国家制定和颁布了若干法规。这些法规规定了企业利润分配的基本要求、一般程序和重大比例,企业应认真执行,不得违反。

2. 兼顾各方面利益原则

利润分配是利用价值形式对社会产品的分配,直接关系到有关各方的切身利益。因此,利润分配要坚持全局观念,兼顾各方利益。除依法纳税以外,投资者作为资本投入者、企业所有者,依法享有利润分配权。企业的净利润归投资者所有,是企业的基本制度,也是企业所有者投资于企业的根本目的所在。但企业的利润离不开全体职工的辛勤工作,职工作为利润的直接创造者,除了获得工资及奖金等劳动报酬外,还应当以适当的方式参与净利润的分配,提取公益金用于职工集体福利设施的购建开支。可见,企业进行利润分配时,应统筹兼顾,合理安排,维护投资者、企业与职工的合法权益。

3. 分配与积累并重原则

企业进行利润分配,应正确处理长远利益和近期利益的辩证关系,将二者有机结合起来,坚持分配与积累并重的原则。考虑未来发展需要,企业除按规定提取法定盈余公积金以外,可适当留存一部分利润作为积累。这部分留存收益虽暂时未予分配,但仍归企业所有者所有,而且,这部分积累不仅为企业扩大再生产筹集了资金,同时也增强了企业抵抗风险的能力,提高了企业经营的安全系数和稳定性,有利于增加所有者的回报。通过正确处理利润分配和积累的关系,留存一部分利润以供未来分配之需,还可以达到以丰补欠,平抑利润分配数额波动,稳定投资报酬率的效果。实践证明,投资者更为青睐能够提供稳定回报的企业,而利润分配时高时低的企业因暗含不稳定信息,对投资者的吸引力难免大打折扣。因而企业在进行利润分配时应当正确处理分配与积累的关系。

4. 投资与收益对等原则

企业分配收益应当体现"谁投资,谁受益"、受益大小与投资比例相适应,即投资与收益对等原则,这是正确处理投资者利益关系的关键。投资者因其投资行为而享有收益权,并且其投资收益应同其投资比例对等。这就要求企业在向投资者分配利益时,应本着平等一致的原则,按照各方投入资本的多少来进行,绝不允许发生任何一方随意多分多占的现象。这样才能从根本上保护投资者的利益,鼓励投资者投资的积极性。

8.2.2 确定利润分配政策时应考虑的因素

利润分配政策的确定受到各方面因素的影响,一般说来,应考虑的主要因素有:

1. 法律因素

为了保护债权人和股东的利益,国家有关法规如《公司法》对企业利润分配予以一定的硬性限制。这些限制主要体现为以下几个方面:

(1) 资本保全约束

资本保全是企业财务管理应遵循的一项重要原则。它要求企业发放的股利或投资分红不得来源于原始投资(或股本),而只能来源于企业当期利润或留存收益。其目的是防止企业任意减少资本结构中所有者权益(股东权益)的比例,以维护债权人利益。

(2)资本积累约束

它要求企业在分配收益时,必须按一定的比例和基数提取各种公积金。另外,它要求在具体的分配政策上,贯彻"无利不分"原则,即当企业出现年度亏损时,一般不得分配利润。

(3)偿债能力约束

偿债能力是指企业按时足额偿付各种到期债务的能力。对于股份公司而言,当其支付现金股利后会影响公司偿还债务和正常经营时,公司发放现金股利的数额就要受到限制。

(4)超额累积利润约束

对于股份公司而言,由于投资者接受股利交纳的所得税要高于进行股票交易的资本利得所缴纳的税金,因此许多公司通过积累利润使股价上涨方式来帮助股东避税。西方许多国家都注意到了这一点,并在法律上明确规定公司不得超额累积利润,一旦公司留存收益超过法律认可的水平,将被加征额外税款。我国法律目前对此尚未做出规定。

2. 股东因素

股东出于对自身利益的考虑,可能对公司的利润分配提出限制、稳定或提高股利发放率等不同意见。包括以下几方面考虑:

(1)控制权考虑

公司的股利支付率高,必然导致保留盈余减少,这又意味着将来发行新股的可能性加大,而发行新股会稀释公司的控制权。因此,公司的老股东往往主张限制股利的支付,而愿意较多地保留盈余,以防止控制权旁落他人。

(2)避税考虑

一些高收入的股东出于避税考虑(股利收入的所得税高于交易的资本利得税),往往要求限制股利的支付,而较多地保留盈余,以便从股价上涨中获利。

(3)稳定收入考虑

一些股东往往靠定期的股利维持生活,他们要求公司支付稳定的股利,反对公司留存较多的利润。

(4)规避风险考虑

在某些股东看来,通过增加留存收益引起股价上涨而获得的资本利得是有风险的,而目前所得股利是确定的,即便是现在较少的股利,也强于未来较多但是存在较大风险的资本利得,因此他们往往要求较多地支付股利。

3. 公司因素

公司出于长期发展与短期经营考虑,需要综合考虑以下因素,并最终制定出切实可行的分配政策。这些因素主要有:

(1)公司举债能力

如果一个公司举债能力强,能够及时地从资金市场筹集到所需的资金,则有可能采取较为宽松的利润分配政策;而对于一个举债能力较弱的公司而言,宜保留较多的盈余,因而往往采取较紧的利润分配政策。

(2)未来投资机会

利润分配政策要受到企业未来投资机会的影响。主要表现在:当企业预期未来有较好的投资机会,且预期投资收益率大于投资者期望收益率时,企业经营者会首先考虑将实现的收益用于再投资,减少用于分配的收益金额。这样有利于企业的长期发展,同时也能被广大的投资者所理解。相反,如果企业缺乏良好的投资机会,保留大量盈余会造成资金的闲置,可适当增大分红数额。正因为如此,处于成长中的企业多采取少分多留政策,而陷于经营收缩的企业多采取多分少留政策。

(3) 盈余稳定状况

企业盈余是否稳定,也将直接影响其收益分配。盈余相对稳定的企业对未来取得盈余的可能性预期良好,因此有可能比盈余不稳定的企业支付更高的股利;盈余不稳定的企业由于对未来盈余的把握小,不敢贸然采取多分政策,而较多采取低股利支付率政策。

(4) 资产流动状况

较多地支付现金红利,会减少企业现金持有量,使资产的流动性降低,而保持一定的资产流动性是企业经营的基础和必备条件,因此,如果企业的资产流动性差,即使收益可观,也不宜分配过多的现金股利。

(5) 筹资成本

一般而言,将税后的收益用于再投资,有利于降低筹资的外在成本,包括再筹资费用和资本的实际支出成本。因此,很多企业在考虑投资分红时,首先将企业的净利润作为筹资渠道的第一选择,特别是在负债资金较多、资本结构欠佳的时期。

(6) 其他因素

比如,企业有意地多发股利使股价上涨,使已发行的可转换债券尽快地实现转换,从而达到调整资本结构的目的;再如,通过支付较高股利,刺激公司股价上扬,从而达到兼并、反收购目的等等。

4. 其他因素

(1) 债务合同限制

企业的债务合同,特别是长期债务合同,往往有限制企业现金支付程度的条款,以保护债权人的利益。通常包括:①未来的股利只能以签订合同之后的收益来发放,也就是说,不能以过去的留存收益来发放;②营运资金低于某一特定金额时不得发放股利;③将利润的一部分以偿债基金的形式留存下来;④利息保障倍数低于一定水平时不得支付股利。企业出于方便未来负债筹资的考虑,一般都能自觉恪守与债权人事先签订的有关合同的限制性条款,以协调企业与债权人之间的关系。

(2) 通货膨胀

通货膨胀会带来货币购买力水平下降,固定资产重置资金来源不足,此时企业往往不得不考虑留用一定的利润,以便弥补由于货币购买力水平下降而造成的固定资产重置资金缺口。因此,在通货膨胀时期,企业一般采取偏紧的利润分配政策。

8.2.3 股利政策

股利政策是指在法律允许的范围内,可供企业管理当局选择的、有关净利润分配事项的方针及对策。

可供分配的净利润既可以用于向投资者分红,也可以留存企业。在这部分净利润数额相对有限的情况下,如何合理确定分红与留存的比例,直接关系到有关短期利益与长远利益、股东与企业等关系能否得到妥善处理的问题。确定或选择正确的利润分配政策,对企业具有特别重要的意义。一方面,分配政策在一定程度上决定企业的对外再筹资能力。如果企业分配政策得当,除了能直接增加企业积累能力外,还能够吸引投资者(包括潜在投资者)对企业的投资,增强其投资信心,从而为筹资提供基础。另一方面,分配政策在一定程度上还决定着企业市场价值的大小。如何确定较好的分配政策,并保持一定程度上的连续性,有利于提高企业的财务形象,从而提高企业发行在外股票的价格和企业的市场价值。

企业在确定利润分配政策时,应综合考虑各种影响因素,结合自身实际情况,权衡利弊得失,从优选择。企业经常采用的股利政策主要有以下几种:

1. 剩余股利政策

剩余股利政策是指公司生产经营所获得的税后利润首先应较多地考虑满足公司有利可图的投资项目的需要,即增加资本或公积金,只有当增加的资本额达到预定的目标资本结构(最佳资本结构)后,如果有剩余,再派发股利;如果没有剩余,则不派发股利。剩余股利政策的具体应用程序为:

①根据投资机会确定最佳资本预算水平。
②利用最优资本结构比例,预计确定企业投资项目的权益资金需要额。
③尽可能地使用留存收益来满足投资所需的权益资本数额。
④留存收益在满足投资需要后尚有剩余时,则派发现金股利。

剩余股利政策的优点是充分利用留存收益这一筹资成本最低的资金来源,保持理想的资本结构,使综合资本成本最低,实现企业价值的长期最大化。其缺陷表现在:完全遵照剩余股利政策执行,将使股利发放额每年随投资机会和盈利水平的波动而波动,不利于投资者安排收入与支出,也不利于公司树立良好的形象。剩余股利政策一般适用于公司初创阶段。

2. 固定股利政策

固定股利政策是公司将每年派发的股利额固定在某一特定水平上,然后在一段时间内,不论公司的盈利情况和财务状况如何,派发的股利额均保持不变。只有当企业对未来利润增长确有把握,并且这种增长被认为是不会发生逆转时,才增加每股股利额。采用该政策的依据是股利重要理论。

(1)这种策略对公司而言的好处

①固定的股利有利于公司树立良好的形象,有利于稳定公司股票价格,从而增强投资者对公司的信心。

②稳定的股利有利于投资者安排收入与支出,特别是那些对股利有较强依赖性的股东更是如此。

(2)这种策略对公司而言的主要缺陷

①公司股利支付与公司盈利相脱离,造成投资的风险与投资的收益不对称。

②由于公司盈利较低时仍要支付较高的股利,容易引起公司资金短缺,导致财务状况恶化,甚至侵蚀公司留存收益和公司资本。

固定股利政策一般适用于经营比较稳定或正处于成长期、信誉一般的公司,但该政策很难被长期采用。

3. 固定股利支付率政策

固定股利支付率政策是公司确定固定的股利支付率,并长期按此比率从净利润中支付股利的政策。固定股利支付率政策的理论依据是股利重要理论。

(1) 固定股利支付率政策的优点

①使股利与企业盈余紧密结合,以体现多盈多分、少盈少分、不盈不分的原则。

②由于公司的盈利能力在年度间是经常变动的,因此每年的股利也应随着公司收益的变动而变动,保持股利与利润间的一定比例关系,体现投资风险与收益的对等。

(2) 固定股利支付率政策的不足之处

①由于股利波动容易使外界产生公司经营不稳定的印象,公司财务压力较大,不利于股票价格的稳定与上涨。

②公司每年按固定比例从净利润中支付股利,缺乏财务弹性。

③确定合理的固定股利支付率难度很大。

固定股利支付率政策只能适用于稳定发展的公司和公司财务状况较稳定的阶段。

4. 低正常股利加额外股利政策

低正常股利加额外股利政策是公司事先设定一个较低的经常性股利额,一般情况下,公司每期都按此金额支付正常股利,只有在企业盈利较多时,再根据实际情况发放额外股利。低正常股利加额外股利政策的依据是股利重要理论。

(1) 低正常股利加额外股利政策的优点

①低正常股利加额外股利政策具有较大的灵活性。由于平常股利发放水平较低,故在企业净利润很少或需要将相当多的净利润留存下来用于再投资时,企业仍旧可以维持既定的股利发放水平,避免股价下跌的风险;而企业一旦拥有充裕的现金,就可以通过发放额外股利的方式,将其转移到股东的手中,也有利于股价的提高。

②它既可以在一定程度上维持股利的稳定性,又有利于企业的资本结构达到目标资本结构,使灵活性与稳定性较好地相结合,因而为许多企业所采用。

(2) 低正常股利加额外股利政策的缺点

①股利派发仍然缺乏稳定性,额外股利随盈利的变化而变化,时有时无,给人漂浮不定的印象。

②如果公司较长时期一直发放额外股利,股东就会误认为这是正常股利,一旦取消,极易造成公司"财务状况"逆转的负面影响,股价下跌在所难免。

上面所介绍的几种股利政策中,固定股利政策和低正常股利加额外股利政策是被企业普遍采用,并为广大的投资者所认可的两种基本政策。企业在进行利润分配时,应充分考虑各种政策的优缺点和企业的实际情况,选择适宜的净利润分配政策。

8.2.4 利润分配程序

按照《公司法》等法律、法规的规定,股份有限公司当年实现的利润总额,应按照国家有关规定做相应调整后,依法交纳所得税,然后按下列顺序分配:

1. 弥补以前年度亏损

以前年度亏损是指超过用所得税前的利润抵补亏损的法定期限后,仍未补足的亏损。

2. 提取法定公积金

法定公积金按照净利润扣除弥补以前年度亏损后的10%提取,法定公积金达到注册资本的50%时,可不再提取。

3. 提取法定公益金

法定公益金按当年净利润的5%~10%提取,主要用于职工宿舍等集体福利设施支出。

4. 提取任意公积金

任意公积金按照公司章程或股东会议决议提取和使用,其目的是控制向投资者分配利润的水平以及调整各年利润分配的波动,通过这种方法对投资者分利加以限制和调节。

5. 向投资者分配利润或股利

净利润扣除上述项目后,再加上以前年度的未分配利润,即为可供普通股分配的利润,公司应按同股同权、同股同利的原则,向普通股股东支付股利。

股份有限公司支付股利的基本形式主要有现金股利和股票股利。

现金股利是股份公司以现金的形式发放给股东的股利。发放现金股利的多少主要取决于公司的股利政策和经营业绩。上市公司发放现金股利主要出于三个原因:投资者偏好、减少代理成本和传递公司的未来信息。公司采用现金股利形式时,必须具备两个基本条件:一是公司要有足够的未指明用途的留存收益(未分配利润);二是公司要有足够的现金。一般来说,现金流入超出现金流出的余额越多,现金的可调剂头寸与机动弹性也就越大,也就越有能力支付较高的现金股利。相反,当企业的现金头寸吃紧时,企业为了保证应付意外情况的机动性,通常是不愿意也不应当承受太大的财务风险而动用现金支付巨额的股利。

股票股利形式是指企业以股票形式发放的股利,即按股东股份的比例发放股票作为股利的一种形式。当公司注册资本尚未足额投入时,公司可以以股东认购的股票作为股利支付,也可以是发行新股支付股利。在实际操作过程中,有的公司增资发行新股时,预先扣除当年应分配股利,减价配售给老股东;也有的发行新股时进行无偿增资配股,即股东不须缴纳任何现金和实物,即可取得公司发行的股票。发放股票股利又称为送股或送红股。

发放股票股利的优点主要有:①企业发放股票股利可免付现金,保留下来的现金,可用于追加投资,扩大企业经营,同时减少筹资费用;②股票变现能力强,易流通,股东乐于接受;③可传递公司未来经营绩效的信号,增强经营者对公司未来的信心;④便于今后配股融通更多资金和刺激股价。

股票股利不会引起公司资产的流出或负债的增加,而只涉及股东权益内部结构的调整,即在减少未分配利润项目金额的同时,增加公司股本额,同时还可能引起资本公积的增减变化,而股东权益总额并不改变。发放股票股利会因普通股股数的增加而引起每股收益的下降,每股市价有可能因此而下跌,但发放股票股利后股东所持股份比例并未改变,因此,每位股东所持股票的市场价值总额仍能保持不变。

除上述两种基本股利形式外,还有财产股利(如实物股利、证券股利)、负债股利(如公司债券股利)和股票回购等形式。

8.2.5 确定股利发放日期

股份公司分配股利必须遵循法定的程序,先由董事会提出分配预案,然后提交股东大会审议,股东大会决议通过分配预案之后,向股东宣布发放股利的方案,并确定股权登记日、除息(或除权)日和股利支付日等。制定股利政策时必须明确这些日期界限。

1. 股利宣告日

股利宣告日即公司董事会将股利支付情况予以公告的日期。公告中将宣布每股股利、股权登记日、除息日和股利支付日等事项。我国的股份公司通常一年派发一次股利,也有在年中派发中期股利的。

2. 股权登记日

股权登记日即有权领取股利的股东资格登记截止日期。只有在股权登记日前在公司股东名册上有名的股东,才有权分享股利,证券交易所的中央清算登记系统为股权登记提供了很大的方便,一般在营业结束的当天即可打印出股东名册。

3. 除息日

除息日即指领取股利的权利与股票相互分离的日期。在除息日前,股利权从属于股票,持有股票者即享有领取股利的权利;从除息日开始,股利权与股票相分离,新购入股票的人不能分享股利。通常在除息日之前进行交易的股票,其价格高于在除息日之后进行交易的股票价格,其原因主要在于前一种股票的价格包含应得的股利收入在内。

4. 股利支付日

股利支付日即向股东发放股利的日期。

【本章小结】

本章主要阐述了物业企业利润分配的基本原则,制定利润分配政策时应考虑的因素,以及如何选择合理的股利分配政策(包括剩余股利政策、固定股利政策、固定股利支付率政策、低正常股利加额外股利政策)和利润分配的基本程序等内容。

【课后习题】

一、单项选择题

1. 企业在制定利润分配方案时首先考虑满足公司有利可图的投资项目的需要,如有剩余再考虑派发股利,该股利政策被称为(　　)。

A. 剩余股利政策

B. 固定股利政策

C. 固定股利支付率政策

D. 低正常股利加额外股利政策

二、多项选择题

1. 企业在制定利润分配方案时,股东出于对自身利益的追求会考虑(　　)。

A. 控制权　　　B. 依法避税　　　C. 稳定自身收入　　D. 规避风险

三、简答题

1. 企业在制定利润分配方案时应遵循哪些原则?

2. 企业在制定利润分配政策时,从自身长期发展与短期经营的角度出发,需要考虑哪些因素?

3. 低正常股利加额外股利政策的优缺点有哪些?

第 9 章 物业企业财务分析

【学习目标】

通过对本章的学习,了解物业企业财务分析的作用、目的、种类和程序;能够正确运用比率分析法对企业偿债能力、营运能力和盈利能力进行分析;掌握企业财务状况的趋势分析和综合分析方法。

本章导读

财务分析是以企业财务报表等有关会计核算资料为依据,对企业财务活动过程及结果进行分析和评价。通过财务分析可以了解企业偿债能力、营运能力、盈利能力和增长能力,便于企业管理当局及其他报表使用者了解企业财务状况和经营成果。由于财务报表是通过一系列的数据资料来全面地、概括地反映企业的财务状况、经营成果和现金流量情况,对报表的使用者来说,这些数据是原始的、初步的,还不能直接为决策服务。那么,作为物业企业的财务分析人员,如何才能将财务报表提供的数据资料进一步加工、整理,从中取得必要的、有用的信息,从而为企业的投资者、债权人、经营者决策提供准确的依据呢?

9.1 财务分析概述

9.1.1 财务分析的作用

财务分析是以企业财务报告等会计资料为基础,对企业的财务状况和经营成果进行分析和评价的一种方法。财务分析是财务管理的重要方法之一,它是对企业一定期间的财务活动的总结,为企业进行下一步的财务预测和财务决策提供依据。因此,财务分析在企业的财务管理工作中具有重要的作用。

1. 财务分析是评价财务状况、衡量经营业绩的重要依据

通过对企业财务报表等核算资料进行分析,可以了解企业偿债能力、营运能力、盈利能力和发展能力,便于企业管理当局及其他报表使用人了解企业财务状况和经营成果,并通过分析,将影响财务状况和经营成果的主观因素与客观因素、微观因素与宏观因素区分开来,以划清经济责任,合理评价经营者的工作实绩,并据此奖优罚劣,以促使经营者不断改进。

2. 财务分析是挖掘潜力、改进工作、实现财务管理目标的重要手段

企业财务管理的根本目标是努力实现企业价值最大化。通过财务指标的设置和分析,能了解企业的盈利能力和资产周转状况,不断挖掘企业改善财务状况、扩大财务成果的内

部潜力,充分认识未被利用的人力资源和物质资源,寻找利用不当的部分及原因,发现进一步提高利用效率的可能性,以便从各方面揭露矛盾、找出差距、寻求措施,促进企业经营理财活动按照企业价值最大化的目标实现良性运行。

3. 财务分析是合理实施投资决策的重要步骤

投资者及潜在投资者是企业重要的财务报表使用人,通过对企业财务报表的分析,可以了解企业获利能力的高低、偿债能力的强弱、营运能力的大小以及发展能力的增减,可以了解投资后的收益水平和风险程度,从而为投资决策提供必需的信息。

9.1.2 财务分析的内容

财务分析的内容一般是以财务指标来加以表现的,结合各利益主体进行财务分析的目的和侧重点,将财务分析的内容归纳为以下四个方面。

1. 偿债能力分析

偿债能力是指企业对债务的清偿能力,是财务目标稳定实现的保证。偿债能力强,说明企业可以举债筹集资金来获得利益;反之,说明资金紧张,难以偿还债务,甚至无法生存。

2. 营运能力分析

营运能力是指资金的使用效率,是财务目标实现的物质基础。企业资金的多少可以表现为经营能力的大小,良好的经营可以提高资金的使用效率,增加企业的盈利。

3. 盈利能力分析

盈利能力是指企业获取利润的能力,是衡量企业经营好坏的重要标志。盈利能力的强弱,实质上也体现一个企业生命力的强弱,从一定意义上说,盈利能力比偿债能力更为重要。这是因为:一方面,盈利能力的强弱直接影响企业的信誉;另一方面,盈利能力的强弱也决定了偿债能力的高低,除非有足够的抵押品,不然企业的偿债能力还是寄托于经营项目的获利。

4. 发展能力分析

任何企业的发展都会受内部和外部、客观和主观等因素变化的影响,从而导致企业发展过程中会出现高速、平缓甚至衰退的不同时期。企业所处的不同发展时期对财务策略有着不可忽视的影响,因此,企业只有根据财务分析及时调整财务策略,才能不断提高企业的发展能力,使企业在激烈的市场竞争中始终处于不败之地。

9.1.3 财务分析的程序和步骤

财务分析是为了向利益相关者提供其与决策有关的信息,为了这一目的,首先要清楚为谁提供信息,这种目的的服务信息需要哪些内容,以及怎样来分析等。

1. 财务分析的程序

(1) 提出课题,明确要求

不同目的的财务信息使用者,所需要的财务信息的重点不一样,财务评价的内容也不一样。因此,进行财务分析,要清楚为了谁进行评估,评价什么,达到什么要求。

(2) 收集整理资料,审查资料

在选择了努力方向以后,需要搜集相关的资料。如果没有充分客观的资料,分析的结果将是不可信的,甚至是误导的。财务分析的资料主要是财务报告,但也根据不同的分析要求有一定的不同。

(3)计算分析,做出评价

对于所搜集的资料进行整理以后,运用财务分析专门的方法进行分析,就可以得出相应的结论。在信息的加工过程中,要注意信息加工的形式和方法,方法选择得正确与否、合适程度会影响到分析结果的准确性。

2. 财务分析的步骤

①明确财务分析的目的。
②制订财务分析计划。
③搜集整理财务分析信息。
④企业战略分析。
⑤财务报表的会计分析。
⑥财务指标分析。
⑦基本因素分析。
⑧财务综合分析与评价。
⑨财务预测与价值评估。
⑩财务分析报告。

9.1.4 财务分析的局限性

通过财务分析,有利于优化企业经营管理,提高决策水平,促进企业价值最大化目标的实现,但同时也必须清醒地认识到,财务分析方法与评价的结果不是绝对的,有可能会与实际情况相去甚远,即财务分析有一定的局限性。

1. 资料来源的局限性

财务报表是财务分析的主要依据,财务报表数据的局限性决定了财务分析与评价的局限性。

(1)缺乏可比性

财务分析实际上就是数据资料的比较过程,而比较的双方必须具有可比性才有意义。然而数据是否可比受众多条件的制约,如计算方法、计价标准、时间跨度和经营规模等。一旦这些条件发生变动而企业在分析时又未予以考虑,必然对分析的结果造成不利影响。

(2)缺乏可靠性

可靠的数据才能提供可靠的新信息。但报表数据是否真实可靠,不仅受制于企业的主观因素及人为因素,而且受通货膨胀的影响。同时也与会计方法的有效性密切相关。如果通货膨胀严重、会计方法不当或者过多地掺杂了各种人为因素和主观因素,就必然使财务报表数据缺乏真实可靠性,从而影响财务分析的结果。

(3)存在滞后性

进行财务分析,不单是为了评价企业以往的财务状况,更主要的在于对企业未来的经营理财活动进行指导和规划。而财务报表的各项数据及其他有关资料大多属于企业的历史资料,有一定的滞后性。如果单纯依据这些资料,而不考虑企业的发展变化情况,其分析结果的有效性会大打折扣,严重时还有可能对企业的决策行为产生误导。

2. 分析方法的局限性

具有可比性是进行财务分析的前提。而各种分析方法运用的有效性都是以各种条件不变或具有可比性为前提假设的。一旦这些前提条件发生变化或者已经不再具备,财务分析的结果就会与实际相背离,而这种变化是客观存在的。

3. 分析指标的局限性

出于保护自身商业秘密和市场利益的目的,企业向社会披露的指标通常仅限于财务通则以及会计制度和准则等有关规定要求披露的信息,同时,企业基于市场形象的考虑,或为了得到政府及其金融机构的良好评价,可能还存在对这些公开信息加以粉饰的情况。因此,投资者依据这些指标有时难以对企业真实的经营理财状况做出正确的评价。此外,在指标名称、计算公式、计算口径等方面也存在较大的不规范性;如何将资金时间价值观念纳入财务分析当中、如何消除通货膨胀的影响等都缺乏统一规定及标准,所有这些也同样降低了财务指标的有效性。

9.2 财务分析方法

开展财务分析,需要运用一定的方法。财务分析的方法主要包括趋势分析法、比率分析法和因素分析法。

9.2.1 趋势分析法

趋势分析法又称水平分析法,是通过对比两期或连续数期财务报告中的相同指标,确定其增减变动的方向、数额和幅度,来说明企业财务状况或经营成果的变动趋势的一种方法。采用这种方法,可以分析引起变化的主要原因、变动的性质,并预测企业未来的发展前景。

趋势分析法的具体运用主要有三种方式:一是重要财务指标的比较;二是会计报表的比较;三是会计报表项目构成的比较。

1. 重要财务指标的比较

重要财务指标的比较,是将不同时期财务报告中的相同指标或比率进行比较,直接观察其增减变动情况及变动幅度,考察其发展趋势,预测其发展前景。

对不同时期财务指标的比较,可以有以下两种方法:

(1)定基动态比率

定基动态比率是以某一时期的数额为固定的基期数额而计算出来的动态比率。其计算公式为

$$定基动态比率 = \frac{分析期数额}{固定基期数额}$$

(2)环比动态比率

环比动态比率是以每一分析期的前期数额为基期数额而计算出来的动态比率。其计算公式为

$$环比动态比率 = \frac{分析期数额}{前期数额}$$

[**例9.1**] 已知某物业企业近三年的主营业务利润与其他利润的情况,采用定期动态比率和环比动态比率进行趋势分析,见表9.1。

表 9.1　营业利润比较表　　　　　　　　　　　　　　　单位:万元

项目	2011年	2012年	2013年	定基法		环比法	
				2002年与2001年比较	2003年与2001年比较	2002年与2001年比较	2003年与2002年比较
主营业务利润	5 000	8 000	12 000	1.60	2.40	1.60	1.50
其他业务利润	400	800	1 000	2.00	2.50	2.00	1.25

2.会计报表的比较

会计报表的比较是将连续数期的会计报表的金额并列起来,比较其相同指标的增减变动金额和幅度,据以判断企业财务状况和经营成果发展变化的一种方法。会计报表的比较,具体包括资产负债表比较、利润表比较和现金流量表比较等。比较时,既要计算出表中有关项目增减变动的绝对额,又要计算出其增减变动的百分比。

[例9.2] 已知某物业企业连续两年的利润情况,采用绝对金额与相对金额进行比较分析,见表9.2。

表 9.2　利润总额及净利润比较表

项目	2012年	2013年	增减变动情况	
			增减金额/万元	增减幅度/%
利润总额/万元	4 000	4 200	200	5
净利润/万元	2 680	2 814	134	5

3.会计报表项目构成的比较

这是在会计报表比较的基础上发展而来的。它是以会计报表中的某个总体指标作为100%,再计算出其各组成指标占该总体指标的百分比,从而来比较各个项目百分比的增减变动,以此来判断有关财务活动的变化趋势。这种方法比上述两种方法能更准确地分析企业财务活动的发展趋势。它既可用于同一企业不同时期财务状况的纵向比较,又可用于不同企业之间的横向比较。同时,这种方法能消除不同时期(不同企业)之间业务规模差异的影响,有利于分析企业的耗费水平和盈利水平。

但在采用趋势分析法时,必须注意以下问题:第一,用于进行对比的各个时期的指标,在计算口径上必须一致;第二,剔除偶发性项目的影响,使作为分析的数据能反映正常的经营状况;第三,应运用例外原则,对某项有显著变动的指标做重点分析,研究其产生的原因,以便采取对策,趋利避害。

9.2.2　比率分析法

比率分析法是通过计算各种比率指标来确定经济活动变动程度的分析方法。比率是相对数,采用这种方法,能够把某些条件下的不可比指标变为可以比较的指标,以利于进行分析。比率指标可以有不同的类型,主要有三类:一是构成比率;二是效率比率;三是相关比率。

1.构成比率

构成比率又称结构比率,它是某项财务指标的各组成部分数值占总体数值的百分比,反映部分与总体的关系。其计算公式为

$$构成比率 = \frac{某个组成部分数值}{总体数值} \times 100\%$$

比如,企业资产中流动资产、固定资产和无形资产占资产总额的百分比(资产构成比率),企业负债中流动负债和长期负债占负债总额的百分比(负债构成比率)等。利用构成比率,可以考察总体中某个部分的形成和安排是否合理,以便协调各项财务活动。

2. 效率比率

效率比率是某项经济活动中所费与所得的比例,反映投入与产出的关系。利用效率比率指标,可以进行得失比较,考察经营成果,评价经济效益。比如,将利润项目与销售成本、销售收入、资本金等项目加以对比,可计算出成本利润率、销售利润率以及资本金利润率等利润率指标,可以从不同的角度观察比较企业获利能力的高低及其增减变化情况。

3. 相关比率

相关比率是以某个项目和与其有关但又不同的项目加以对比所得的比率,反映有关经济活动的相互关系。利用相关比率指标,可以考察企业有联系的相关业务安排得是否合理,以保障运营活动顺畅进行。比如,将流动资产与流动负债加以对比,计算出流动比率,据以判断企业的短期偿债能力。

比率分析法的优点是计算简便,计算结果也比较容易判断,而且可以使某些指标在不同规模的企业之间进行比较,甚至也能在一定程度上超越行业间的差别进行比较。但采用这一方法时应该注意以下几点:

(1)对比项目的相关性。计算比率的子项和母项必须具有相关性,把不相关的项目进行对比是没有意义的。在构成比率指标中,部分指标必须是总体指标这个大系统中的一个小系统;在效率比率指标中,投入与产出必须有因果关系;在相关比率指标中,两个对比指标也要有内在联系,才能评价有关经济活动之间是否协调均衡,安排是否合理。

(2)对比口径的一致性。计算比率的子项和母项必须在计算时间、范围等方面保持口径一致。

(3)衡量标准的科学性。运用比率分析,需要选用一定的标准与之对比,以便对企业的财务状况做出评价。通常而言,科学合理的对比标准有以下几点:

①预定目标,如预算指标、设计指标、定额指标、理论指标等。

②历史标准,如上期实际、上年同期实际、历史先进水平以及有典型意义的时期实际水平等。

③行业标准,如主管部门或行业协会颁布的技术标准、国内外同类企业的先进水平、国内外同类企业的平均水平等。

④公认标准。

9.2.3 因素分析法

因素分析法是依据分析指标与其影响因素的关系,从数量上确定各因素对分析指标影响方向和影响程度的一种方法。采用这种方法的出发点在于,当有若干因素对分析指标发生影响作用时,假定其他各个因素都无变化,顺序确定每一个因素单独变化所产生的影响。因素分析法具体有两种:一是连环替代法;二是差额分析法。

1. 连环替代法

连环替代法是将分析指标分解为各个可以计量的因素,并根据各个因素之间的依存关系,顺次用各因素的比较值(通常即实际值)替代基准值(通常即标准值或计划值),据以测定各因素对分析指标的影响。

2. 差额分析法

差额分析法是连环替代法的一种简化形式，它是利用各个因素的比较值与基准值之间的差额，来计算各因素对分析指标的影响。

因素分析法既可以全面分析各因素对某一经济指标的影响，又可以单独分析某个因素对某一经济指标的影响，在财务分析中应用颇为广泛。但在应用这一方法时必须注意以下几个问题：

(1) 因素分解的关联性

确定构成经济指标的因素，必须客观上存在因果关系，要能够反映形成该项指标差异的内在构成原因，否则就失去了其存在的价值。

(2) 因素替代的顺序性

替代因素时，必须按照各因素的依存关系，排列成一定的顺序并依次替代，不可随意加以颠倒，否则就会得出不同的计算结果。一般而言，确定正确的排列因素进行替代程序的原则是，按分析对象的性质，从诸因素的相互依存关系出发，并使分析结果有助于分清责任。

(3) 顺序替代的连环性

因素分析法在计算每一个因素变动的影响时，都是在前一次计算的基础上进行，并采用连环比较的方法确定因素变化影响结果。因为只有保持计算程序上的连环性，才能使各个因素影响之和等于分析指标变动的差异，以全面说明分析指标变动的原因。

(4) 计算结果的假定性

由于因素分析法计算的各因素变动的影响数，会因替代计算顺序的不同而有差别，因而计算结果不免带有假定性，即它不可能使每个因素计算的结果都达到绝对的准确。它只是在某种假定前提下的影响结果，离开了这种假定前提条件，也就不会是这种影响结果。为此，分析时应力求使这种假定是合乎逻辑的假定，是具有实际经济意义的假定。这样，计算结果的假定性，才不至于妨碍分析的有效性。

9.3 财务指标分析

总结和评价企业财务状况与经营成果的分析指标包括偿债能力指标、营运能力指标、盈利能力指标和发展能力指标。

9.3.1 偿债能力分析

偿债能力是指企业偿还各种到期债务（包括本、息）的能力。偿债能力分析包括短期偿债能力分析和长期偿债能力分析。

1. 短期偿债能力分析

短期偿债能力是指企业流动资产对流动负债及时足额偿还的保证程度，是衡量企业当前财务能力，特别是流动资产变现能力的重要标志。

企业短期偿债能力的衡量指标主要有流动比率、速动比率和现金流动负债比率三项。

(1) 流动比率

流动比率是流动资产与流动负债的比率，它表明企业每一元流动负债有多少流动资产作为偿还保证，反映企业用可在短期内转变为现金的流动资产偿还到期流动负债的能力。

其计算公式为

$$流动比率 = \frac{流动资产}{流动负债} \times 100\%$$

[例 9.3] 某物业公司 2008 年年底的流动资产总额为 800 万元,流动负债总额为 400 万元。求该公司的流动比率。

依据上述计算公式,该公司的流动比率为

$$流动比率 = \frac{800}{400} = 2$$

一般情况下,流动比率越高,说明企业短期偿债能力越强,债权人的权益越有保证。国际上通常认为,流动比率在 2∶1 左右比较适当,它表明企业财务状况稳定可靠,除了满足日常生产经营的流动资金需要外,还有足够的财力偿付到期短期债务。如果比例过低,则表示企业可能捉襟见肘,难以如期偿还债务。但是,流动比率也不可以过高,过高则表明企业流动资产占用较多,会影响资金的使用效率和企业的筹资成本,进而影响获利能力。究竟应保持多高水平的流动比率,主要视企业对待风险与收益的态度予以确定。

运用流动比率时,必须注意以下几个问题:

①虽然流动比率越高,企业偿还短期债务的流动资产保证程度越强,但这并不等于说企业已有足够的现金或存款用来偿债。流动比率高也可能是存货积压、应收账款增多且收账期延长,以及待摊费用和待处理财产损失增加所致,而真正可用来偿债的现金和存款却严重短缺。所以,企业应在分析流动比率的基础上,进一步对现金流量加以考察。

②从短期债权人的角度看,自然希望流动比率越高越好。但从企业经营角度看,过高的流动比率通常意味着企业闲置现金的持有量过多,必然造成企业机会成本的增加和获利能力的降低,因此,企业应尽可能将流动比率维持在不使货币资金闲置的水平。

③流动比率是否合理,不同行业、不同企业以及同一企业不同时期的评价标准是不同的,因此,不应用统一的标准来评价各企业流动比率合理与否。

④在分析流动比率时应当剔除一些虚假因素的影响。

(2) 速动比率

速动比率是企业速动资产与流动负债的比值。所谓速动资产,是指流动资产减去变现能力较差且不稳定的存货、预付账款、待摊费用、待处理流动资产损失等之后的余额。由于剔除了存货等变现能力较弱且不稳定的资产,因此,速动比率较之流动比率能够更加准确、可靠地评价企业资产的流动性及其偿还短期负债的能力。其计算公式为

$$速动比率 = \frac{速动资产}{流动负债} \times 100\%$$

其中

$$速动资产 = 货币资金 + 短期投资 + 应收账款 + 应收票据$$
$$= 流动资产 - 存货 - 预付账款 - 待摊费用 - 待处理流动资产损失$$

[例 9.4] 某物业公司 2015 年底的流动资产总额为 800 万元,流动资产中存货为 300 万元,待摊费用为 20 万元,流动负债为 400 万元。求该公司的速动比率。

依据上述计算公式,该公司的速动比率为

$$速动比率 = \frac{800 - 300 - 20}{400} = 1.2$$

一般情况下,速动比率越高,表明企业偿还流动负债的能力越强。国际上通常认为,速

动比率等于100%时较为适当。如果速动比率小于100%,必然使企业面临很大的偿债风险;如果速动比率大于100%,尽管债务偿还的安全性很高,但却会因企业现金及应收账款资金占用过多而大大增加企业的机会成本。

在分析时要注意:尽管速动比率较之流动比率更能反映出流动负债偿还的安全性和稳定性,但并不能认为速动比率较低的企业的流动负债到期绝对不能偿还。实际上,如果企业存货流转顺畅,变现能力较强,即使速动比率较低,只要流动比率高,企业仍然有望偿还到期的债务本息。

(3)现金流动负债比率

现金流动负债比率是企业一定时期的经营现金净流量同流动负债的比率,它可以从现金流量角度来反映企业当期偿付短期负债的能力。其计算公式为

$$现金流动负债比率 = \frac{年经营现金净流量}{年末流动负债} \times 100\%$$

其中,年经营现金净流量是指一定时期内,企业经营活动所产生的现金及现金等价物流入量与流出量的差额。

现金流动负债比率从现金流入和流出的动态角度对企业的实际偿债能力进行考察。由于有利润的年份不一定有足够的现金(含现金等价物)来偿还债务,所以利用以收付实现制为基础计量的现金流动负债比率指标,能充分体现企业经营活动所产生的现金净流量可以在多大程度上保证当期流动负债的偿还,客观地反映出企业偿还流动负债的实际能力。用该指标评价企业偿债能力更加谨慎。该指标越大,表明企业经营活动产生的现金净流量越能保障企业按期偿还到期债务,但也并不是越大越好,该指标过大则表明企业流动资金利用不充分,盈利能力不强。

2. 长期偿债能力分析

长期偿债能力,指企业偿还长期负债的能力。企业长期偿债能力的衡量指标主要有资产负债率、产权比率和已获利息倍数三项。

(1)资产负债率

资产负债率又称负债比率,指企业负债总额同资产总额的比率。它表明企业资产总额中,债权人提供资金所占的比重,以及企业资产对债权人权益的保障程度。其计算公式为

$$资产负债率 = \frac{负债总额}{资产总额} \times 100\%$$

[例9.5] 某物业公司资产总额为500万元,负债总额为300万元,所有者权益为200万元,则该公司资产负债率为多少?

$$资产负债率 = \frac{300}{500} \times 100\% = 60\%$$

一般情况下,资产负债率越小,表明企业长期偿债能力越强。但是,也并非说该指标对谁都是越小越好。从债权人来说,该指标越小越好,这样企业偿债越有保证。从企业所有者来说,如果该指标较大,说明利用较少的自有资本投资形成了较多的生产经营用资产,不仅扩大了生产经营规模,而且在经营状况良好的情况下,还可以利用财务杠杆的原理,得到较多的投资利润;如果该指标过小,则表明企业对财务杠杆利用不够。但资产负债率过大,则表明企业的债务负担重,企业资金实力不强,不仅对债权人不利,而且企业有濒临倒闭的危险。此外,企业的长期偿债能力与盈利能力密切相关,因此企业的经营决策者应当将偿

债能力指标(风险)与盈利能力指标(收益)结合起来分析,予以平衡考虑。保守的观点认为,资产负债率不应高于50%,而国际上通常认为,资产负债率等于60%时较为适当。

(2)产权比率

产权比率是指负债总额与所有者权益的比率,是企业财务结构稳健与否的重要标志,也称净资产负债率。它反映企业所有者权益对债权人权益的保障程度。其计算公式为

$$产权比率 = \frac{负债总额}{所有者权益总额} \times 100\%$$

[**例9.6**] 某物业公司资产总额为500万元,负债总额为300万元,所有者权益为200万元。资产中流动资产为150万元,长期资产中无形资产为50万元,则该公司产权比率为多少?

$$产权比率 = 负债总额/所有者权益总额 \times 100\%$$
$$= \frac{300}{200} \times 100\% = 150\%$$

一般情况下,产权比率越低,表明企业的长期偿债能力越强,债权人权益的保障程度越高,承担的风险越小,但企业不能充分地发挥负债的财务杠杆效应。所以,企业在评价产权比率适度与否时,应从提高获利能力与增强偿债能力两个方面综合进行,即在保障债务偿还安全的前提下,应尽可能提高产权比率。

产权比率与资产负债率对评价偿债能力的作用基本相同,两者的主要区别是:资产负债率侧重于分析债务偿付安全性的物质保障程度,产权比率则侧重于揭示财务结构的稳健程度以及自有资金对偿债风险的承受能力。

(3)已获利息倍数

已获利息倍数,是指企业一定时期息税前利润与利息支出的比率,反映了获利能力对债务偿付的保证程度。其中,息税前利润总额指利润总额与利息支出的合计数,利息支出指实际支出的借款利息、债券利息等。其计算公式为

$$已获利息倍数 = \frac{息税前利润总额}{利息支出}$$

其中

$$息税前利润总额 = 利润总额 + 利息支出 = 净利润 + 所得税 + 利息支出$$

已获利息倍数不仅反映了企业获利能力的大小,而且反映了获利能力对偿还到期债务的保证程度,它既是企业举债经营的前提,也是衡量企业长期偿债能力大小的重要标志。一般情况下,已获利息倍数越高,表明企业长期偿债能力越强。国际上通常认为,该指标为3时较为适当。从长期来看,若要维持正常偿债能力,利息保障倍数至少应当大于1,如果利息保障倍数过小,企业将面临亏损以及偿债的安全性与稳定性下降的风险。究竟企业已获利息倍数应是多少,才算偿付能力强,这要根据往年经验结合行业特点来判断。

9.3.2 营运能力分析

营运能力是指物业企业经营管理中利用资金运营的能力。对企业营运能力分析主要是通过营运能力比率的计算进行的。营运能力比率是反映物业企业管理者对现有资产的管理水平和使用效率,体现各种资产的运转能力的比率。评价物业企业营运能力采用的财务比率有存货周转率、应收账款周转率、流动资产周转率、总资产周转率和营运资金周

转率。

1. 流动资产周转情况分析

反映流动资产周转情况的指标主要有应收账款周转率、存货周转率和流动资产周转率。

(1)应收账款周转率

应收账款周转率是企业一定时期内主营业务收入净额与平均应收账款余额的比率,是反映应收账款周转速度的指标。其计算公式为

$$应收账款周转率(周转次数)=\frac{主营业务收入净额}{平均应收账款余额}$$

其中

$$主营业务收入净额=主营业务收入-销售折扣与折让$$

$$平均应收账款余额=\frac{(应收账款余额年初数+应收账款余额年末数)}{2}$$

$$应收账款周转期(周转天数)=\frac{平均应收账款余额}{主营业务收入净额}\times 360$$

应收账款周转率反映了企业应收账款变现速度的快慢及管理效率的高低,周转率高表明:

①收账迅速,账龄较短。

②资产流动性强,短期偿债能力强。

③可以减少收账费用和坏账损失,从而相对增加企业流动资产的投资收益。同时借助应收账款周转期与企业使用期限的比较,还可以评价购买单位的信用程序,以及企业原订的信用条件是否适当。

利用上述公式计算应收账款周转率时,需要注意以下问题

①公式中的应收账款包括会计核算中"应收账款"和"应收票据"等全部赊销账款。

②如果应收账款余额的波动性较大,应尽可能使用更详尽的计算资料,如按每月的应收账款余额来计算其平均占用额。

③分子、分母的数据应注意时间的对应性。

(2)存货周转率

它是物业企业一定时期销售成本与平均存货余额的比率,是反映企业流动资产流动性的一个指标,也是衡量企业经营管理各环节中存货运营效率的一个综合性指标。其计算公式为

$$存货周转率(周转次数)=\frac{销售成本}{平均存货余额}$$

其中

$$平均存货余额=\frac{(存货余额年初数+存货余额年末数)}{2}$$

$$存货周转期(周转天数)=平均存货余额\div 销售成本\times 360$$

存货周转率是从存货变现速度的角度来评价企业的销售能力及存货适量程度的。一般来讲,存货周转率越高越好,存货周转率越高,表明其变现的速度越快,周转额越大,资金占用水平越低。反之,存货周转率过低,变现能力慢,销售能力弱,存货积压,营运资金沉淀于存货中的数量大。因此,通过存货周转分析,有利于找出存货管理存在的问题,尽可能降

低资金占用水平。需要注意的是,衡量和评价存货周转率没有一个绝对的标准,因行业而异。

在计算存货周转率时应注意以下几个问题:

①存货计价方法对存货周转率具有较大的影响,因此,在分析企业不同时期或不同企业的存货周转率时,应注意存货计价方法的口径是否一致。

②分子、分母的数据应注意时间上的对应性。

[例9.7] 某物业公司年末流动负债为60万元,速动比率为1.5,流动比率为2.0,销售成本为81万元,已知期初和期末的存货相同,求存货周转率。

解:

$$流动比率 = \frac{流动资产}{流动负债} = \frac{流动资产}{60} = 2.0$$

$$流动资产 = (2.0 \times 60) 万元 = 120 万元$$

$$速动比率 = \frac{速动资产}{流动负债} = \frac{速动资产}{60} = 1.5$$

$$速动资产 = (1.5 \times 60) 万元 = 90 万元$$

$$存货期末余额 = 流动资产 - 速动资产 = (120 - 90) 万元 = 30 万元$$

$$存货期初余额 = 期末余额 = 存货平均余额 = 30 万元$$

$$存货周转率 = \frac{主营业务成本}{平均存货余额} = \frac{81}{30} 次 = 2.7 次$$

(3)流动资产周转率。它是企业一定时期主营业务收入净额与平均流动资产总额的比率,是反映企业流动资产周转速度的指标。其计算公式为

$$流动资产周转率(周转次数) = \frac{主营业务收入净额}{平均流动资产总额}$$

其中

$$主营业务收入净额 = 主营业务收入 - 销售折扣与折让$$

$$平均流动资产总额 = \frac{(流动资产总额年初数 + 流动资产总额年末数)}{2}$$

$$流动资产周转期(周转天数) = \frac{平均流动资产总额}{主营业务收入净额} \times 360$$

在一定时期内,流动资产周转次数越多,表明以相同的流动资产完成的周转额越多,流动资产利用效果越好。从流动资产周转天数来看,周转一次所需要的天数越少,表明流动资产周转速度越快;反之则慢。因此,可以看出流动资产周转天数和次数是从两个角度来反映企业流动资金周转速度的指标,在实际中,由于周转天数指标更简洁明了,所以应用更为广泛。

2.固定资产周转情况分析

反映固定资产周转情况的主要指标是固定资产周转率,它是物业企业一定时期主营业务收入净额与平均固定资产净值的比值,是衡量固定资产利用效率的一项指标。其计算公式为

$$固定资产周转率(周转次数) = \frac{主营业务收入净额}{平均固定资产净值}$$

$$平均固定资产净值 = \frac{(固定资产总额年初数 + 固定资产总额年末数)}{2}$$

$$固定资产周转期(周转天数) = \frac{平均固定资产总额}{主营业务收入净额} \times 360$$

一般情况下,固定资产周转率越高,表明企业固定资产利用充分,同时也能表明企业固定资产投资得当,固定资产结构合理,能够充分发挥效率。反之,如果固定资产周转率不高,则表明固定资产使用效率不高,提供的生产成果不多,企业的营运能力不强。

运用固定资产周转率时,需要考虑固定资产因计提折旧的影响其净值在不断地减少,以及因更新重置其净值突然增加的影响。同时,由于折旧方法的不同,可能影响其可比性。故在分析时,一定要剔除掉这些不可比因素。

3. 总资产周转情况分析

反映总资产周转情况的主要指标是总资产周转率,它是物业企业一定时期主营业务收入净额与平均资产总额的比值,可以用来反映企业全部资产的利用效率。其计算公式为

$$总资产周转率(周转次数) = \frac{主营业务收入净额}{平均资产总额}$$

$$平均资产总额 = \frac{(资产总额年初数 + 资产总额年末数)}{2}$$

$$总资产周转期(周转天数) = \frac{平均资产总额}{主营业务收入净额} \times 360$$

总资产周转率越高,表明企业全部资产的使用效率越高;反之,如果该指标较低,则说明企业利用全部资产进行经营的效率较差,最终会影响企业的盈利能力。企业应采取各项措施来提高企业的资产利用程度,比如提高销售收入或处理多余的资产。

9.3.3 盈利能力分析

盈利能力通常是指物业企业在一定时期内赚取利润的能力。盈利能力的大小是一个相对的概念,即利润是相对于一定的资源投入、一定的收入而言的。不论是投资者、债权人还是企业经营管理者都十分重视和关注企业的盈利能力,因此盈利能力分析是企业财务分析的重要组成内容。由于企业会计的六大要素有机统一于企业资金运动过程,并通过筹资、投资活动取得收入,补偿成本费用,从而实现利润目标。因此,可以按照会计基本要素设置营业利润率、成本费用利润率、盈余现金保障倍数、总资产报酬率、净资产收益率、每股收益、每股股利和市盈率等指标,借以评价企业各要素的盈利能力。

1. 营业利润率

营业利润率是企业一定时期营业利润与营业收入的比率。其计算公式为

$$营业利润率 = \frac{营业利润}{营业收入} \times 100\%$$

营业利润率越高,表明企业获利能力越强,营业收入水平就越高,反之,则越低。

需要说明的是,从利润表来看,企业的利润包括营业利润、利润总额和净利润三种形式。而营业收入包括主营业务收入和其他业务收入,收入来源则包括商品销售收入、劳务收入和资产使用权让渡收入等。因此,在实务中也经常使用销售净利率、销售毛利率等指标(计算公式如下)来分析企业经营业务的获利水平。此外,通过考察营业利润占整个利润总额比重的升降,可以发现企业经营理财状况的稳定性、面临的危险或者可能出现的转机迹象。

$$销售净利率 = \frac{净利润}{销售收入} \times 100\%$$

$$销售毛利率 = \frac{(销售收入 - 销售成本)}{销售收入} \times 100\%$$

2. 成本费用利润率

成本费用利润率是指企业一定时期利润总额与成本费用总额的比率。其计算公式为

$$成本费用利润率 = \frac{利润总额}{成本费用总额} \times 100\%$$

其中

成本费用总额 = 营业成本 + 营业税金及附加 + 营业费用 + 管理费用 + 财务费用

该指标越高,表明企业为取得利润而付出的代价越小,成本费用控制得越好,盈利能力越强。

同利润一样,成本费用的计算口径也可以分为不同的层次,比如主营业务成本、营业成本等。在评价成本费用开支效果时,应当注意成本费用与利润之间在计算层次和口径上的对应关系。

3. 盈余现金保障倍数

盈余现金保障倍数是企业一定时期经营现金净流量与净利润的比值,反映了企业当期净利润中现金收益的保障程度,真实反映了企业盈余的质量,是评价企业盈利状况的辅助指标。其计算公式为

$$盈余现金保障倍数 = \frac{经营现金净流量}{净利润}$$

盈余现金保障倍数是从现金流入和流出的动态角度,对企业收益的质量进行评价,在收付实现制的基础上,充分反映出企业当期净利润中有多少是有现金保障的。一般来说,当企业当期净利润大于 0 时,盈余现金保障倍数应当大于 1。该指标越大,表明企业经营活动产生的净利润对现金的贡献越大。

4. 总资产报酬率

总资产报酬率是企业一定时期内获得的投资报酬总额与平均资产总额的比率。它是反映企业资产综合利用效果的指标,也是衡量企业利用债权人和所有者权益总额所取得盈利的重要指标。其计算公式为

$$总资产报酬率 = \frac{息税前利润总额}{平均资产总额} \times 100\%$$

总资产报酬率全面反映了企业全部资产的获利水平,企业所有者和债权人对该指标都非常关心。一般情况下,该指标越高,表明企业的资产利用效益越好,整个企业盈利能力越强,经营管理水平越高。企业还可以将该指标与市场资本利率进行比较,如果前者较后者大,则说明企业能充分利用财务杠杆,适当举债经营,以获得更多的收益。

5. 净资产收益率

净资产收益率是企业一定时期净利润与平均净资产的比率。它是反映自有资金投资收益水平的指标,是企业盈利能力指标的核心。其计算公式为

$$净资产收益率 = \frac{净利润}{平均净资产} \times 100\%$$

其中

$$平均净资产=\frac{(所有者权益年初数+所有者权益年末数)}{2}$$

净资产收益率是评价企业自有资本及其积累获取报酬水平的最具综合性与代表性的指标，反映企业资本运营的综合效益。该指标通用性强，适应范围广，不受行业局限，在国际上的企业综合评价中使用率非常高。通过对该指标的综合对比分析，可以看出企业获利能力在同行业中所处的地位，以及与同类企业的差异水平。一般认为，净资产收益率越高，企业自有资本获取收益的能力越强，运营效益越好，对企业投资人、债权人的保证程度越高。

6. 每股收益

每股收益，也称每股收益或每股盈余，指上市公司本年净利润与年末普通股总数的比值，反映普通股的获利水平，是衡量上市公司盈利能力时最常用的财务分析指标。其计算公式为

$$每股收益=\frac{净利润}{年末普通股总数}$$

7. 每股股利

每股股利是企业现金股利总额与流通在外的普通股股数的比率，用以反映股份公司每一股普通股获得股利的多少，是评价普通股报酬情况的重要指标。其计算公式为

$$每股股利=\frac{支付给普通股股东的现金股利总额}{流通在外的普通股股数}$$

8. 市盈率

市盈率是上市公司普通股每股市价与每股收益的比率。反映投资者为从某种股票获得1元收益所愿支付的价格。其计算公式为

$$市盈率=\frac{普通股每股市价}{普通股每股收益}$$

市盈率反映投资者对公司未来盈利的预期。市盈率越高，说明投资者预期的公司未来盈利越大；反之，就越小。一般来讲，那些快速发展的行业或高科技公司股票的市盈率通常要高一些。但是，也应注意，如果某一种股票的市盈率过高，则也意味着这种股票具有较高的投资风险。

9. 每股净资产

每股净资产是上市公司年末净资产（即股东权益）与年末普通股总数的比值。

9.3.4 发展能力分析

企业发展能力分析，主要是对企业经营规模、资本增值、生产经营成果、财务成果的变动趋势进行分析，综合评价企业未来的营运能力及盈利能力，看是否能够达到财富最大化的理财目标。

1. 总资产增长率

总资产增长率是企业一定时期资产净值增加额与期初资产总额的比率。它反映企业本期资产规模的增长情况。其计算公式为

$$总资产增长率=\frac{期末资产总额-期初资产总额}{期初资产总额}\times100\%$$

总资产增长率是从企业资产总量扩张方面衡量企业的发展能力,表明企业规模增长水平对企业发展后劲的影响。该指标越高,表明企业一定时期内资产经营规模扩张的速度越快。但在实际分析时,应注意考虑资产规模扩张的质和量的关系,以及企业的后续发展能力,避免资产盲目扩张。

2. 资本积累率

资本积累率是企业本年所有者权益增长额与年初所有者权益的比率。它反映企业当年资本的积累能力,是评价企业发展潜力的重要指标。其计算公式为

$$资本积累率=\frac{本年所有者权益增长额}{年初所有者权益}\times100\%$$

资本积累率是企业当年所有者权益总的增长率,反映了企业所有者权益在当年的变动水平,体现了企业资本的积累情况,是企业发展强盛的标志,也是企业扩大再生产的源泉,展示了企业的发展潜力。资本积累率还反映了投资者投入企业资本的保全性和增长性。该指标若大于0,则指标值越高表明企业的资本积累越多,应付风险、持续发展的能力越大;该指标如为负值,表明企业资本受到侵蚀,所有者利益受到损害,应予充分重视。

3. 资本保值增值率

资本保值增值率是指企业扣除客观因素后的本年末所有者权益总额与年初所有者权益总额的比率,反映了企业当年资本在企业自身努力下的实际增减变动情况,是评价企业财务效益状况的辅助指标。其计算公式为

$$资本保值增值率=\frac{扣除客观因素后的年末所有者权益总额}{年初所有者权益总额}\times100\%$$

资本保值增值率是根据"资本保全"原则设计的指标,它充分体现了对所有者权益的保护。一般认为,资本保值增值率越高,表明企业的资本保全状况越好,所有者权益增长越快,债权人的债务越有保障,企业发展后劲越强。该指标通常应大于100%,若小于100%,则表明企业资本受到侵蚀,没有实现资本保全,损害了所有者的权益,也妨碍了企业进一步发展壮大,应予以充分重视。

4. 营业收入增长率

营业收入增长率是企业本期营业收入增长额与上期营业收入额的比率。它反映企业营业收入的增减变动情况,是评价企业成长状况和发展能力的重要指标。其计算公式为

$$营业收入增长率=\frac{本期营业收入增长额}{上期营业收入额}\times100\%$$

营业收入增长率是衡量企业经营状况、市场占有能力和预测企业经营业务拓展趋势的重要标志。不断增加的营业收入,是企业生存的基础和发展的条件。该指标若大于0,表示企业本年的营业收入有所增长,指标值越高,表明增长速度越快,企业市场前景越好;若该指标小于0,则说明企业的服务不适销对路、质次价高,或是在售后服务等方面存在问题。该指标在实际操作时,应结合企业历年的营业收入水平、企业市场占有情况、行业未来发展及其他影响企业发展的潜在因素进行预测和分析。

5. 利润增长率

利润增长率是企业一定时期实现利润增长额与上期利润总额的比率。这一比率综合反映了企业财务成果的增长速度。其计算公式为

$$利润增长率=\frac{本期利润总额-上期利润总额}{上期利润总额}\times100\%$$

9.4 财务综合分析

财务状况的综合分析是将企业的偿债能力、营运能力、盈利能力和发展能力等诸方面的分析纳入一个有机的整体之中,全面地对企业经营状况、财务状况进行解剖和分析,从而对企业经济效益的优劣做出准确的评价与判断的系统分析。财务综合分析的方法很多,其中应用比较广泛的有杜邦财务分析体系和沃尔比重评分法。

9.4.1 杜邦财务分析体系

杜邦财务分析体系(简称杜邦体系)是利用各财务指标间的内在关系,对企业综合经营理财及经济效益进行系统分析评价的方法。因其最初由美国杜邦公司创立并成功运用而得名。利用这种方法可将各种财务指标间的关系绘制成杜邦分析图,可以很容易地看出每项财务指标变动的原因及方向,及时发现问题所在,并加以解决。杜邦分析图如图 9.1 所示,为了统一标准,所有数值均按 2015 年期末值计算。

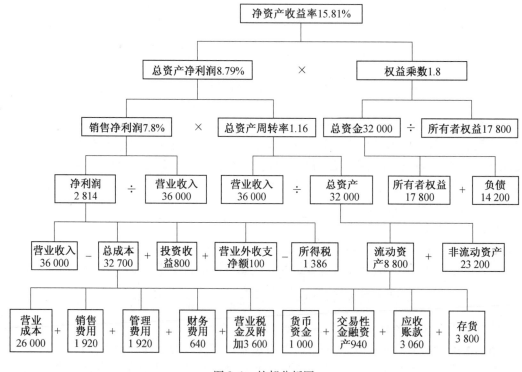

图 9.1 杜邦分析图

上述指标之间的关系如下:

①净资产收益率是一个综合性最强的财务比率,它反映了所有者投入资金的获利能力,反映企业筹资、投资、资产运营等活动的效率,是杜邦体系的核心。其他各项指标都是围绕这一核心,通过研究彼此间的依存制约关系,来揭示企业的获利能力及其前因后果。提高净资产收益率是实现财务管理目标的基本保证。该指标的高低取决于销售净利率、总资产周转率与权益乘数。

②销售净利率反映企业利润净额与营业收入的关系。企业盈利能力的高低主要取决

于销售利润率的高低,而销售利润率的高低又取决于销售收入、资金周转及成本水平,只有不断地扩大收入、加速资金周转、降低产品成本,才能增强企业的获利能力,从杜邦分析图中所列各因素之间的关系能够了解企业收入及利润的变动情况及变动原因。

③总资产周转率揭示企业资产总额实现营业收入的综合能力。对该指标的分析,除了对资产的各构成部分从占用量上是否合理进行分析外,还可以对流动资产周转率、存货周转率、应收账款周转率等有关各资产组成部分使用效率做出具体的分析,以判明影响资产周转的主要问题,发现企业资产管理中存在的问题与不足。

④权益乘数反映所有者权益与总资产的关系。权益乘数越大,说明企业负债程度较高,能给企业带来较大的财务杠杆利益,但同时也带来了较大的偿债风险。因此,企业既要合理使用全部资产,又要妥善安排资本结构。

通过杜邦体系自上而下地分析,不仅可以揭示出企业各项财务指标间的结构关系,查明各项主要指标变动的影响因素,而且为决策者优化经营理财状况,提高企业经营效益提供了思路。提高主权资本净利率的根本在于扩大销售、节约成本、合理投资配置、加速资金周转、优化资本结构、确立风险意识等。

杜邦分析方法的指标设计也具有一定的局限性,它更偏重于企业所有者的利益角度。从杜邦指标体系来看,在其他因素不变的情况下,资产负债率越高,净资产收益率就越高。这是因为利用较多负债,从而利用财务杠杆作用的结果,但是没有考虑财务风险的因素,负债越多,财务风险越大,偿债压力越大。因此,还要结合其他指标综合分析。

9.4.2 沃尔比重评分法

20 世纪初,亚历山大·沃尔在《信用晴雨表研究》和《财务报表比率分析》等著作中提出了信用能力指数概念,将流动比率、产权比率、固定资产比率、存货周转率、应收账款周转率、固定资产周转率、自有资金周转率 7 项财务比率用线性关系结合起来,并分别给定各自的分数比重,然后通过与标准比率进行比较,确定各项指标的得分及总体指标的累计分数,从而对企业的信用水平做出评价。沃尔比重评分法是评价企业总体财务状况的一种比较可取的方法,这一方法的关键在于指标的选定、权重的分配以及标准值的确定等。表 9.3 是宏达物业公司 2015 年沃尔比重评分情况。

表 9.3 宏达物业公司 2015 年沃尔比重评分

财务比率	比重(1)	标准比率(2)	实际比率(3)	关系比率 (4)=(3)/(2)	实际评分 (1)×(4)
流动比率	25	2	2.19	1.09	27.25
净资产/负债	25	2	1.35	0.68	17
资产/固定资产	15	2.5	2.4	0.96	14.4
销售成本/存货	10	8	9.65	1.2	12
销售额/应收账款	10	8	14.9	1.86	18.6
销售额/固定资产	10	4	4.84	1.21	12.1
销售额/净资产	5	3	3.57	1.19	5.95
合计	100				107.3

原始意义上的沃尔比重评分法存在两个缺陷:一是所选定的 7 项指标缺乏证明力;二是当某项指标严重异常时,会对总评分产生不合逻辑的重大影响。况且,现代社会与沃尔所处的时代相比,已经发生了很大的变化。沃尔最初提出的 7 项指标已难以完全适用当前企

业评价的需要。现在通常认为,在选择指标时,偿债能力、营运能力、盈利能力和发展能力指标均应当选到,除此之外还应当适当选取一些非财务指标作为参考。

【本章小结】

本章主要介绍了财务分析的方法和财务分析能力的指标体系。首先介绍了财务分析的目的、内容,并阐述了财务分析的常用方法,如趋势分析法、比率分析法和因素分析法等;然后介绍了有关物业企业偿债能力、营运能力、盈利能力和发展能力分析的指标的计算和运用;最后介绍了两种财务综合分析的方法——杜邦财务分析法和沃尔比重评分法。

【课后习题】

一、单项选择题

1. 一般认为,流动比率保持在(　　)以上时,资产的流动性较好。
A. 100%　　　　　B. 200%　　　　　C. 50%　　　　　D. 300%

2. 一般认为,速动比率应保持在(　　)以上。
A. 100%　　　　　B. 200%　　　　　C. 50%　　　　　D. 300%

3. 下列(　　)不属于偿债能力比率。
A. 流动比率　　　B. 股东权益比率　　C. 权益乘数　　　D. 市盈率

4. 用来衡量企业运用投资者投入资本获得收益的能力的财务比率是(　　)。
A. 净资产收益率　B. 总资产收益率　　C. 销售利润率　　D. 盈利现金比率

5. 下列指标中反映企业盈利能力的指标(　　)。
A. 销售净利率　　B. 已获利息倍数　　C. 产权比率　　　D. 总资产周转天数

二、多项选择题

1. 下列各项中(　　)能反映企业的长期偿债能力。
A. 资产负债率　　B. 流动比率　　　　C. 已获利息倍数　D. 速动比率

2. 财务分析的内容包括(　　)。
A. 偿债能力分析　B. 营运能力分析　　C. 盈利能力分析　D. 发展能力分析

3. 财务综合分析的方法主要有(　　)。
A. 杜邦财务分析法　B. 沃尔比重评分法　C. 趋势分析法　　D. 因素分析法

4. 反映企业盈利能力的指标有(　　)。
A. 成本费用利润率　　　　　　　　　B. 净资产收益率
C. 资本保值增值率　　　　　　　　　D. 资本积累率

5. 影响应收账款周转率正确计算的因素有(　　)
A. 季节性经营　　　　　　　　　　　B. 大量使用分期付款结算方式
C. 大量销售采用现金结算　　　　　　D. 大量销售集中在年末

三、计算题

1. 某物业公司流动负债200万元,流动资产400万元,其中,应收票据50万元,存货90万元,待摊费用2万元,预付账款7万元,应收账款200万元(坏账损失率5‰)。

要求:计算该企业的流动比率和速动比率。

2. 某物业公司流动资产20万元,流动负债18万元,存货5万元,预付款为3万元,短期投资2万元,息税前利润为20万元,利息费用为4万元,所得税为6万元。则其流动比率、速动比率、利息保障倍数各为多少？

3. 某物业公司的全部流动资产为 60 万元，流动比率为 1.5，该公司刚完成以下两项交易：

(1) 购入商品 16 万元以备销售，其中的 8 万元为赊购。

(2) 购置运输车辆一部，价值 5 万元，其中 3 万元以银行存款支付，其余开出了 3 个月期的应付票据一张。要求：计算每笔交易后的流动比率。

4. 某物业公司年末流动负债 60 万元，速动比率 2.5，流动比率 3.0，销货成本 81 万元。已知年初和年末的存货相同。

要求：计算存货周转率。

5. 填充资产负债表

某物业公司年末资产负债表简表见表 9.4。

表 9.4 资产负债表   单位：元

资产	期末数	权益	期末数
货币资金	25 000	应付账款	25 000
应收账款净额		应交税金	
存货		长期负债	
固定资产净值		实收资本	
	294 000	未分配利润	300 000
合计	432 000	合计	432 000

已知：(1) 期末流动比率 = 1.5。

(2) 期末资产负债率 = 50%。

(3) 本期存货周转次数 = 4.5 次。

(4) 本期销售成本 = 315 000 元。

(5) 期末存货等于期初存货。

要求：根据上述资料，计算并填列资产负债表空项。

四、简答题

1. 财务分析的内容包括什么？财务分析的方法有哪些？

2. 分析偿债能力的指标有哪些？如何计算？

3. 如何进行营运能力的分析？

4. 如何进行盈利能力的分析？

5. 简述杜邦体系指标之间的关系。

课后习题参考答案

第1章

一、单项选择题
1. A 2. B 3. C 4. D

二、多项选择题
1. ABCD 2. CD 3. ABCD 4. ABCD

三、简答题

1. 企业财务活动是指资金的筹集、投放、使用、收回与分配等一系列行为,从整体上包括筹资活动、投资活动、资金营运活动和分配活动。物业企业财务关系是指物业企业在财务活动过程中,与有关各方所发生的经济利益关系,具体包括企业与业主的关系、与政府的关系、与债权人和债务人的关系、与投资人的关系、与职工的关系、与社会公众的关系等。

2. 企业经营者和所有者的主要矛盾就是经营者希望在提高企业价值和股东财富的同时,能获得更多的享受成本(即报酬);而所有者和股东则希望以较小的享受成本支出带来更高的企业价值或股东财富。要解决这一矛盾,应采取让经营者的报酬与绩效相联系的办法,并辅之以一定的解聘、接收、激励等有效措施。

3. 根据现代企业财务管理理论和实践,最具代表性的财务管理目标主要有利润最大化、资本利润率最大化或每股收益最大化、企业价值最大化3种观点。

(1)利润最大化是指在企业的投资预期收益确定的情况下,财务管理行为将朝着有利于企业利润最大化的方向发展。同时,利润也是企业补充资本、扩大经营规模的源泉。所以,以追逐利润最大化作为财务管理的目标是可行的。

(2)资本利润率是利润额与资本额的比率。每股收益是利润额与普通股股数的比值。以资本利润率最大化或每股收益最大化作为财务管理的目标,其优点是把企业实现的利润额同投入的资本或股本数进行比较,能够说明企业的盈利水平,可以在不同资本规模的企业或同一企业不同期间进行比较,揭示其盈利水平的差异。

(3)以企业价值最大化作为财务管理的目标,其优点主要表现在:①该目标考虑了货币资金的时间价值和投资的风险价值,有利于统筹安排长短期规划、合理选择投资方案、有效筹集资金、合理制订股利政策等;②该目标反映了对企业资产保值增值的要求,从某种意义上说,股东财富越多,企业市场价值就越大,追求股东财富最大化的结果可促使企业资产保值或增值;③该目标有利于克服管理上的片面性和短期行为;④该目标有利于社会资源合理配置,社会资金通常流向企业价值最大化或股东财富最大化的企业或行业,有利于实现社会效益最大化。

第2章

一、单项选择题
1. B   2. B   3. C   4. B   5. B

二、多项选择题
1. AD   2. AC   3. BC   4. ABEF   CDGH   5. ACD

三、计算题

1. 物业公司至少应向业主收取维修资金

$$P = P_{m+n} - P_m$$
$$= A \cdot [(P/A, i, m+n) - (P/A, i, m)]$$
$$= 100\ 000 \times [(P/A, 5\%, 10) - (P/A, 5\%, 5)]$$
$$= [100\ 000 \times (7.721\ 7 - 4.329\ 5)] 元 = 339\ 220 元$$

2. 第二种付款方式的现值

$$P = A \cdot (P/A, i, n)$$
$$= 56\ 000 \times (P/A, 10\%, 10)$$
$$= (56\ 000 \times 6.144\ 6) 元 = 344\ 097.6 元$$

第三种付款方式的现值

$$P = 500\ 000 \times 40\% + 68\ 000 \times (P/A, 10\%, 5)$$
$$= (200\ 000 + 68\ 000 \times 3.790\ 8) 元 = 457\ 774.4 元$$

由于第一种付款方式的现值 500 000 元 > 第三种付款方式的现值 > 第二种付款方式的现值,所以选择第二种付款方式对该购房者最合算。

3.
$$R_A = R_F + R_R = R_F + b \cdot V$$
$$= 5\% + 0.015 \times 150\% = 7.25\%$$
$$R_B = R_F + R_R = R_F + b \cdot V$$
$$= 5\% + 0.01 \times 120\% = 6.2\%$$
$$R_C = R_F + R_R = R_F + b \cdot V$$
$$= 5\% + 0.008 \times 160\% = 6.28\%$$

该投资组合的预期投资收益率 = $50\% \times 7.25\% + 30\% \times 6.2\% + 20\% \times 6.28\%$
$$= 6.741\%$$

四、简答题

1. 资金时间价值,是资金在周转使用中产生的,是资金所有者让渡资金使用权而参与社会财富分配的一种形式,是指一定量资金在不同时点上的价值量的差额,其价值相当于没有风险和没有通货膨胀条件下的社会平均利润率。资金时间价值以商品经济的高度发展和借贷关系的普遍存在为前提条件,是一个客观存在的经济因素,是财务管理中必须考虑的重要因素。

2. 从财务管理的角度看,风险就是企业在各项财务活动过程中,由于各种难以预料或无法控制的因素作用,使企业的实际收益与预计收益发生背离,从而蒙受经济损失的可能性。风险由风险因素、风险事故和风险损失3个要素构成。

3.
(1)按照风险损害的对象分为人身风险、财产风险、责任风险和信用风险。
(2)按照风险导致的后果分为纯粹风险和投机风险。

(3) 按照风险的性质或发生原因分为自然风险、经济风险和社会风险。
(4) 按照风险能否被分散分为可分散风险和不可分散风险。
(5) 按照风险的起源与影响分为基本风险和特定风险。
4. 企业可以采用规避风险、减少风险、转移风险、接受风险等有效对策。

第 3 章

一、单项选择题
1. B　2. C　3. C
二、多项选择题
1. ACD　2. ABD　3. ABCD
三、简答题
1.
(1) 合理确定资金需要量,控制资金的投放时间。
(2) 以"谁受益,谁负担"的原则确定管理费的收取标准。
(3) 以"以业为主,多种经营"的原则,周密研究确定资金投向,提高资金的使用效率。
(4) 认真选择筹资来源,力求降低资金成本。
(5) 妥善安排自有资金比例,适度负债经营。
2.
(1) "量出为入"原则。
(2) 收支平衡、保本微利原则。
(3) 相对稳定、适当调整原则。
3.
(1) 确定资金投向,预测资金需要量。
(2) 盘点自有资金。
(3) 拟订筹资方案。
(4) 对筹资方案进行评估。
(5) 确定最佳投资方案。
4. 物业企业筹集的资金按其构成和来源可分为物业企业启动资金的筹资、物业企业维修资金的筹集、物业企业接管验收资金的筹集、物业质量保证金的筹集、日常综合管理费的筹集、特约服务费的筹集和与物业管理有关的多种经营服务收入的筹集。

第 4 章

一、单项选择题
1. C　2. C　3. D　4. B　5. A　6. C　7. B
二、多项选择题
1. AD　2. AB　3. ABD　4. ABC　5. ACD　6. ABCD　7. ACD　8. ABCD
三、计算题
1.
$$K_{银行} = \frac{i \times (1-T)}{1-f} \times 100\%$$
$$= 10\% \times (1-25\%) = 7.5\%$$

$$K_{普通股} = \frac{D_1}{P_0} \times 100\%$$

$$= \frac{1}{10} \times 100\% = 10\%$$

$$K_{综合} = \frac{500}{1\,000} \times 7.5\% + \frac{500}{1\,000} \times 10\% = 8.75\%$$

2. $$K_{留存收益} = \frac{D_1}{P_0} + g = \frac{1 \times (1 + 10\%)}{20} + 10\%$$

$$= 15.5\%$$

$$K_{普通股} = \frac{D_1}{P_0(1-f)} + g = \frac{1 \times (1 + 10\%)}{20 \times (1 - 20\%)} + 10\%$$

$$= 16.9\%$$

$$K_{综合} = \frac{300}{800} \times 15.5\% + \frac{500}{800} \times 16.9\% = 16.375\%$$

由于该方案的综合资金成本高于其获得的投资报酬率,所以筹资方案不可行。

3. ① 该物业公司每年的边际贡献:

$$M = (p - b)x = [(500 - 200) \times 1\,000]元 = 300\,000\,元$$

② 该物业公司每年的息税前利润:

$$EBIT = (p - b)x - a$$

$$= [(500 - 200) \times 1\,000 - 100\,000]元 = 200\,000\,元$$

四、简答题

1. 资金成本是指企业为筹集和使用资金而发生的代价。

资金成本的主要作用有:

(1)资金成本是影响企业筹资总额的重要因素。

(2)资金成本是企业选择资金来源的基本依据。

(3)资金成本是企业选用筹资方式的参考标准。

(4)资金成本是确定最优资本结构的主要参数。

(5)在计算投资评价指标净现值时,常以资金成本作折现率。

(6)在利用内部收益率指标进行项目可行性评价时,一般以资金成本作为基准收益率。

2. 资金的边际成本是指资金每增加一个单位而增加的成本,它是反映企业未来的资金成本。

边际资金成本的计量步骤:

(1)确定目标资本结构,确定每一种资金占总资金的比重。

(2)计算个别资金的资金成本,计算其不同规模条件下的资金成本率。

(3)计算筹资总额分界点。

(4)计算边际资金成本。

3.

(1)企业财务状况。

(2)企业资产结构。

(3)企业产品销售情况。

(4)投资人和管理人员的态度。

(5)贷款人和信用评级机构的态度。
(6)行业因素。
(7)所得税税率的高低。
(8)利率水平的变动趋势。

4.
(1)经营杠杆与经营风险的关系。

引起企业经营风险的主要原因,是市场需求和成本等因素的不确定性,经营杠杆本身并不是利润不稳定的根源。但是,产销业务量增加时,息税前利润将以 DOL 为倍数的幅度增加;而产销业务量减少时,息税前利润又将以 DOL 为倍数的幅度减少。可见,经营杠杆扩大了市场和生产等不确定因素对利润变动的影响。而且经营杠杆系数越高,利润变动越激烈,企业的经营风险就越大。于是,企业经营风险的大小和经营杠杆有重要关系。一般来说,在其他因素不变的情况下,固定成本越高,经营杠杆系数越大,经营风险越大。

(2)财务杠杆与财务风险的关系。

财务风险是指企业为取得财务杠杆利益而利用负债资金时,增加了破产机会或普通股利润大幅度变动的机会所带来的风险。企业为取得财务杠杆利益,就要增加负债,一旦企业息税前利润下降,不足以补偿固定利息支出,企业的每股收益就会下降得更快。因此,财务杠杆系数越大,企业的财务风险也越大。

(3)复合杠杆与企业总风险的关系。

在复合杠杆的作用下,当企业经济效益好时,每股收益会大幅度上升,当企业经济效益差时,每股收益会大幅度下降。企业复合杠杆系数越大,每股收益的波动幅度越大。由于复合杠杆作用使每股收益大幅度波动而造成的风险,称为复合风险。在其他因素不变的情况下,复合杠杆系数越大,企业风险越大,复合杠杆系数越小,企业风险越小。

5.资本结构是指企业各种资金的构成及其比例关系。

最优资本结构是指在一定条件下使企业加权平均资金成本最低、企业价值最大的资本结构。

第5章

一、单项选择题
1. D 2. C 3. B 4. D 5. D 6. B 7. A

二、多项选择题
1. ABCD 2. AD 3. ACD 4. ACD 5. ABCD

三、计算题
1.通过列表法计算

经营期每年净现金流量 NCF =(35−23)万元=12 万元

项目计算期(第 t 年)	建设期		经营期						
	0	1	2	3	4	5	6	…	16
净现金流量	−50	0	12	12	12	12	12	…	22
累计净现金流量	−50	−50	−38	−26	−14	−2	10	…	140

包括建设期的投资回收期 $PP = PP' + S = \left(5 + \dfrac{2}{12}\right)$ 年 = 5.17 年

2. $$\sum_{t=0}^{n}\left[NCF_t \cdot (P/F, IRR, t)\right] = 0$$

$NCF_0 = -500$ 万元，$NCF_{2\sim11} = (150 - 50)$ 万元 = 100 万元

$$\text{平均投资收益率} = \dfrac{100 \times 10 \div 11}{500} \times 100\% = 18.18\%$$

设折现率为 13%，$NPV_1 = -500 + 100 \times (P/A, 13\%, 10) \times (P/F, 13\%, 1)$
$\qquad = -500 + 100 \times 5.4262 \times 0.8850 = -19.78$

设折现率为 12%，$NPV_2 = -500 + 100 \times (P/A, 12\%, 10) \times (P/F, 12\%, 1)$
$\qquad = -500 + 100 \times 5.6502 \times 0.8929 = 4.51$

说明 IRR 就在 12% 和 13% 之间。

$$IRR = 12\% + \dfrac{4.51 - 0}{4.51 - (-19.78)} \times (13\% - 12\%) = 12.19\%$$

3. (1) 该项目每年的营业净现金流量：

$$NCF_0 = -2\,000 \text{ 万元}$$
$$NCF_2 = -200 \text{ 万元}$$

$NCF_{3\sim11} = \left[20 + 500 \times (1 - 25\%) - (100 + 100) \times (1 - 25\%) + \dfrac{2000 - 500}{10} \times 25\%\right]$ 万元
$\qquad = 282.5$ 万元

$NCF_{12} = \left[20 + 500 \times (1 - 25\%) - (100 + 100) \times (1 - 25\%) + \dfrac{2000 - 500}{10} \times 25\% + 500\right]$ 万元
$\qquad = 782.5$ 万元

(2) 该项目的净现值：

$NPV = -2\,000 - 200 \times (P/F, 10\%, 2) + 282.5 \times \left[(P/A, 10\%, 11) - (P/A, 10\%, 2)\right] +$
$\qquad 782.5 \times (P/F, 10\%, 12)$

$\quad = (-2\,000 - 200 \times 0.8264 + 282.5 \times 6.4951 - 1.7355 + 782.5 \times 0.3186)$ 万元

$\quad = -571.385$ 万元

(3) 由于该项目的净现值 $NPV < 0$，所以不具有财务可行性。

四、简答题

1.
(1) 房地产投资等项目投资的提出。
(2) 房地产投资等项目投资的评价。
(3) 房地产投资等项目投资的决策。
(4) 房地产投资等项目投资的执行。
(5) 房地产投资等项目投资的再评价。

2. 现金流量也称现金流动量，简称现金流，在项目投资决策中，现金流量是指投资项目在其计算期内各项现金流入量与现金流出量的统称。

投资决策中的现金流量，从时间特征上看包括以下 3 个组成部分：
(1) 初始现金流量。
(2) 营业现金流量。

(3)终结现金流量。

3. 在估算现金流量时,为防止多算或漏算有关内容,需要注意以下几个问题:

(1)必须考虑现金流量的增量。

(2)尽量利用现有会计利润数据。

(3)不能考虑沉没成本因素。

(4)充分关注机会成本。

(5)考虑项目对企业其他部门的影响。

4. 股票投资的特点:

(1)股票投资是权益性投资。股票是代表所有权的凭证,持有人作为发行公司的股东,有权参与公司的经营决策。

(2)投资风险大。投资人购买股票后,不能要求股份公司偿还本金,只能在证券市场上转让。投资人投资股票至少面临两方面的风险:一是股票发行公司经营不善所形成的风险;二是股票市场价格变动所形成的价差损失。

(3)收益率高,但不稳定。由于股票投资风险高,因此投资人要求的收益率也要高于其他证券的收益率。即:风险越大,(要求)收益越高。相对于债券,股票的收益稳定性差,受投机等因素的影响,股票的价格波动性也会很大。

债券投资的特点:

(1)投资期限。与股票投资相比,不论是短期债券还是长期债券,均有到期日。债券到期应当收回本金,投资应当考虑期限的影响。

(2)权利与义务。在各种证券投资方式中,债券的投资人的权利最小,无权参与被投资企业的经营管理,只有按约定取得利息、到期收回本金的权利。

(3)收益与风险。债券的收益通常是事前预定的,收益率一般没有股票高,但具有较强的稳定性,投资风险小。

第6章

一、单项选择题

1. A 2. A 3. A 4. C 5. B

二、多项选择题

1. ABC 2. ABD 3. ABC 4. ABD 5. AD

三、计算题

1.

(1) 最佳现金持有量 $=\sqrt{\dfrac{2\times 250\,000\times 500}{10\%}}$ 元 $=50\,000$ 元

(2) 最低现金管理总成本 $=\sqrt{2\times 250\,000\times 500\times 10\%}$ 元 $=5\,000$ 元

$$\text{转换成本}=\left(\dfrac{250\,000}{50\,000}\times 500\right)\text{元}=2\,500\text{元}$$

$$\text{机会成本}=\left(\dfrac{50\,000}{2}\times 10\%\right)\text{元}=2\,500\text{元}$$

2.

(1) 乙材料经济进货批量 $Q = \sqrt{\dfrac{2KD}{K_c}} = \sqrt{\dfrac{2 \times 40 \times 72\,000}{4}}$ 千克 = 1 200 千克

(2) 相关总成本 $T = \sqrt{2KDK_c}$
$= \sqrt{2 \times 40 \times 72\,000 \times 4}$ 元 = 4 800 元

(3) 平均资金占用量 $I = Q/2 \cdot U = \left(\dfrac{1\,200}{2} \times 200\right)$ 元 = 120 000 元

(4) 最佳进货批量 = D/Q
$= \dfrac{72\,000}{1\,200}$ 次 = 60 次

四、简答题

1. 现金管理的内容主要包括：现金的持有动机和成本、最佳现金持有量的确定及现金的日常管理。基于交易、预防、投机等动机的需要，企业必须保持一定数量的现金余额。确定最佳现金持有量的模式主要有成本分析模式、存货模式和随机模式。

2. 发生应收账款的原因主要有：市场竞争；销售和收款的时间差距。物业企业发生应收账款的主要成本有：机会成本、管理成本和坏账成本。

3. 物业企业的存货成本主要包括：取得成本、储存成本和缺货成本。物业企业存货管理的目标就是在各种存货成本与收益之间进行利弊权衡，达到两者的最佳结合。

4. 经济进货批量是指能够使一定时期存货的相关总成本达到最低点的进货数量。通过上述对存货成本分析可知，决定存货经济进货批量的成本因素主要包括变动性进货费用（简称进货费用）、变动性储存成本（简称储存成本）以及允许缺货时的缺货成本。不同的成本项目与进货批量呈现着不同的变动关系。减少进货批量，增加进货次数，在使储存成本降低时，也会导致进货费用与缺货成本的提高；相反，增加进货批量，减少进货次数，尽管有利于降低进货费用与缺货成本，但同时也会使储存成本提高。因此，如何协调各项成本间的关系，使其总和保持最低水平，是物业企业组织进货过程需解决的主要问题。

经济进货批量基本模型需要设立以下假设条件：

(1) 企业一定时期的订货总量可以较为准确地予以预测。

(2) 存货的耗用或者销售比较均衡。

(3) 存货的价格稳定，且不存在数量折扣，进货日期完全由企业自行决定，并且每当存货量降为零时，下一批存货均能马上一次到位。

(4) 仓储条件及所需现金不受限制。

(5) 不允许出现缺货情形。

(6) 所需存货市场供应充足，不会因买不到所需存货而影响其他方面。

第 7 章

一、单项选择题

1. B　2. D　3. A　4. B　5. C　6. D　7. D　8. D

二、多项选择题

1. BCD　2. AC　3. AC　4. ABD　5. ABC　6. ABC

三、简答题

1.
（1）规划。
（2）沟通和协调。
（3）资源分配。
（4）营运控制。
（5）绩效评估。

2. 特种决策预算又称为专门决策预算，是指企业不经常发生的、需要根据特定决策临时编制的一次性预算。

日常业务预算又称为经营预算，是指与企业日常经营活动直接相关的经营业务的各种预算。

财务预算作为全面预算体系中的最后环节，可以从价值方面总括地反映经营期决策预算与业务预算的结果，亦称为总预算。

第 8 章

一、单项选择题

1. A

二、多项选择题

1. ABCD

三、简答题

1.
（1）依法分配原则。
（2）兼顾各方面利益原则。
（3）分配与积累并重原则。
（4）投资与收益对等原则。

2.
（1）公司举债能力。
（2）未来投资机会。
（3）盈余稳定状况。
（4）资产流动状况。
（5）筹资成本。
（6）其他因素（兼并、反收购的目的）。

3. 低正常股利加额外股利政策的优点：

（1）低正常股利加额外股利政策具有较大的灵活性。由于平常股利发放水平较低，故在企业净利润很少或需要将相当多的净利润留存下来用于再投资时，企业仍旧可以维持既定的股利发放水平，避免股价下跌的风险；而企业一旦拥有充裕的现金，就可以通过发放额外股利的方式，将其转移到股东的手中，也有利于股价的提高。

（2）它既可以在一定程度上维持股利的稳定性，又有利于企业的资本结构达到目标资本结构，使灵活性与稳定性较好地相结合，因而为许多企业所采用。

低正常股利加额外股利政策的缺点：

(1)股利派发仍然缺乏稳定性,额外股利随盈利的变化而变化,时有时无,给人漂浮不定的印象。

(2)如果公司较长时期一直发放额外股利,股东就会误认为这是正常股利,一旦取消,极易造成公司"财务状况"逆转的负面影响,股价下跌在所难免。

第9章

一、单项选择题

1．B　2．A　3．D　4．A　5．A

二、多项选择题

1．AC　2．ABCD　3．AB　4．AB　5．ABCD

三、计算题

1.
$$流动比率 = \frac{400}{200} = 2$$

$$速动比率 = \frac{[400-(90+2+7+200\times0.005)]}{200}$$

$$= \frac{(400-100)}{200} = 1.5$$

2.
$$流动比率 = \frac{流动资产}{流动负债}$$

$$= \frac{20}{18} = 1.11$$

$$速动比率 = \frac{(流动资产-存货-预付款)}{流动负债}$$

$$= \frac{(20-5-3)}{18} = 0.67$$

$$利息保障倍数 = \frac{息税前利润}{利息费用}$$

$$= \frac{20}{4} = 5$$

3. 流动负债 $= \frac{60}{1.5}$ 万元 $= 40$ 万元

(1)借:库存商品　　　　　　　　　　　　　160 000

　　贷:银行存款　　　　　　　　　　　　　　80 000

　　　应付账款　　　　　　　　　　　　　　80 000

$$流动比率 = \frac{(60+16-8)}{(40+8)} = 1.417$$

(2)借:固定资产　　　　　　　　　　　　　50 000

　　贷:银行存款　　　　　　　　　　　　　　30 000

　　　应付票据　　　　　　　　　　　　　　20 000

$$流动比率 = \frac{(68-3)}{(48+2)} = 1.3$$

单独计算：流动比率 $=\dfrac{(60-3)}{(40+2)}=1.357$

4. 流动比率－速动比率 $=\dfrac{平均存货}{流动负债}$

平均存货 $=30$ 万元

存货周转率 $=\dfrac{81}{30}=2.7$

5. (1) 存货周转次数 $=\dfrac{315\ 000}{存货平均余额}=4.5$ 次

期初存货 $=$ 期末存货 $=\dfrac{315\ 000}{4.5}$ 元 $=70\ 000$ 元

(2) 应收账款净额 $=(432\ 000-294\ 000-70\ 000-25\ 000)$ 元 $=43\ 000$ 元

(3) 流动比率 $=$ 流动资产/流动负债 $=\dfrac{(432\ 000-294\ 000)}{流动负债}=1.5$

流动负债 $=\dfrac{138\ 000}{1.5}$ 元 $=92\ 000$ 元

应付账款 $=(92\ 000-25\ 000)$ 元 $=67\ 000$ 元

(4) 资产负债率 $=50\%$

则负债总额 $=(432\ 000\times 50\%)$ 元 $=216\ 000$ 元

长期负债 $=(216\ 000-92\ 000)$ 元 $=124\ 000$ 元

(5) 未分配利润 $=(432\ 000-216\ 000-300\ 000)$ 元 $=-84\ 000$ 元

四、简答题

1. 财务分析的内容一般是以财务指标来加以表现的，结合各利益主体进行财务分析的目的和侧重点，将财务分析的内容归纳为4个方面：偿债能力分析、营运能力分析、盈利能力分析和发展能力分析。财务分析的方法主要包括趋势分析法、比率分析法和因素分析法。

2. 偿债能力是指企业偿还各种到期债务(包括本、息)的能力。偿债能力分析包括短期偿债能力分析和长期偿债能力分析。企业短期偿债能力的衡量指标主要有流动比率、速动比率和现金流动负债比率3项。企业长期偿债能力的衡量指标主要有资产负债率、产权比率和已获利息倍数3项。

3. 营运能力是指物业企业经营管理中利用资金运营的能力。对企业营运能力分析主要是通过营运能力比率的计算进行的。营运能力比率是反映物业企业管理者对现有资产的管理水平和使用效率，体现各种资产的运转能力的比率。评价物业企业营运能力采用的财务比率有存货周转率、应收账款周转率、流动资产周转率、总资产周转率和营运资金周转率。

4. 盈利能力通常是指物业企业在一定时期内赚取利润的能力。盈利能力的大小是一个相对的概念，即利润是相对于一定的资源投入、一定的收入而言的。不论是投资者、债权人还是企业经营管理者都十分重视和关注企业的盈利能力，因此，盈利能力分析是企业财务分析的重要组成内容。由于企业会计的六大要素有机统一于企业资金运动过程，并通过筹资、投资活动取得收入，补偿成本费用，从而实现利润目标。因此，可以按照会计基本要素设置营业利润率、成本费用利润率、盈余现金保障倍数、总资产报酬率、净资产收益率、每股收益、每股股利和市盈率等指标，借以评价企业各要素的盈利能力。

5. 杜邦财务分析体系(简称杜邦体系)是利用各财务指标间的内在关系,对企业综合经营理财及经济效益进行系统分析评价的方法。利用这种方法可将各种财务指标间的关系绘制成杜邦分析图,可以很容易地看出每项财务指标变动的原因及方向,及时发现问题所在,并加以解决。杜邦体系指标之间的关系如下:

(1)净资产收益率是一个综合性最强的财务比率,它反映了所有者投入资金的获利能力,反映了企业筹资、投资、资产运营等活动的效率,是杜邦体系的核心。

(2)销售净利率反映企业利润净额与营业收入的关系。

(3)总资产周转率揭示企业资产总额实现营业收入的综合能力。

(4)权益乘数反映所有者权益与总资产的关系。权益乘数越大,说明企业负债程度较高,能给企业带来较大的财务杠杆利益,但同时也带来了较大的偿债风险。因此,企业既要合理使用全部资产,又要妥善安排资本结构。

附 录

附表1 复利现值系数表

期数	1%	2%	3%	4%	5%	6%	7%	8%	9%	10%
1	0.990 1	0.980 4	0.970 9	0.961 5	0.952 4	0.943 4	0.934 6	0.925 9	0.917 4	0.909 1
2	0.980 3	0.961 2	0.942 6	0.924 6	0.907 0	0.890 0	0.873 4	0.857 3	0.841 7	0.826 4
3	0.970 6	0.942 3	0.915 1	0.889 0	0.863 8	0.839 6	0.816 3	0.793 8	0.772 2	0.751 3
4	0.961 0	0.923 8	0.888 5	0.854 8	0.822 7	0.792 1	0.762 9	0.735 0	0.708 4	0.683 0
5	0.951 5	0.905 7	0.862 6	0.821 9	0.783 5	0.747 3	0.713 0	0.680 6	0.649 9	0.620 9
6	0.942 0	0.888 0	0.837 5	0.790 3	0.746 2	0.705 0	0.666 3	0.630 2	0.596 3	0.564 5
7	0.932 7	0.870 6	0.813 1	0.759 9	0.710 7	0.665 1	0.622 7	0.583 5	0.547 0	0.513 2
8	0.923 5	0.853 5	0.789 4	0.730 7	0.676 8	0.627 4	0.582 0	0.540 3	0.501 9	0.466 5
9	0.914 3	0.836 8	0.766 4	0.702 6	0.644 6	0.591 9	0.543 9	0.500 2	0.460 4	0.424 1
10	0.905 3	0.820 3	0.744 1	0.675 6	0.613 9	0.558 4	0.508 3	0.463 2	0.422 4	0.385 5
11	0.896 3	0.804 3	0.722 4	0.649 6	0.584 7	0.526 8	0.475 1	0.428 9	0.387 5	0.350 5
12	0.887 4	0.788 5	0.701 4	0.624 6	0.556 8	0.497 0	0.444 0	0.397 1	0.355 5	0.318 6
13	0.878 7	0.773 0	0.681 0	0.600 6	0.530 3	0.468 8	0.415 0	0.367 7	0.326 2	0.289 7
14	0.870 0	0.757 9	0.661 1	0.577 5	0.505 1	0.442 3	0.387 8	0.340 5	0.299 2	0.263 3
15	0.861 3	0.743 0	0.641 9	0.555 3	0.481 0	0.417 3	0.362 4	0.315 2	0.274 5	0.239 4
16	0.852 8	0.728 4	0.623 2	0.533 9	0.458 1	0.393 6	0.338 7	0.291 9	0.251 9	0.217 6
17	0.844 4	0.714 2	0.605 0	0.513 4	0.436 3	0.371 4	0.316 6	0.270 3	0.231 1	0.197 8
18	0.836 0	0.700 2	0.587 4	0.493 6	0.415 5	0.350 3	0.295 9	0.250 2	0.212 0	0.179 9
19	0.827 7	0.686 4	0.570 3	0.474 6	0.395 7	0.330 5	0.276 5	0.231 7	0.194 5	0.163 5
20	0.819 5	0.673 0	0.553 7	0.456 4	0.376 9	0.311 8	0.258 4	0.214 5	0.178 4	0.148 6
21	0.811 4	0.659 8	0.537 5	0.438 8	0.358 9	0.294 2	0.241 5	0.198 7	0.163 7	0.135 1
22	0.803 4	0.646 8	0.521 9	0.422 0	0.341 8	0.277 5	0.225 7	0.183 9	0.150 2	0.122 8
23	0.795 4	0.634 2	0.506 7	0.405 7	0.325 6	0.261 8	0.210 9	0.170 3	0.137 8	0.111 7
24	0.787 6	0.621 7	0.491 9	0.390 1	0.310 1	0.247 0	0.197 1	0.157 7	0.126 4	0.101 5
25	0.779 8	0.609 5	0.477 6	0.375 1	0.295 3	0.233 0	0.184 2	0.146 0	0.116 0	0.092 3

续附表 1　复利现值系数表

期数	11%	12%	13%	14%	15%	16%	17%	18%	19%	20%
1	0.900 9	0.892 9	0.885 0	0.877 2	0.869 6	0.862 1	0.854 7	0.847 5	0.840 3	0.833 3
2	0.811 6	0.797 2	0.783 1	0.769 5	0.756 1	0.743 2	0.730 5	0.718 2	0.706 2	0.694 4
3	0.731 2	0.711 8	0.693 1	0.675 0	0.657 5	0.640 7	0.624 4	0.608 6	0.593 4	0.578 7
4	0.658 7	0.635 5	0.613 3	0.592 1	0.571 8	0.552 3	0.533 7	0.515 8	0.498 7	0.482 3
5	0.593 5	0.567 4	0.542 8	0.519 4	0.497 2	0.476 1	0.456 1	0.437 1	0.419 0	0.401 9
6	0.534 6	0.506 6	0.480 3	0.455 6	0.432 3	0.410 4	0.389 8	0.370 4	0.352 1	0.334 9
7	0.481 7	0.452 3	0.425 1	0.399 6	0.375 9	0.353 8	0.333 2	0.313 9	0.295 9	0.279 1
8	0.433 9	0.403 9	0.376 2	0.350 6	0.326 9	0.305 0	0.284 8	0.266 0	0.248 7	0.232 6
9	0.390 9	0.360 6	0.332 9	0.307 5	0.284 3	0.263 0	0.243 4	0.225 5	0.209 0	0.193 8
10	0.352 2	0.322 0	0.294 6	0.269 7	0.247 2	0.226 7	0.208 0	0.191 1	0.175 6	0.161 5
11	0.317 3	0.287 5	0.260 7	0.236 6	0.214 9	0.195 4	0.177 8	0.161 9	0.147 6	0.134 6
12	0.285 8	0.256 7	0.230 7	0.207 6	0.186 9	0.168 5	0.152 0	0.137 2	0.124 0	0.112 2
13	0.257 5	0.229 2	0.204 2	0.182 1	0.162 5	0.145 2	0.129 9	0.116 3	0.104 2	0.093 5
14	0.232 0	0.204 6	0.180 7	0.159 7	0.141 3	0.125 2	0.111 0	0.098 5	0.087 6	0.077 9
15	0.209 0	0.182 7	0.159 9	0.140 1	0.122 9	0.107 9	0.094 9	0.083 5	0.073 6	0.064 9
16	0.188 3	0.163 1	0.141 5	0.122 9	0.106 9	0.093 0	0.081 1	0.070 8	0.061 8	0.054 1
17	0.169 6	0.145 6	0.125 2	0.107 8	0.092 9	0.080 2	0.069 3	0.060 0	0.052 0	0.045 1
18	0.152 8	0.130 0	0.110 8	0.094 6	0.080 8	0.069 1	0.059 2	0.050 8	0.043 7	0.037 6
19	0.137 7	0.116 1	0.098 1	0.082 9	0.070 3	0.059 6	0.050 6	0.043 1	0.036 7	0.031 3
20	0.124 0	0.103 7	0.086 8	0.072 8	0.061 1	0.051 4	0.043 3	0.036 5	0.030 8	0.026 1
21	0.111 7	0.092 6	0.076 8	0.063 8	0.053 1	0.044 3	0.037 0	0.030 9	0.025 9	0.021 7
22	0.100 7	0.082 6	0.068 0	0.056 0	0.046 2	0.038 2	0.031 6	0.026 2	0.021 8	0.018 1
23	0.090 7	0.073 8	0.060 1	0.049 1	0.040 2	0.032 9	0.027 0	0.022 2	0.018 3	0.015 1
24	0.081 7	0.065 9	0.053 2	0.043 1	0.034 9	0.028 4	0.023 1	0.018 8	0.015 4	0.012 6
25	0.073 6	0.058 8	0.047 1	0.037 8	0.030 4	0.024 5	0.019 7	0.016 0	0.012 9	0.010 5

附表2　复利终值系数表

期数	1%	2%	3%	4%	5%	6%	7%	8%	9%	10%
1	1.0100	1.0200	1.0300	1.0400	1.0500	1.0600	1.0700	1.0800	1.0900	1.1000
2	1.0201	1.0404	1.0609	1.0816	1.1025	1.1236	1.1449	1.1664	1.1881	1.2100
3	1.0303	1.0612	1.0927	1.1249	1.1576	1.1910	1.2250	1.2597	1.2950	1.3310
4	1.0406	1.0824	1.1255	1.1699	1.2155	1.2625	1.3108	1.3605	1.4116	1.4641
5	1.0510	1.1041	1.1593	1.2167	1.2763	1.3382	1.4026	1.4693	1.5386	1.6105
6	1.0615	1.1262	1.1941	1.2653	1.3401	1.4185	1.5007	1.5869	1.6771	1.7716
7	1.0721	1.1487	1.2299	1.3159	1.4071	1.5036	1.6058	1.7138	1.8280	1.9487
8	1.0829	1.1717	1.2668	1.3686	1.4775	1.5938	1.7182	1.8509	1.9926	2.1436
9	1.0937	1.1951	1.3048	1.4233	1.5513	1.6895	1.8385	1.9990	2.1719	2.3579
10	1.1046	1.2190	1.3439	1.4802	1.6289	1.7908	1.9672	2.1589	2.3674	2.5937
11	1.1157	1.2434	1.3842	1.5395	1.7103	1.8983	2.1049	2.3316	2.5804	2.8531
12	1.1268	1.2682	1.4258	1.6010	1.7959	2.0122	2.2522	2.5182	2.8127	3.1384
13	1.1381	1.2936	1.4685	1.6651	1.8856	2.1329	2.4098	2.7196	3.0658	3.4523
14	1.1495	1.3195	1.5126	1.7317	1.9799	2.2609	2.5785	2.9372	3.3417	3.7975
15	1.1610	1.3459	1.5580	1.8009	2.0789	2.3966	2.7590	3.1722	3.6425	4.1772
16	1.1726	1.3728	1.6047	1.8730	2.1829	2.5404	2.9522	3.4259	3.9703	4.5950
17	1.1843	1.4002	1.6528	1.9479	2.2920	2.6928	3.1588	3.7000	4.3276	5.0545
18	1.1961	1.4282	1.7024	2.0258	2.4066	2.8543	3.3799	3.9960	4.7171	5.5599
19	1.2081	1.4568	1.7535	2.1068	2.5270	3.0256	3.6165	4.3157	5.1417	6.1159
20	1.2202	1.4859	1.8061	2.1911	2.6533	3.2071	3.8697	4.6610	5.6044	6.7275
21	1.2324	1.5157	1.8603	2.2788	2.7860	3.3996	4.1406	5.0338	6.1088	7.4002
22	1.2447	1.5460	1.9161	2.3699	2.9253	3.6035	4.4304	5.4365	6.6586	8.1403
23	1.2572	1.5769	1.9736	2.4647	3.0715	3.8197	4.7405	5.8715	7.2579	8.9543
24	1.2697	1.6084	2.0328	2.5633	3.2251	4.0489	5.0724	6.3412	7.9111	9.8497
25	1.2824	1.6406	2.0938	2.6658	3.3864	4.2919	5.4274	6.8485	8.6231	10.8347

续附表2 复利终值系数表

期数	11%	12%	13%	14%	15%	16%	17%	18%	19%	20%
1	1.1100	1.1200	1.1300	1.1400	1.1500	1.1600	1.1700	1.1800	1.1900	1.2000
2	1.2321	1.2544	1.2769	1.2996	1.3225	1.3456	1.3689	1.3924	1.4161	1.4400
3	1.3676	1.4049	1.4429	1.4815	1.5209	1.5609	1.6016	1.6430	1.6852	1.7280
4	1.5181	1.5735	1.6305	1.6890	1.7490	1.8106	1.8739	1.9388	2.0053	2.0736
5	1.6851	1.7623	1.8424	1.9254	2.0114	2.1003	2.1924	2.2878	2.3864	2.4883
6	1.8704	1.9738	2.0820	2.1950	2.3131	2.4364	2.5652	2.6996	2.8398	2.9860
7	2.0762	2.2107	2.3526	2.5023	2.6600	2.8262	3.0012	3.1855	3.3793	3.5832
8	2.3045	2.4760	2.6584	2.8526	3.0590	3.2784	3.5115	3.7589	4.0214	4.2998
9	2.5580	2.7731	3.0040	3.2519	3.5179	3.8030	4.1084	4.4355	4.7854	5.1598
10	2.8394	3.1058	3.3946	3.7072	4.0456	4.4114	4.8068	5.2338	5.6947	6.1917
11	3.1518	3.4786	3.8359	4.2262	4.6524	5.1173	5.6240	6.1759	6.7767	7.4301
12	3.4985	3.8960	4.3345	4.8179	5.3503	5.9360	6.5801	7.2876	8.0642	8.9161
13	3.8833	4.3635	4.8980	5.4924	6.1528	6.8858	7.6987	8.5994	9.5964	10.6993
14	4.3104	4.8871	5.5348	6.2613	7.0757	7.9875	9.0075	10.1472	11.4198	12.8392
15	4.7846	5.4736	6.2543	7.1379	8.1371	9.2655	10.5387	11.9737	13.5895	15.4070
16	5.3109	6.1304	7.0673	8.1372	9.3576	10.7480	12.3303	14.1290	16.1715	18.4884
17	5.8951	6.8660	7.9861	9.2765	10.7613	12.4677	14.4265	16.6722	19.2441	22.1861
18	6.5436	7.6900	9.0243	10.5752	12.3755	14.4625	16.8790	19.6733	22.9005	26.6233
19	7.2633	8.6128	10.1974	12.0557	14.2318	16.7765	19.7484	23.2144	27.2516	31.9480
20	8.0623	9.6463	11.5231	13.7435	16.3665	19.4608	23.1056	27.3930	32.4294	38.3376
21	8.9492	10.8038	13.0211	15.6674	18.8215	22.5745	27.0336	32.3238	38.5910	46.0051
22	9.9336	12.1003	14.7138	17.8610	21.6447	26.1864	31.6297	38.1421	45.9233	55.2061
23	11.0263	13.5523	16.6266	20.3616	24.8915	30.3762	37.0062	45.0076	54.6487	66.2474
24	12.2392	15.1786	18.7881	23.2122	28.6252	35.2364	43.2973	53.1090	65.0320	79.4968
25	13.5855	17.0001	21.2305	26.4619	32.9190	40.8742	50.6578	62.6686	77.3881	95.3962

附表3　年金现值系数表

期数	1%	2%	3%	4%	5%	6%	7%	8%	9%	10%
1	0.990 1	0.980 4	0.970 9	0.961 5	0.952 4	0.943 4	0.934 6	0.925 9	0.917 4	0.909 1
2	1.970 4	1.941 6	1.913 5	1.886 1	1.859 4	1.833 4	1.808 0	1.783 3	1.759 1	1.735 5
3	2.941 0	2.883 9	2.828 6	2.775 1	2.723 2	2.673 0	2.624 3	2.577 1	2.531 3	2.486 9
4	3.902 0	3.807 7	3.717 1	3.629 9	3.546 0	3.465 1	3.387 2	3.312 1	3.239 7	3.169 9
5	4.853 4	4.713 5	4.579 7	4.451 8	4.329 5	4.212 4	4.100 2	3.992 7	3.889 7	3.790 8
6	5.795 5	5.601 4	5.417 2	5.242 1	5.075 7	4.917 3	4.766 5	4.622 9	4.485 9	4.355 3
7	6.728 2	6.472 0	6.230 3	6.002 1	5.786 4	5.582 4	5.389 3	5.206 4	5.033 0	4.868 4
8	7.651 7	7.325 5	7.019 7	6.732 7	6.463 2	6.209 8	5.971 3	5.746 6	5.534 8	5.334 9
9	8.566 0	8.162 2	7.786 1	7.435 3	7.107 8	6.801 7	6.515 2	6.246 9	5.995 2	5.759 0
10	9.471 3	8.982 6	8.530 2	8.110 9	7.721 7	7.360 1	7.023 6	6.710 1	6.417 7	6.144 6
11	10.367 6	9.786 8	9.252 6	8.760 5	8.306 4	7.886 9	7.498 7	7.139 0	6.805 2	6.495 1
12	11.255 1	10.575 3	9.954 0	9.385 1	8.863 3	8.383 8	7.942 7	7.536 1	7.160 7	6.813 7
13	12.133 7	11.348 4	10.635 0	9.985 6	9.393 6	8.852 7	8.357 7	7.903 8	7.486 9	7.103 4
14	13.003 7	12.106 2	11.296 1	10.563 1	9.898 6	9.295 0	8.745 5	8.244 2	7.786 2	7.366 7
15	13.865 1	12.849 3	11.937 9	11.118 4	10.379 7	9.712 2	9.107 9	8.559 5	8.060 7	7.606 1
16	14.717 9	13.577 7	12.561 1	11.652 3	10.837 8	10.105 9	9.446 6	8.851 4	8.312 6	7.823 7
17	15.562 3	14.291 9	13.166 1	12.165 7	11.274 1	10.477 3	9.763 2	9.121 6	8.543 6	8.021 6
18	16.398 3	14.992 0	13.753 5	12.659 3	11.689 6	10.827 6	10.059 1	9.371 9	8.755 6	8.201 4
19	17.226 0	15.678 5	14.323 8	13.133 9	12.085 3	11.158 1	10.335 6	9.603 6	8.950 1	8.364 9
20	18.045 6	16.351 4	14.877 5	13.590 3	12.462 2	11.469 9	10.594 0	9.818 1	9.128 5	8.513 6
21	18.857 0	17.011 2	15.415 0	14.029 2	12.821 2	11.764 1	10.835 5	10.016 8	9.292 2	8.648 7
22	19.660 4	17.658 0	15.936 9	14.451 1	13.163 0	12.041 6	11.061 2	10.200 7	9.442 4	8.771 5
23	20.455 8	18.292 2	16.443 6	14.856 8	13.488 6	12.303 4	11.272 2	10.371 1	9.580 2	8.883 2
24	21.243 4	18.913 9	16.935 5	15.247 0	13.798 6	12.550 4	11.469 3	10.528 8	9.706 6	8.984 7
25	22.023 2	19.523 5	17.413 1	15.622 1	14.093 9	12.783 4	11.653 6	10.674 8	9.822 6	9.077 0

续附表3　年金现值系数表

期数	11%	12%	13%	14%	15%	16%	17%	18%	19%	20%
1	0.900 9	0.892 9	0.885 0	0.877 2	0.869 6	0.862 1	0.854 7	0.847 5	0.840 3	0.833 3
2	1.712 5	1.690 1	1.668 1	1.646 7	1.625 7	1.605 2	1.585 2	1.565 6	1.546 5	1.527 8
3	2.443 7	2.401 8	2.361 2	2.321 6	2.283 2	2.245 9	2.209 6	2.174 3	2.139 9	2.106 5
4	3.102 4	3.037 3	2.974 5	2.913 7	2.855 0	2.798 2	2.743 2	2.690 1	2.638 6	2.588 7
5	3.695 9	3.604 8	3.517 2	3.433 1	3.352 2	3.274 3	3.199 3	3.127 2	3.057 6	2.990 6
6	4.230 5	4.111 4	3.997 5	3.888 7	3.784 5	3.684 7	3.589 2	3.497 6	3.409 8	3.325 5
7	4.712 2	4.563 8	4.422 6	4.288 3	4.160 4	4.038 6	3.922 4	3.811 5	3.705 7	3.604 6
8	5.146 1	4.967 6	4.798 8	4.638 9	4.487 3	4.343 6	4.207 2	4.077 6	3.954 4	3.837 2
9	5.537 0	5.328 2	5.131 7	4.946 4	4.771 6	4.606 5	4.450 6	4.303 0	4.163 3	4.031 0
10	5.889 2	5.650 2	5.426 2	5.216 1	5.018 8	4.833 2	4.658 6	4.494 1	4.338 9	4.192 5
11	6.206 5	5.937 7	5.686 9	5.452 7	5.233 7	5.028 6	4.836 4	4.656 0	4.486 5	4.327 1
12	6.492 4	6.194 4	5.917 6	5.660 3	5.420 6	5.197 1	4.988 4	4.793 2	4.610 5	4.439 2
13	6.749 9	6.423 5	6.121 8	5.842 4	5.583 1	5.342 3	5.118 3	4.909 5	4.714 7	4.532 7
14	6.981 9	6.628 2	6.302 5	6.002 1	5.724 5	5.467 5	5.229 3	5.008 1	4.802 3	4.610 6
15	7.190 9	6.810 9	6.462 4	6.142 2	5.847 4	5.575 5	5.324 2	5.091 6	4.875 9	4.675 5
16	7.379 2	6.974 0	6.603 9	6.265 1	5.954 2	5.668 5	5.405 3	5.162 4	4.937 7	4.729 6
17	7.548 8	7.119 6	6.729 1	6.372 9	6.047 2	5.748 7	5.474 6	5.222 3	4.989 7	4.774 6
18	7.701 6	7.249 7	6.839 9	6.467 4	6.128 0	5.817 8	5.533 9	5.273 2	5.033 3	4.812 2
19	7.839 3	7.365 8	6.938 0	6.550 4	6.198 2	5.877 5	5.584 5	5.316 2	5.070 0	4.843 5
20	7.963 3	7.469 4	7.024 8	6.623 1	6.259 3	5.928 8	5.627 8	5.352 7	5.100 9	4.869 6
21	8.075 1	7.562 0	7.101 6	6.687 0	6.312 5	5.973 1	5.664 8	5.383 7	5.126 8	4.891 3
22	8.175 7	7.644 6	7.169 5	6.742 9	6.358 7	6.011 3	5.696 4	5.409 9	5.148 6	4.909 4
23	8.266 4	7.718 4	7.229 7	6.792 1	6.398 8	6.044 2	5.723 4	5.432 1	5.166 8	4.924 5
24	8.348 1	7.784 3	7.282 9	6.835 1	6.433 8	6.072 6	5.746 5	5.450 9	5.182 2	4.937 1
25	8.421 7	7.843 1	7.330 0	6.872 9	6.464 1	6.097 1	5.766 2	5.466 9	5.195 1	4.947 6

附表 4　年金终值系数表

期数	1%	2%	3%	4%	5%	6%	7%	8%	9%	10%
1	1.000 0	1.000 0	1.000 0	1.000 0	1.000 0	1.000 0	1.000 0	1.000 0	1.000 0	1.000 0
2	2.010 0	2.020 0	2.030 0	2.040 0	2.050 0	2.060 0	2.070 0	2.080 0	2.090 0	2.100 0
3	3.030 1	3.060 4	3.090 9	3.121 6	3.152 5	3.183 6	3.214 9	3.246 4	3.278 1	3.310 0
4	4.060 4	4.121 6	4.183 6	4.246 5	4.310 1	4.374 6	4.439 9	4.506 1	4.573 1	4.641 0
5	5.101 0	5.204 0	5.309 1	5.416 3	5.525 6	5.637 1	5.750 7	5.866 6	5.984 7	6.105 1
6	6.152 0	6.308 1	6.468 4	6.633 0	6.801 9	6.975 3	7.153 3	7.335 9	7.523 3	7.715 6
7	7.213 5	7.434 3	7.662 5	7.898 3	8.142 0	8.393 8	8.654 0	8.922 8	9.200 4	9.487 2
8	8.285 7	8.583 0	8.892 3	9.214 2	9.549 1	9.897 5	10.259 8	10.636 6	11.028 5	11.435 9
9	9.368 5	9.754 6	10.159 1	10.582 8	11.026 6	11.491 3	11.978 0	12.487 6	13.021 0	13.579 5
10	10.462 2	10.949 7	11.463 9	12.006 1	12.577 9	13.180 8	13.816 4	14.486 6	15.192 9	15.937 4
11	11.566 8	12.168 7	12.807 8	13.486 4	14.206 8	14.971 6	15.783 6	16.645 5	17.560 3	18.531 2
12	12.682 5	13.412 1	14.192 0	15.025 8	15.917 1	16.869 9	17.888 5	18.977 1	20.140 7	21.384 3
13	13.809 3	14.680 3	15.617 8	16.626 8	17.713 0	18.882 1	20.140 6	21.495 3	22.953 4	24.522 7
14	14.947 4	15.973 9	17.086 3	18.291 9	19.598 6	21.015 1	22.550 5	24.214 9	26.019 2	27.975 0
15	16.096 9	17.293 4	18.598 9	20.023 6	21.578 6	23.276 0	25.129 0	27.152 1	29.360 9	31.772 5
16	17.257 9	18.639 3	20.156 9	21.824 5	23.657 5	25.672 5	27.888 1	30.324 3	33.003 4	35.949 7
17	18.430 4	20.012 1	21.761 6	23.697 5	25.840 4	28.212 9	30.840 2	33.750 2	36.973 7	40.544 7
18	19.614 7	21.412 3	23.414 4	25.645 4	28.132 4	30.905 7	33.999 0	37.450 2	41.301 3	45.599 2
19	20.810 9	22.840 6	25.116 9	27.671 2	30.539 0	33.760 0	37.379 0	41.446 3	46.018 5	51.159 1
20	22.019 0	24.297 4	26.870 4	29.778 1	33.066 0	36.785 6	40.995 5	45.762 0	51.160 1	57.275 0
21	23.239 2	25.783 3	28.676 5	31.969 2	35.719 3	39.992 7	44.865 2	50.422 9	56.764 5	64.002 5
22	24.471 6	27.299 0	30.536 8	34.248 0	38.505 2	43.392 3	49.005 7	55.456 8	62.873 3	71.402 7
23	25.716 3	28.845 0	32.452 9	36.617 9	41.430 5	46.995 8	53.436 1	60.893 3	69.531 9	79.543 0
24	26.973 5	30.421 9	34.426 5	39.082 6	44.502 0	50.815 6	58.176 7	66.764 8	76.789 8	88.497 3
25	28.243 2	32.030 3	36.459 3	41.645 9	47.727 1	54.864 5	63.249 0	73.105 9	84.700 9	98.347 1

续附表4 年金终值系数表

期数	11%	12%	13%	14%	15%	16%	17%	18%	19%	20%
1	1.000 0	1.000 0	1.000 0	1.000 0	1.000 0	1.000 0	1.000 0	1.000 0	1.000 0	1.000 0
2	2.110 0	2.120 0	2.130 0	2.140 0	2.150 0	2.160 0	2.170 0	2.180 0	2.190 0	2.200 0
3	3.342 1	3.374 4	3.406 9	3.439 6	3.472 5	3.505 6	3.538 9	3.572 4	3.606 1	3.640 0
4	4.709 7	4.779 3	4.849 8	4.921 1	4.993 4	5.066 5	5.140 5	5.215 4	5.291 3	5.368 0
5	6.227 8	6.352 8	6.480 3	6.610 1	6.742 4	6.877 1	7.014 4	7.154 2	7.296 6	7.441 6
6	7.912 9	8.115 2	8.322 7	8.535 5	8.753 7	8.977 5	9.206 8	9.442 0	9.683 0	9.929 9
7	9.783 3	10.089 0	10.404 7	10.730 5	11.066 8	11.413 9	11.772 0	12.141 5	12.522 7	12.915 9
8	11.859 4	12.299 7	12.757 3	13.232 8	13.726 8	14.240 1	14.773 3	15.327 0	15.902 0	16.499 1
9	14.164 0	14.775 7	15.415 7	16.085 3	16.785 8	17.518 5	18.284 7	19.085 9	19.923 4	20.798 9
10	16.722 0	17.548 7	18.419 7	19.337 3	20.303 7	21.321 5	22.393 1	23.521 3	24.708 9	25.958 7
11	19.561 4	20.654 6	21.814 3	23.044 5	24.349 3	25.732 9	27.199 9	28.755 1	30.403 5	32.150 4
12	22.713 2	24.133 1	25.650 2	27.270 7	29.001 7	30.850 2	32.823 9	34.931 1	37.180 2	39.580 5
13	26.211 6	28.029 1	29.984 7	32.088 7	34.351 9	36.786 2	39.404 0	42.218 7	45.244 5	48.496 6
14	30.094 9	32.392 6	34.882 7	37.581 1	40.504 7	43.672 0	47.102 7	50.818 0	54.840 9	59.195 9
15	34.405 4	37.279 7	40.417 5	43.842 4	47.580 4	51.659 5	56.110 1	60.965 3	66.260 7	72.035 1
16	39.189 9	42.753 3	46.671 7	50.980 4	55.717 5	60.925 0	66.648 8	72.939 0	79.850 2	87.442 1
17	44.500 8	48.883 7	53.739 1	59.117 6	65.075 1	71.673 0	78.979 2	87.068 0	96.021 8	105.930 6
18	50.395 9	55.749 7	61.725 1	68.394 1	75.836 4	84.140 7	93.405 6	103.740 3	115.265 9	128.116 7
19	56.939 5	63.439 7	70.749 4	78.969 2	88.211 8	98.603 2	110.284 6	123.413 5	138.166 4	154.740 0
20	64.202 8	72.052 4	80.946 8	91.024 9	102.443 6	115.379 7	130.032 9	146.628 0	165.418 0	186.688 0
21	72.265 1	81.698 7	92.469 9	104.768 4	118.810 1	134.840 5	153.138 5	174.021 0	197.847 4	225.025 6
22	81.214 3	92.502 6	105.491 0	120.436 0	137.631 6	157.415 0	180.172 1	206.344 8	236.438 5	271.030 7
23	91.147 9	104.602 9	120.204 8	138.297 0	159.276 4	183.601 4	211.801 3	244.486 8	282.361 8	326.236 9
24	102.174 2	118.155 2	136.831 5	158.658 6	184.167 8	213.977 6	248.807 6	289.494 5	337.010 5	392.484 2
25	114.413 3	133.333 9	155.619 6	181.870 8	212.793 0	249.214 0	292.104 9	342.603 5	402.042 5	471.981 1

参考文献

[1] 财政部会计资格评价中心. 中级会计资格——财务管理[M]. 北京:中国财政经济出版社,2015.
[2] 孙晓静. 物业财务管理基础[M]. 北京:化学工业出版社,2008.
[3] 刘淑莲. 财务管理[M]. 3版. 大连:东北财经大学出版社,2013.
[4] 章月萍. 物业财务核算与管理[M]. 重庆:重庆大学出版社,2012.
[5] 余源鹏. 物业企业行政办公与物资财务管理[M]. 北京:机械工业出版社,2012.
[6] 潘敏虹,罗其安. 物业管理财务基础[M]. 广州:暨南大学出版社,2009.
[7] 王化成. 财务管理[M]. 4版. 北京:中国人民大学出版社,2013.
[8] 卢家仪. 财务管理[M]. 4版. 北京:清华大学出版社,2011.
[9] 本书编写组. 物业管理条例(案例应用版)[M]. 北京:中国法制出版社,2015.
[10] 鲁捷. 物业管理案例分析与技巧训练[M]. 北京:电子工业出版社,2012.
[11] 黄雅平. 物业企业财务管理[M]. 北京:科学出版社,2005.
[12] 本书编写组. 最新物业企业财务全程管理与成本核算控制实用手册[M]. 北京:金融管理出版社,2013.